COMER
E BEBER
COMO DEUS
MANDA

ADMINISTRAÇÃO REGIONAL DO SENAC
NO ESTADO DE SÃO PAULO

Presidente do Conselho Regional
Abram Szajman

Diretor do Departamento Regional
Luiz Francisco de A. Salgado

Superintendente Universitário e de Desenvolvimento
Luiz Carlos Dourado

EDITORA SENAC SÃO PAULO
Conselho Editorial
Luiz Francisco de A. Salgado
Luiz Carlos Dourado
Darcio Sayad Maia
Lucila Mara Sbrana Sciotti
Marcus Vinicius Barili Alves

Editor
Marcus Vinicius Barili Alves

Coordenação de Prospecção e Produção Editorial
Isabel M. M. Alexandre

Supervisão de Produção Editorial
Pedro Barros

Gerência Comercial
Marcus Vinicius Barili Alves

Supervisão de Vendas
Rubens Gonçalves Folha

Coordenação Administrativa
Carlos Alberto Alves

Edição de Texto
Adalberto Luís de Oliveira

Preparação de Texto
Thereza Pozolli

Revisão de Texto
Cleber Siqueira
Maristela S. da Nóbrega
Rinaldo Milesi

Projeto Gráfico e Editoração Eletrônica
Antonio Carlos De Angelis

Capa
Mateus de Paula Santos
Marcello Righini

Impressão e Acabamento
Cromosete Gráfica e Editora Ltda.

FUNDAÇÃO EDITORA DA UNESP

Presidente do Conselho Curador
Herman Jacobus Cornelis Voorwald

Diretor-Presidente
José Castilho Marques Neto

Editor-Executivo
Jézio Hernani Bomfim Gutierre

Conselho Editorial Acadêmico
Alberto Tsuyoshi Ikeda
Célia Aparecida Ferreira Tolentino
Eda Maria Góes
Elisabeth Criscuolo Urbinati
Ildeberto Muniz de Almeida
Luiz Gonzaga Marchezan
Nilson Ghirardello
Paulo César Corrêa Borges
Sérgio Vicente Motta
Vicente Pleitez

Editores-Assistentes
Anderson Nobara
Henrique Zanardi
Jorge Pereira Filho

Editora afiliada:

Comer e beber como Deus manda

Sergio de Paula Santos

Proibida a reprodução sem autorização expressa.
Todos os direitos desta edição reservados às

Editora Senac São Paulo
Rua Rui Barbosa, 377 – 1º andar – Bela Vista – CEP 01326-010
Caixa Postal 1120 – CEP 01032-970 – São Paulo – SP
Tel. (11) 2187-4450 – Fax (11) 2187-4486
E-mail: editora@sp.senac.br
Home page: http://www.editorasenacsp.com.br

Fundação Editora da UNESP (FEU)
Praça da Sé, 108
01001-900 – São Paulo – SP
Tel. (11) 3242-7171
Fax (11) 3242-7172
www.editoraunesp.com.br
www.livrariaunesp.com.br
feu@editora.unesp.br

© Sergio de Paula Santos, 2011

Dados Internacionais de Catalogação na Publicação (CIP)
(Câmara Brasileira do Livro, SP, Brasil)

Santos, Sergio de Paula, 1929-2010.
    Comer e beber como Deus manda / Sergio de Paula Santos. – São Paulo : Editora Senac São Paulo, Editora Unesp, 2011.

    ISBN 978-85-396-0049-6 (Editora Senac São Paulo)
    ISBN 978-85-393-0098-3 (Editora Unesp)

    1. Alimentos 2. Bebidas 3. Culinária 4. Gastronomia 5. Vinhos e vinificação I. Título

10-12134   CDD-641

Índices para catálogo sistemático:
1. Alimentos e bebidas   641
2. Bebidas e alimentos   641

Sumário

Nota dos editores, 9

Apresentação: Jantando com Sergio de Paula Santos, 11
Edson Nelson Ubaldo

Dedicatórias, 15

I. DA MESA, 17
   O menu e os serviços da mesa, 19
   As novas profissões da mesa, 25
   O cliente tem sempre razão, 29
   O *salmagundi*, 35
   Caviar uruguaio, 39
   Bacalhau é peixe?, 43
   Considerações sobre a cozinha alemã, 47
   A contribuição argentina: *revuelto gramajo*, 51
   A cozinha pampeira, 55
   A cozinha hispano-árabe, 59
   Cultura gastronômica da Paraquária, 63
   O cocoliche e a mesa, 67
   O mirandês e a mesa, 71

COMER E BEBER COMO DEUS MANDA

O maltês e a mesa, 75
O queijo de Würchwitz, 79
O cardápio de Dona Márcia, 85
O cigarro, a lei e a mesa, 91
Mais doce de leite, 95
Chocolate: etimologia e chegada à Europa, 101
Comer no espaço, 105
A França e a guerra da lagosta, 111
O Malakoff e a guerra da Crimeia, 115
Doce de leite, o doce da discórdia, 119

II. DOS VINHOS, 123
Um cálice de vinho do Porto de 470 milhões de anos, 125
A volta da Lei Seca, 129
O consumidor alemão de vinhos, 133
A hora da verdade, 137
A classificação dos vinhos da Borgonha de Samuel
    Chamberlain, 141
Vinhos orgânicos e vinhos biodinâmicos – Rudolf Steiner, 147
As duas faces do vinho, 153
In vino veritas, in vino falsitas: O vinho mais caro do mundo, 157
O vinho: o alimento e a coerência, 163
A Lei Seca, 167
Os paradoxos do vinho e da restauração, 171
Maktub, "estava escrito": o álcool e o fumo, 175
O vinho do Porto – Forrester e Camilo Castelo Branco, 179
Fraudes – a vez da Escócia, 183

III. DE SEUS ACOMPANHANTES, 187
O saca-rolha, 189
Sabrage, 193
Embalagens perigosas, 197
As máquinas do vinho, 201
Nescafé, Nespresso, café animal e a Clover, 207

SUMÁRIO

IV. **DA SAÚDE, 213**
Vinho e saúde, 215
Do vinhozinho com os amigos à dependência de álcool, 239
Sérgio de Paula Ramos

V. **DA CERVEJA, 251**
A cervejaria mais antiga, 253
A cervejaria Bavária e os Stupakoff, 257
A cerveja e o milho, 261
A cerveja em Petrópolis – A Bohemia, 265
O *kwass* e o *kwass* uruguaio, 269

VI. **DAS PERSONALIDADES, 275**
Carlos Gardel e a mesa, 277
Alfredo Saramago, 281
Mariani e o vinho de coca, 285
Marcelino de Carvalho, 291
Jeca Tatu e a mesa do piraquara, 295
Os profetas: o presidente e a água, 299
O nariz dos filósofos, 305
Dona Antónia Adelaide Ferreira – A Ferreirinha, 309
Norman Borlaug, 315

VII. **DOS LIVROS, 321**
O primeiro livro de vinhos, 323
O primeiro livro de etiqueta em português, 327
O livro de mestre Robert de Nola, 331
A *Medicina teológica* e a "bebedice", 335
O *Libre de Sent Soví*, 341

Sobre Sergio de Paula Santos, 347
Pedro Cavalcanti

Créditos das imagens, 352

Nota dos editores

*M*édico de formação, Sergio de Paula Santos soube melhor do que ninguém a importância de prevenir a remediar. Soube também que a vida conduzida de forma alegre e despreocupada é um dos principais alicerces para a manutenção da saúde. Esse foi um dos princípios que fomentou sua paixão por vinhos, que se estendeu para a gastronomia e culminou em um número considerável de viagens, leituras, artigos e livros publicados. Foi esse saber teórico-prático que originou os textos deste *Comer e beber como Deus manda*, compilação de artigos sobre vinho e gastronomia.

Escritos de forma agradável e bem-humorada, os textos de Sergio são deliciosamente abrangentes, de histórias do vinho do Porto às origens do doce de leite, dos riscos do alcoolismo aos riscos de contaminação num *self-service*, do caviar ao saca-rolhas. Múltiplos, podem ser lidos com finalidade acadêmica, profissional ou em momentos do mais puro e prazeroso ócio.

Comer e beber como Deus manda é uma publicação do Senac São Paulo e da Editora Unesp dirigida para estudantes e profissionais de gastronomia e enologia, mas que agrada muito ao público em geral. Que a lição escondida por Sergio nas entrelinhas – a da busca da felicidade como receita para o bem-estar – seja compreendida e posta em prática pelo leitor.

APRESENTAÇÃO
Jantando com Sergio de Paula Santos

Através do vinho conheci o Dr. Sergio de Paula Santos, paulista quatrocentão, reputado otorrinolaringologista que já operou pessoas famosas, tanto no Brasil quanto no exterior. Com especialização na Alemanha e em outros países europeus onde residiu, acompanhou o pai, Dr. Horácio de Paula Santos, e o sucedeu, na mesma clínica da alameda Jaú que agora passará aos cuidados de seu filho Rodrigo. Os outros dois, Sergio e Mateus, escolheram a física e o *design* gráfico, e tornaram-se bem-sucedidos empresários.

O gosto pelo vinho, herdado pelos filhos, vem de longa tradição familiar. Tanto o Dr. Horácio quanto o Dr. Sergio foram participantes assíduos da lendária "Pensão Humaitá", como era conhecida a casa do historiador Yan de Almeida Prado, cuja adega abrigava os melhores vinhos do mundo e se abria nos almoços dos sábados para os "pensionistas" – nada menos que as mais famosas personalidades de São Paulo.

O Dr. Sergio, porém, não se limitou a apenas desfrutar dos prazeres do copo. Leitor insaciável – possui uma das melhores bibliotecas do país, sem falar na adega, é claro –, dedicou-se a pesquisar e a escrever sobre medicina, vinho e gastronomia. Rigoroso ao extremo, por diversas vezes atravessou montanhas e oceanos para conferir um simples detalhe antes de escrever sobre o tema. Deixando de lado a literatura médica – ciência da qual só entendo como paciente –, consigno que o Dr. Sergio tem "apenas" doze livros publicados sobre as outras matérias citadas, alguns com várias edições. São obras de extraordinário valor literário, histórico e científico, pois cada afirmação nelas contida foi conferida, confirmada e reconfirmada à exaustão. Isso lhe valeu o ingresso nas mais importantes e fechadas confrarias do mundo, a começar pela dos Chevaliers du Tastevin, com sede no Clos de Vougeot, em Beaune, capital da Bourgogne.

Notável poliglota, suas conferências ao redor do mundo contam-se às centenas. Simples como são os verdadeiros sábios, aceitou com prazer convites para palestrar em pequenas cidades de nosso Estado. A mim coube a honra de hospedá-lo em Campos Novos. Demonstrando a consolidação de nossa amizade, nascida há cerca de trinta anos, esteve presente a eventos que marcaram minha vida nos últimos anos: posse na Academia Catarinense de Letras, na função de Cônsul e no cargo de Desembargador. Por suas mãos tornei-me Cavaleiro da Confraria do Vinho do Porto.

Se eu continuar a falar do Dr. Sergio, não haverá espaço suficiente nesta nem nas próximas edições. Portanto, vamos ao jantar que me ofereceu em sua bela mansão, no dia 21 de outubro do ano passado (2009), na companhia dos filhos e suas mulheres, comandado à perfeição por Dona Marina, também descendente de antiga e ilustre família paulista, grande dama na mais completa acepção do termo. Eu já houvera jantado antes em sua casa – agraciado, dentre outras maravilhas, com um Ch. Lafite Rotschild 1982 – mas desta vez, por mera intuição, sentia algo misterioso no ar. Na sala, para começar, um *jerez manzanilla* com *camembert*, *brie* e outras *delicatessen*. Passamos à mesa, onde me coube o lugar de honra: à direita da anfitriã. Salada e delicados filés de peixe com um Alvarinho que há muito eu não via: Deu La Deu. Prato principal: um *cassoulet* de dar inveja a qualquer francês, que eu tive a cara de pau de repetir três vezes. E aí percebi que minha intuição estava muito aquém da realidade. Sem dar maior importância, Dr. Sergio abre um Grand Vin de Ch. Latour 1982 (*premier grand cru de Bordeaux*). A seguir, abre um Clos de Vougeot 1985 (ícone da *Bourgogne*). Como se não bastasse, surge sobre a mesa um *Serra da Estrela* no ponto mais alto de sua cremosidade. Para fazer jus a esse queijo único, inimitável, o golpe de misericórdia: um Barca Velha... 1978 ! Simplesmente a glória maior de Portugal e um dos melhores vinhos do mundo. Para os doces e as frutas (que Dona Marina gentilmente preparou em homenagem ao meu diabetes), um Sol Alto 2005, italiano, de cor âmbar, elaborado com uvas já quase em estado de passa. Gratíssima surpresa, situando-se entre os *Sauternes* e os *Tokaji Aszú*.

A descrição deste inesquecível jantar não foi feita para causar inveja (conquanto isso possa ocorrer no bom sentido) nem para alardear suposto prestígio. Todos os vinhos eram de safras famosas e deles já não há mais nenhuma garrafa à venda, nem nas melhores casas especializadas. Por muita sorte, poder-se-á conseguir alguma em leilões ou em lojas da internet, por preços astronômicos (a partir de 5 mil dólares por unidade) e sem qualquer garantia quanto ao estado de conservação e potabilidade.

Os vinhos contidos nas garrafas abertas *chez Paula Santos* estavam absolutamente perfeitos, cada um em seu melhor momento para ser saboreado e em total harmonia com os pratos. Foram servidos com simplicidade e generosidade, e bebidos com respeito e prazer. Em nenhum momento o anfitrião exaltou ou valorizou suas escolhas. Deixou que elas falassem por si mesmas aos sentidos de cada um. Ninguém fez descrições de cheiros e sabores exóticos – afinal, todos sabiam que aqueles momentos constituíam um privilégio de poucos e que a melhor forma de celebrá-los era em silêncio.

Transmitir esta lição de sabedoria, civilidade e *finesse* foi o objetivo que me levou a descrever este memorável jantar, guardado em minha memória com especial carinho.

Edson Nelson Ubaldo

EM MEMÓRIA DE:
OTTO STUPAKOFF, FOTÓGRAFO E COMPANHEIRO DE INFÂNCIA;
ANTONIO HENRIQUE DE OLIVEIRA MARQUES, HISTORIADOR E
COMPANHEIRO DE JUVENTUDE;
ALFREDO SARAMAGO, ANTROPÓLOGO E COMPANHEIRO DE
MATURIDADE.

PARA HORACIO DE PAULA SANTOS, MEU PAI, MESTRE E AMIGO.
PARA MARINA, A VINHA FORTE E SADIA SOB A QUAL CRESCEU
NOSSO PEQUENO VINHEDO.

PARA LILA E SERGIO, RENATA E RODRIGO, PAULA E MATEUS.
GABRIEL, SAFRA DE 1998.
RAFAEL, SAFRA DE 1999.
LUIZA, SAFRA DE 2004.
MARIANA, SAFRA DE 2006.

A ISABEL MARIA ALEXANDRE E JÉZIO HERNANI BOMFIM GUTIERRE,
MEUS EDITORES, PELA PACIÊNCIA...

PARTE I
Da mesa

O menu e os
serviços da mesa

Tem nos ocorrido com alguma frequência em São Paulo que, ao pedirmos, em restaurantes ou bares, pelo *menu*, cria-se um constrangimento. Se pedirmos pelo *cardápio*, ocorre o mesmo, e se pela *ementa*, quem nos atende não saberá o que fazer.

Os profissionais da restauração desconhecem esses termos. Apesar dos inúmeros cursos e escolas de cozinha em nosso meio, algumas que se intitulam até "faculdades" (sem qualquer conhecimento do MEC), os termos referentes à relação dos pratos disponíveis continuam pouco conhecidos da maioria dos profissionais.

Como geralmente se vai ao restaurante para comer, e falamos o idioma do país (embora *menu* seja galicismo), ao final conseguimos nos fazer entender.

A palavra *menu* aparece na língua francesa em 1084, derivada do latino *minutus*, particípio passado de *minuere*, "diminuir". Como "relação de alimentos", o termo data do século XVIII.[1]

Já *cardápio* é um curioso neologismo proposto pelo filólogo e latinista brasileiro Antônio de Castro Lopes (1827-1901), em 1889,

---

[1] A. Dauzat e colaboradores, *Dictionnaire étymologique de la langue française* (Paris: Larousse, 1971).

I. Da mesa

para traduzir o francês *menu*; formado pela "íntima soldadura das duas latinas *Charta* ('carta') e *daps*, *dapis* ('lista das comidas, das viandas')", resultando *chardapio*, hoje *cardápio*, termo em que "estão perfeitissimamente contidas todas ideias, que de um modo elliptico buscaram os francezes exprimir com o seo vocabulo Menu".[2]

Com relação a *ementa*, termo usado em Portugal com o mesmo sentido, é praticamente ignorado pelos etimologistas.

Essas listas de iguarias servidas em banquetes, recepções ou restaurantes são, às vezes, verdadeiras obras de arte, guardadas em bibliotecas, museus ou coleções particulares, podendo constituir fonte histórica dos hábitos alimentares de diferentes sociedades no espaço e no tempo.

Serviços da mesa

O modo de servir refeições requintadas evoluiu historicamente do serviço denominado *à francesa* para o conhecido como *à russa*, ao qual a difusão do menu está intrinsecamente ligada.

O serviço à francesa provém da Idade Média, tendo sido codificado na França no século XVII. Nesse serviço as refeições constavam de três, quatro ou mais sequências, os chamados *serviços* ou *cobertas*, cada um dos quais com vários pratos, frios e quentes, doces e salgados. Os pratos não eram apresentados aos convidados, mas colocados na mesa para que estes se servissem diretamente das iguarias que lhes estavam acessíveis, compondo assim seu prato. Os alimentos chegavam simultaneamente à mesa.

Isabel Drumond Braga, em seu delicioso livro *Os menus em Portugal*,[3] compara o serviço à francesa aos atuais *bufês*, com a diferença de que então os convidados permaneciam sentados.

Terminado o primeiro serviço, seguia-se o segundo e assim sucessivamente, dependendo o número destes, assim como o dos pratos, do número de convidados, de sua importância, das posses do anfitrião e das circunstâncias do evento.

---

[2] A. C. Lopes, em *Dicionário etimológico da língua portuguesa* (Rio de Janeiro: Nova Fronteira, 1997).

[3] I. D. Braga, *Os menus em Portugal* (Lisboa: C. F. Publicações, 2006), p. 10.

O MENU E OS SERVIÇOS DA MESA

Vários esquemas dessas refeições são descritos nos livros de cozinha dos séculos XVII e XVIII, relativos ao número de iguarias em cada serviço, que podem ter o mesmo número de pratos ou não. Geralmente eram colocados de maneira simétrica na mesa, com os maiores no centro, seguindo-se os médios e, na periferia, os menores.

No século XIX aparece na Europa uma nova maneira de servir, criada presumivelmente na Rússia (para alguns, na Alemanha), que se difundiu por todo o continente até o final do século, o chamado *serviço à russa*. Nele os pratos não se encontram na mesa quando os convidados tomam assento, chegam depois.

As iguarias saem da cozinha para a sala de refeições e são apresentadas individualmente à cada convidado, acabando-se assim a simultaneidade de pratos frios e quentes, doces e salgados.

A ocasião em que esse serviço à russa chegou aos diferentes países não é bem definida, mas dispomos de algumas informações. Na França, teria sido introduzido pelo príncipe Alexandre Borisovitch Kurakin, russo, ao tempo em que foi embaixador em Paris, em 1810. Carême (1784-1833) conheceu esse modo de servir em sua passagem pela corte do czar Alexandre I, e não o apreciou. À Inglaterra, à Espanha e à Itália o serviço à russa chegou na segunda metade do século, enquanto na Alemanha, Polônia e Suécia, chegou antes.

Naturalmente esse novo serviço teve adeptos e adversários. Se por um lado perdia-se no espetáculo, no aspecto visual da mesa, por outro ganhava-se – pois não havia o risco e a possibilidade de esfriarem-se os pratos quentes. Se o sistema francês era mais luxuoso, o segundo era mais rápido, simples e econômico. Outro detalhe importante é que, para compensar a perda do aspecto visual, no segundo caso investia-se na decoração da mesa, com conjuntos de flores, centros de mesa decorados com as mais variadas composições, esculturas, velas, etc.

Concluindo, com o serviço à russa diminuiu o fausto e melhorou a ornamentação da mesa, podendo-se consumir adequadamente os pratos quentes – sem falar na praticidade do serviço. Com ele aparece também a necessidade do menu, do cardápio, para o conheci-

I. Da mesa

mento prévio do que será servido nos banquetes e recepções ou para a escolha, no caso dos restaurantes.

Evidentemente, com o tempo o modo de comer alterou-se. Diminuiu a disponibilidade de serviçais, passou-se a servir os alimentos doces apenas como sobremesas, a usar aquecedores ou rescaldadores para manter os alimentos aquecidos e, principalmente, diminuiu o número de pratos oferecidos. Para alguns autores, essa diminuição correspondeu ao "declínio da aristocracia" e à "redução burguesa dos pratos",[4] com a intenção de servir apenas o que poderia realmente ser consumido, em um balanço entre o suficiente e o supérfluo.

Nesse serviço, a refeição inicia-se pelos pratos mais leves e segue até o principal, o assado, que é apresentado inicialmente aos convidados inteiro, sendo cortado ou trinchado na cozinha ou na antessala e depois servido individualmente.

Antes do assado servia-se com frequência um ponche glacê ou um sorvete, para dar um contraste com o prato principal. Com o serviço à russa divulgou-se uma criação incipiente, mas que já existia no serviço anterior, à francesa: o menu.

Inicialmente, o menu foi tão somente a relação dos pratos, apresentando-se depois em folhas soltas, manuscritas ou impressas, entregues individualmente, *ad personam*, aos convidados. Mais tarde, a prática estendeu-se aos restaurantes; e, ao redor de 1890, na França, praticamente todos dispunham de menus.

Como dito, encontram-se menus antigos em museus, bibliotecas e coleções privadas, do século XVIII, em plena vigência do serviço à francesa. Uma dessas coleções, das mais interessantes, está em Versailles, das recepções de Luís XV, no castelo de Choisy, entre 1751 e 1756.[5]

De que temos memória, os mais sofisticados menus a que tivemos acesso foram: os dos navios transatlânticos que demandavam à Europa ao tempo em que as pessoas dispunham do mesmo; os das companhias aéreas (na primeira classe, naturalmente), ao tempo em

---

[4] A. Capatti e M. Montanari, *La Cuisine Italiene Italienne* (Paris: Seuil, 1999), p. 194.

[5] J. R. Pitte, *Gastronomie Française* (Paris: Fayard, 1991).

que os aviões voavam regularmente, quando os passageiros não eram seus reféns; os dos Capítulos ou reuniões da Confrérie des Chevaliers du Tastevin, no Clos de Vougeot, na Borgonha; e alguns outros, que o tempo e a memória diluem.

Paradoxalmente, esse menu ou cardápio, tão antigo, modesto ou rico, correto ou com erros (conceituais ou ortográficos), de banquetes ou de botequins, continua sendo um desconhecido de tantos os que com ele convivem. Pouco a fazer.

As novas profissões da mesa

O progresso científico-tecnológico e cultural tem ampliado muito as atividades do homem. A complexidade da vida moderna vem aumentando o número de atividades e de especialidades. Em alguns setores, como o da mesa e da restauração, no entanto, criaram-se especialidades sem maior sentido.

Faz parte do folclore alemão a história do "especialista" em abrir livros, alguém que abria exatamente na página pedida. Se fosse, porém, para fechar o livro, teria de ser com outra pessoa...

Assim, por necessidade ou não, criam-se e inventam-se profissões e especialidades, algumas existentes há séculos. Entre as modernas especializações, uma, não ligada à mesa, tem-nos chamado a atenção pela frequência com que aparece na mídia, principalmente televisiva: a de "cientista político". Para os que apenas pagam impostos ao Estado, a atividade política está mais ligada à marginalidade, à contravenção, do que à ciência...

Já com relação à restauração, as novidades são muitas. Também presente na mídia é a função de *chef*, antiquíssima – pois na realidade é apenas cozinheiro. Diga-se o mesmo de "culinarista" ou de "jardi-

I. Da mesa

nista", que é jardineiro, e de "barista", para quem apenas faz café, neologismo que nada tem a ver com o produto. Por extensão, podem-se criar assim várias "profissões", para quem prepara ou serve qualquer bebida, alimento ou prato.

Sabemos todos que os restaurantes mais pretensiosos dispõem de *sommeliers* para servir o vinho; de *patissiers*, que são doceiros ou confeiteiros; de *chocolatiers*, para os de chocolate, etc. Recentemente conhecemos um "produtor gastronômico"...

Entre as mais recentes "pérolas" encontradas nas novas profissões está a de *cachacier*. Literalmente "cachaceiro", sinônimo de "pinguço", "bebum", o termo seria um galicismo, se existisse ou fosse dicionarizado no francês. Não é esse, entretanto, o sentido que se pretende dar ao neologismo. Como se quer atualmente dar *status* de bebida fina à cachaça, seu produtor seria o *cachacier*, em pretenso francês – o que seria uma contradição, pois se "a cachaça é nossa", como diz sua promoção, por que o nome de seu produtor seria estrangeiro?

Mais interessante ainda é a novíssima atividade (e especialidade) de *bier-sommelier*, agora um duplo estrangeirismo, franco-alemão. Na realidade, por que dois idiomas? Temos no vernáculo o termo "escanção" para *sommelier*, podendo-se compor, no português, a expressão "cervo-escanção", que, convenhamos, soa mal e é pedante.

Se se pretender usar o francês, poderia ser *bière-sommelier*, enquanto no alemão haveria pelo menos duas possibilidades. No alemão medieval, quem servia as bebidas ao rei era o *Mundschenk*, também ele um nobre, enquanto hoje quem serve o vinho é o *Weinkellner*, o garçom do vinho. O correspondente da cerveja seria o *Bierkellner*. No caso, vem-nos obrigatoriamente à lembrança o serviço da cerveja da Hofbräuhaus, a quadricentenária cervejaria de Munique (fundada em 1589), em que as robustas e ágeis jovens levam em cada mão cinco pesadas canecas de cerveja de 1 litro cada, para três mil clientes todas as noites.

Não cabe aqui confundir qualquer dessas atividades com a do *Braumeister*, o mestre-cervejeiro, responsável maior pela produção da cerveja, atividade comparável com a do enólogo para o vinho.

Vê-se assim que são várias as "novas profissões", ligadas ou não à mesa, e algumas muito antigas, criadas pela especialização, pela imaginação e pelos estrangeirismos.

A causa possivelmente reside em nossa legislação trabalhista, que ignora atividades e profissões tão importantes, ou especialistas tão categorizados como *chefs*, *produtores gastronômicos*, *baristas*, *cachaciers* e *bier-sommeliers*, entre outros. Com tantos políticos ineptos e várias reformas importantes para a sociedade a fazer, uma eventual reforma trabalhista deverá aguardar um bom tempo.

Enquanto isso, nossa criatividade continuará criando profissões e especialistas, também naturalmente no setor da mesa e da restauração.

O CLIENTE TEM SEMPRE RAZÃO

Sabemos todos que a afirmação é mais um conceito que uma realidade. Na atividade da restauração, como em qualquer outra, ocorrem acertos e erros, e entre estes alguns que podem ter consequências graves. Sabemos também que boa parte dessas falhas ocorrem por conta dos que produzem, manipulam ou oferecem os alimentos, mas o consumidor, o cliente, pode também ter responsabilidade.

É justamente esse o tema do estudo realizado por um grupo de pesquisadores da Faculdade de Ciências da Saúde da Universidade de Brasília, no Departamento de Nutrição: "Atitudes de risco do consumidor em restaurantes de autosserviço", de R. P. Zandonadi e colegas,[1] que pretendemos comentar de modo sucinto, inclusive nas suas conclusões.

Autosserviço é a denominação correta do tão divulgado e ubíquo anglicismo *self-service*. A difusão do autosserviço foi um fenômeno urbano, copiado dos Estados Unidos após a Segunda Guerra Mundial.

---

[1] R. P. Zandonadi e colegas, "Atitudes de risco do consumidor em restaurantes de autosserviço", em *Revista de Nutrição*, vol. 20, nº 1, Campinas, jan.-fev. 2007.

I. Da mesa

O estudo dos nutricionistas de Brasília visou avaliar as possibilidades de contaminação dos alimentos nos balcões onde são apresentados, causadas por seus usuários.

A coleta de informações foi realizada em dez unidades produtoras de refeição (UPR) do Distrito Federal, pela observação direta de doze "condutas de risco", de contaminação dos alimentos, dos consumidores, durante doze meses, de outubro de 2003 a setembro de 2004. O horário escolhido para a observação das condutas de risco foi o de maior movimento de cada unidade. A coleta das atitudes de risco de contaminação foi feita no momento em que os consumidores montavam suas refeições.

Dados da Associação Brasileira da Indústria Alimentar[2] mostram que, da implantação do Plano Real, em junho de 1994, até 2001, houve um aumento de 190% dos setores de serviços de alimentação e de 16% dos de alimentação fora do lar. O número de restaurantes comerciais do país duplicou na última década e movimentou 5,2 milhões de reais em 2001.

A Organização Mundial de Saúde[3] define como doença transmissível por alimentos (DTA) "uma doença infecciosa ou tóxica causada pelo consumo de alimento ou água". O consumo de refeições fora do domicílio é um dos fatores que mais contribui para o aumento das DTA, pois nas unidades de produção de refeições (UPR) as refeições são feitas em larga escala, sendo difícil o controle efetivo de todas as preparações.

A contaminação dos alimentos inicia-se na produção das matérias-primas, animais e vegetais, e se estende às etapas de transporte, recepção e armazenamento. Durante a manipulação desse material pode haver contaminação por precárias condições de higiene de quem a realiza ou dos equipamentos e utensílios usados, bem como do ambiente e condições inadequados.

---

[2] Associação Brasileira da Indústria Alimentar, *Mercado de Food Service no Brasil 2002*. Disponível em www.abia.org.br (acesso em 20-2-2002).

[3] Organização Mundial de Saúde, *Foodborne desease 2001*. Disponível em htpp://www.who.int (acesso em 5-3-2005).

O CLIENTE TEM SEMPRE RAZÃO

Após as etapas de preparação/industrialização, os alimentos continuam expostos à contaminação nos centros de distribuição, supermercados, restaurantes, mercearias, residências e até nos hospitais. Quanto aos alimentos disponíveis em barracas, feiras livres, carrinhos, caminhonetas de esquinas, não foram o tema da pesquisa...

Segundo Almeida,[4] mais de 70% dos casos de DTA têm origem na contaminação dos alimentos por seu consumidor final, o cliente. A higiene alimentar é assim fundamental e deve participar de todas operações, no campo, na transformação, na distribuição e no consumo.

Entre nós, a mão de obra nas UPR frequentemente não é qualificada e muitas vezes sequer é treinada para as atividades ligadas à produção de alimentos. Segundo Arbache e colaboradores,[5] 22% dessa mão de obra é qualificada, 56% não é qualificada e 22% é semiqualificada, além da falta de informações desses profissionais quanto às normas de segurança alimentar na produção de refeições.

Fato importante é o que, em um sistema centralizado de produção, como nas casas de autosserviço, aumenta a possibilidade de contaminação dos alimentos pelos consumidores, pois que estes mantêm contato direto com os alimentos expostos nos balcões de distribuição. Foram selecionadas e observadas doze atitudes de risco:

1. Não lavar as mãos imediatamente antes do autosserviço.
2. Mexer no cabelo próximo aos alimentos no balcão.
3. Falar em cima do balcão de distribuição.
4. Deixar a gravata, as mangas de camisas, blusas ou casacos tocarem as preparações.
5. Encostar o corpo nas preparações.
6. Tossir ou espirrar sobre as preparações.
7. Utilizar o utensílio de uma preparação em outra já servida.
8. Trocar os utensílios das preparações.
9. Deixar o utensílio cair dentro da preparação.

---

[4] C. R. Almeida, "O sistema HACCP como instrumento para garantir a inocuidade dos alimentos", em *Higiene Alimentar*, 1998, 12(53), pp. 12-20.

[5] J. Arbache e colaboradores, "Economia brasileira e gastronomia", em W. Araújo, *Gastronomia: cortes e recortes* (Brasília: Senac, 2006).

I. DA MESA

10. Retirar alimentos do prato e devolvê-los às cubas, com a mão ou com utensílio disponível.
11. Consumir antes da pesagem.
12. Arrumar alimentos no prato com os utensílios da preparação.

Como dito, foram observados consumidores de dez UPR no Distrito Federal, em 2004, com cardápio médio e formal, em um total de 5.348 consumidores, por três dias consecutivos em cada UPR.

Como resultado, verificou-se que 96% dos consumidores não lavaram as mãos imediatamente antes de se servirem, apesar das UPR disporem de lavatórios visíveis. Não cabendo aqui transcrever gráficos e cifras, pode-se dizer que, com exceção das atitudes de risco número 5 (encostar o corpo nas preparações) e 10 (retirar alimentos do prato e devolvê-los às cubas), as demais atitudes de risco foram constatadas em sugestiva proporção: de 7% (mexer no cabelo próximo aos alimentos no balcão) a 50% (tossir ou espirrar sobre as preparações).

De acordo com os dados do Ministério da Saúde,[6] restaurantes e refeitórios foram responsáveis por 49% dos surtos de DTA no Distrito Federal em 2003, vindo a seguir as refeições realizadas em domicílios, correspondentes a 27%, no mesmo período. As escolas corresponderam a 6%, e as festas, a 12%.

Vemos assim o significativo componente das condutas inadequadas do consumidor em prejuízo próprio.

Outra causa de contaminação lembrada no estudo de Brasília é a temperatura imprópria dos alimentos nos balcões (abaixo de 60 ºC), em um tempo médio de exposição de três horas.

É também necessário ter em conta que as DTA provocam uma sintomatologia que pode variar de um leve desconforto a reações graves, com diarreias e até morte.

Evidentemente, sem descartar as contaminações que já mencionamos (na produção da matéria-prima, do transporte, da recepção, do armazenamento e do preparo dos alimentos), é preciso ter-se em

---

[6] Ministério da Saúde, *Doenças transmitidas por alimentos*, 2004. Disponível em http://www.saúde.df.gov.br (acesso em 28-11-2005).

O CLIENTE TEM SEMPRE RAZÃO

conta que no ubíquo *self-service* ainda se acrescentam as contaminações geradas pelo próprio consumidor.

Será que o cliente tem sempre razão?

O *SALMAGUNDI*

*E*m nossas andanças pelo mundo dos comes e bebes, uma das recentes e curiosas descobertas foi o *salmagundi*, apresentado pelo médico e historiador uruguaio Milton Rizzi, a quem recorremos regularmente em assuntos históricos de nossa especialidade.

Da iguaria, possivelmente o mais interessante seja sua história, sua origem. O *salmagundi* nasceu nas cozinhas dos barcos piratas que assolavam os oceanos Atlântico e Índico nos séculos XVII e XVIII. Surgiu como uma consequência natural e espontânea das necessidades alimentares desses delinquentes e sanguinários personagens, quando no mar, que lhe deram uma identidade própria. Na realidade não é um "prato", mas um gênero, um tipo de comida.

Por sua própria natureza, os barcos piratas não tinham normas ou organização para o controle de provisões – como ocorria normalmente nas frotas mercantes, militares ou exploradoras da Espanha, da Inglaterra ou de Portugal, que provisionavam seus barcos de maneira planificada para cada viagem, levando em conta sua duração, clima, etc. Nestas, as rações e porções eram previstas e respeitadas, embora, como sabemos, nem sempre as coisas corressem como previsto. Dispomos até hoje de cópias das relações de suprimentos dos

I. Da mesa

barcos desses séculos, caso da viagem de Vasco da Gama às Índias e várias outras.

Com os barcos piratas ocorriam duas circunstâncias alimentares – a fartura e a fome, esta bem mais frequente. Assim, cada vez que capturavam uma presa, após o combate, a primeira coisa de que se cuidava era o banquete, o rega-bofe, o *salmagundi*.

A origem da denominação tem duas versões: seria uma corruptela do italiano *salamini*, "salames, embutidos", em alusão ao que primeiro devoravam os piratas os frios, salames e embutidos, que já estavam prontos nas despensas. Para a outra versão, o termo proviria de *salmigondis*, prato francês antigo, correspondente mais ou menos ao nosso "roupa velha". O certo é que o *salmagundi* resultou em um prato bem versátil...

Possivelmente a denominação está relacionada às duas versões, pois que, como dito, a fome levava os piratas inicialmente aos alimentos já prontos, os embutidos, aos ovos crus e aos alimentos conservados em vinagre ou em salmoura. Posteriormente, com o fogo, colocavam nos tachos tudo o que encontravam: cebolas, alho, pimentão, com água do mar e carnes frescas, dos animais que eram transportados vivos, como aves, porcos, tartarugas, peixes, etc., além de charque bovino e porcino, peixes salgados ou defumados. Menos frequentes, mas não ausentes, foram as verduras, como repolhos e nabos, além do arroz e outros cereais.

À cocção acrescenta-se bastante vinho, com os condimentos encontrados, não faltando nunca a pimenta. Evidentemente levando-se em conta os comensais e a elaboração do "menu", o prato não era dos mais refinados...

O *salmagundi* era acompanhado de farta quantidade de cerveja ou de vinho ou de *grog* (bebida a base de rum), ou dos três juntos, de acordo com a disponibilidade da presa. Ao final, a bebedeira era geral, ocasionando muitas vezes a violência, da qual o alvo principal eram os prisioneiros, ou mesmo os próprios piratas – e ocorriam até mortes, esquecidas no dia seguinte, ao final da ressaca.

Com o tempo, o *salmagundi* desembarcou nos portos, revivido nas tabernas frequentadas pelos velhos marinheiros e piratas "aposentados". Refinou-se também, adquirindo identidade própria e *status*, passando a ser servido em barcos de passageiros da região do Caribe.

O *salmagundi* pode ser hoje encontrado nos restaurantes antilhanos, da América Central, de Tortuga e de New Providence, que no passado foram refúgios de piratas e flibusteiros. A "iguaria" geralmente consta de uma entrada de frios, presunto cru, salame, linguiça, picles e ovos, seguida do prato principal, quente: um cozido de ave, porco salgado ou peixe, com verduras, condimentos e temperos variados, inclusive azeite de oliva. Naturalmente a receita pode variar, com carne de vaca, tartaruga, etc., ao gosto do cliente.

Nos últimos tempos têm aparecido, em alguns restaurantes caribenhos, "novidades" com relação ao *salmagundi*: um de baixa caloria para os gordos, outros com pouco sal para os hipertensos. São versões modernas da receita, para o mercado turístico, sem nenhuma relação com as suas origens históricas, de prato de piratas, que não se preocupavam com a etiqueta, com as boas maneiras ou com o colesterol.

O que nos foi servido pelo historiador uruguaio, bem acompanhado por um belo Tannat encorpado e macio, foi um *salmagundi* para pirata nenhum botar defeito.

Caviar uruguaio

André Nicolau Pinto Jorge é um médico gaúcho radicado há muitos anos em São Paulo, de grande cultura geral, várias atividades e muitos interesses. Vendeu há tempos suas terras no Rio Grande do Sul e, com o produto, adquiriu outras, bem mais extensas, no interior do Uruguai. Ampliou assim sua ovinocultura e sua produção de lã, para os mercados externo e interno.

Hedonista desde sempre, ao contrário de muitos de seus colegas, não fez sua pós-graduação nos Estados Unidos ou nos países da Europa Central, mas na Universidade de Moscou. Jovem e bem apessoado, fluente no idioma, bem ou mal acompanhado, conheceu todas as vodcas e todos os caviares da noite moscovita.

Pois foi o Dr. André que nos falou da existência de um caviar uruguaio; caviar mesmo, de esturjão, além, naturalmente, das *parrillas* e vinhos do país. Nunca o levamos a sério, como também pouca importância demos às suas preferências da mesa e do copo. Agora, passados mais de dez anos, quando a informação está em toda parte, vem o arrependimento de não o termos ouvido.

A criação do esturjão no Uruguai é relativamente recente: data de 1994, no rio Negro, na represa de Baygorria, a 250 quilômetros

I. Da mesa

de Montevidéu. O rio Negro nasce próximo a Bagé, em território uruguaio divide o país ao meio e deságua no rio Uruguai, não longe do rio da Prata.

A versão divulgada da origem dessa criação é de que, ainda ao tempo da União Soviética, um estudo russo realizado por satélite, buscando regiões propícias para a criação do esturjão, teria localizado a melhor no Uruguai. A história é muito bonita, talvez um pouco bonita demais, e carece de documentação comprobatória. Verídica ou não, o esturjão está em Baygorria.

Se levarmos em conta, entretanto, que ainda no final do século XIX e início do século passado o esturjão abundava na desembocadura de vários rios europeus como o Danúbio, o Pó, o Tâmisa, o Elba ou o Morávia, bem como na do Hudson, nova-iorquino, junto a Manhattan, e ainda nos Grandes Lagos e no Canadá, sua adaptação no Uruguai não é tão surpreendente. Afinal o peixe, com 26 espécies, é um fóssil vivo, de 250 milhões de anos, que precedeu mesmo os dinossauros... Temos hoje no hemisfério Norte vários criadouros de esturjões nos Estados Unidos (os maiores em Boneville, no rio Columbia, no Oregon e na Califórnia), na França (Bordéus), na Espanha, no Canadá, na China e em outros sítios.

O esturjão do mar Cáspio (iraniano, do Cazaquistão e de mais três antigos Estados da União Soviética), apesar do protocolo internacional que o protege (o burocrático CITES), é hoje um animal ameaçado pela pesca predatória (clandestina) e problemas ambientais, como a diminuição do débito dos rios e a poluição, principalmente após o colapso da União Soviética. Em 2006, o total da importação de caviar do Cáspio diminuiu 15% em relação ao ano anterior.

Estes dados têm encorajado não apenas o repovoamento do Cáspio, mas principalmente a criação de esturjão em vários países, dos quais o Uruguai é o único no hemisfério Sul. Neste, com a assistência de técnicos russos, do casal Rogov e do jovem aquacultor Conijeski, adaptou-se a espécie *Ossetra*, de porte médio, entre o *Beluga* e o *Sevruga*, menor.

É de grande importância o preparo das ovas, que envolve cuidados e conhecimentos especializados desde o reconhecimento da maturidade sexual das fêmeas e sua seleção, seguindo-se a fertilização pela leita (o esperma do macho). Uma das principais etapas na produção do caviar é a salga, que deve ser rigorosamente de 3% em peso. *Molossol* em russo significa pouco sal. Os técnicos, os *ikrianchic*, são os *mestres do caviar*, correspondentes aos enólogos e *maîtres de chai* para os grandes vinhos.

A mais moderna tecnologia de obtenção do caviar constitui na realidade uma ordenha ou uma cirurgia. Realizada em poucos centros, remove as gônadas do peixe com as ovas (que podem corresponder a até 17% do peso total do mesmo), que posteriormente é devolvido ao mar ou à represa.

Outro aspecto – de difícil avaliação, subjetivo e até cultural – é o da qualidade do caviar obtido do peixe selvagem, do Cáspio, comparado à qualidade do obtido do esturjão criado em cativeiro, de reprodução e maturação assistidas e monitorizadas. Diga-se ainda que o esturjão *Beluga*, que produz o rei dos caviares, e o esturjão *Starlet*, o dourado, nunca foram criados, "domesticados", enquanto o *Sevruga* desperta menor interesse, restando assim apenas o *Ossetra* como esturjão de criadouro. Para os *experts* internacionais do ramo, o produto do Cáspio seria superior e as possibilidades do caviar "de fazenda" ou de "granja" residem no declínio da produção e da viabilidade do concorrente selvagem.

Finalmente, um aspecto também delicado: o custo. Para o produtor, o aquaculturista e o ictiólogo, o produto é difícil, complexo e demorado, pois as fêmeas só produzem ovas aproveitáveis ao redor de dez anos e o reconhecimento do sexo ocorre apenas no terceiro ano; enquanto isso, os machos, a partir daí inaproveitáveis, alimentaram-se das mesmas rações. Para alguns, criar esturjão a fim de produzir caviar seria como plantar uma floresta para produzir papel...

Do ponto de vista do consumidor, como para qualquer produto de luxo, o custo é uma circunstância ambígua. Muitos procuram sistematicamente o mais em conta, enquanto outros preferem jus-

I. DA MESA

tamente o mais caro, como se preço correspondesse à qualidade. Fica-se assim entre a "lei de Gerson", de levar vantagem, e o exibicionismo. Convenhamos que nada como o caviar e o champanhe podem representar tão bem esse estado de espírito, do *status* e da aparência. Enquanto a demanda superar a oferta, o caviar terá seu *status*.

Temem os criadores que, em se aumentando a oferta como ocorreu com a do salmão chileno, independentemente do sabor ou qualidade, caiam seu charme, sua condição e imagem relacionadas ao requinte e a objeto de desejo.

São muitos os detalhes técnicos sobre a criação do esturjão de granja, como o chamam no Uruguai, e as medidas protecionistas para o remanescente selvagem no Cáspio constituem um tema (pelo menos o tema) quase inesgotável.

Como em qualquer circunstância da condição humana, vivemos todos entre altos e baixos, entre o caviar e a sardinha, entre o champanhe e a coca-cola.

Bacalhau é peixe?

*H*á muitos anos, em Lisboa, na Calçada do Duque, a longa escadaria que liga o Rocio ao Bairro Alto, entramos com Leonardo Arroio em uma *tasca*, rústica mas simpática, que existe ainda hoje (2007), para uma penúltima bagaceira, que encerraria um dia cansativo.

Havia no local um grupo de brasileiros que, tendo encomendado bacalhau, não chegara a um acordo sobre o vinho que o acompanharia: alguns queriam um vinho branco por se tratar de peixe e outros queriam um tinto pelo "corpo" e condimentos do prato. Impaciente e possivelmente cansado, o taberneiro sentenciou:

– Bacalhau não é peixe, bacalhau é bacalhau.

Já então havia preocupação do acompanhamento da comida com o vinho, hoje verdadeira neurose dos enófilos, de "conhecedores", de aspones e de gente insegura.

Na realidade existem várias possibilidades de bem acompanhar o bacalhau, dependendo do modo como é feito, além, naturalmente, do paladar de quem o pede.

I. Da mesa

Antes de responder à pergunta inicial, uma breve informação sobre a etimologia da palavra "bacalhau". Para José Pedro Machado,[1] o grande etimologista da língua, o termo é de origem duvidosa; presente no castelhano como *bacalao*, no francês como *cabillaud* e no holandês como *kabeljaauw*, foi o vocábulo encontrado na Península Ibérica no século XVI.

Antônio Geraldo da Cunha[2] concorda com J. P. Machado, e Antenor Nascentes[3] cita G. Viana, que estudou exaustivamente o termo, concordando com C. Michaelis de Vasconcelos, que aceita o latino *baccalaureo*, correspondente a "bacharel", aplicado ao peixe, como ocorre também com o "badejo", que viria do espanhol *abad*, *abade*. Bluteau relaciona o vocábulo ao basco *bacailaba* e outros autores encontraram a denominação do peixe na linguagem da Groenlândia, entre os esquimós e índios da América do Norte.

O delicioso livro sobre o bacalhau de Mark Kurlansky[4] narra histórias, etimologias e lendas relacionadas ao peixe. Segundo uma dessas lendas, basca, o bacalhau até falaria, mas no idioma *euscaro*, ou basco, e assim muito pouca gente poderia entendê-lo...

Voltando à indagação inicial, bacalhau não é peixe, mas sim o *modo de preparo* de aproximadamente 200 espécies de peixes teleósteos gadiformes, de mais de dez famílias de gadídeos. São peixes das águas frias do hemisfério Norte, vendidos secos e salgados. Não corresponde, portanto, à verdade a denominação de um bacalhau como "legítimo", cercado de "primos pobres", ou falsos. Na realidade, como o peixe é comercializado sem cabeça, o comprador fica na dependência da informação de quem o vende, para saber o peixe que comerá...

Os mais comuns em nosso mercado, que é o maior importador mundial, com 27,4 mil toneladas em 2006, são:

1. *Gadus morhua* – Como vimos, não é o "legítimo", mas o mais reputado. Também conhecido como "o bacalhau do Porto", correu o risco de extinção pela pesca predatória. Em 1993, iniciou-se um

---

[1] J. P. Machado, *Dicionário etimológico da língua portuguesa* (Lisboa: Confluência, 1967).
[2] A. G. Cunha, *Dicionário etimológico da língua portuguesa* (Rio de Janeiro: Nova Fronteira, 1982).
[3] A. Nascentes, *Dicionário etimológico da língua portuguesa* (Rio de Janeiro: Francisco Alves, 1955).
[4] M. Kurlansky, *Bacalhau* (Rio de Janeiro: Nova Fronteira, 2000).

movimento internacional de proteção ao peixe, que atenuou o problema sem resolvê-lo. Ainda hoje pescam-se anualmente cerca de seis milhões de toneladas de gadídeos, mais da metade dos quais *G. morhua*.

2. *Gadus macrocephalus* – É o "bacalhau do Pacífico", que chegou ao nosso mercado há cerca de dez anos. De qualidade ligeiramente inferior, tem a carne mais clara e não se desmancha, desfia.

3. *Saithe* (*Pollachius virens*) – Também chamado pescada-polacha. De sabor mais acentuado e cor mais clara, desfia facilmente.

4. *Ling* (*Molva molva*) – Menor e mais delgado, de carne branca e saborosa, bom para forno e fogão.

5. *Zarbo* (*Brosmius brosme*) – É o menor dos cinco, geralmente usado desfiado, como no arroz de bacalhau ou para os bolinhos.

Cabe lembrar também a *abrótea* (*Urophycis brasilienses*), peixe encontrado nas costas do Rio Grande do Sul e consumido frequentemente fresco. No Norte e Nordeste consome-se também o *curimbatá* (*Prochiladus nigricans*), um peixe de água doce também chamado de *bacalhau brasileiro*.

Na Escandinávia esses peixes são consumidos frescos, em diferentes receitas, de sabor bem diverso das nossas.

Mark Kurlansky, em seu já citado livro sobre o peixe,[5] informa que os pescadores profissionais de bacalhau reconhecem também apenas cinco tipos de gadídeos: o *G. morhua* (do Atlântico), o hadoque, a pescada-polacha, o merlúcio e o badejo. Só nos últimos anos tem aparecido em suas listas o bacalhau do Pacífico, o *G. macrocephalus*.

A escolha do vinho para o bacalhau, para alguns problema difícil, é na realidade muito simples. Cada um o comerá como preferir, com o vinho que quiser. O paladar não é coletivo, é individual e cultural. Não existem regras. Do simples bolinho de bacalhau aos gloriosos *bacalhau espiritual* ou *bacalhau nas natas*, passando pelas *línguas de bacalhau* ou *caras de bacalhau*, tudo é possível. São centenas de recei-

---

[5] *Ibid.*, p. 43.

I. Da mesa

tas. Recomenda-se apenas usar o bom senso: o bolinho, como aperitivo, pode ser acompanhado por um Chardonnay, ou por um Xerez bem seco, como a Manzanilla ou um Montilla-Moriles (da região de Córdoba), ou mesmo um espumante ou champanhe secos ou *brut*.

Um arroz de bacalhau, ou uma receita com batatas, verduras e azeite, se acompanhará bem com um vinho branco encorpado – um *Redoma* do Douro, um *Pera Manca* do Alentejo ou um *Porta dos Cavaleiros* do Dão. Um *Alvarinho*, verde branco, do Minho, seria a glória.

Se o bacalhau for mais temperado, com alho, Pil-Pil, Tabasco, pimenta, etc., um vinho tinto cairá bem. Deve ser da Península. Afinal, o prato é ibérico e o vinho não deve ultrapassar os Pirineus – também um bom vinho tinto encorpado do Douro (não cabe citá-los por serem muitos), ou igualmente do Alentejo, Bairrada ou Dão. Muito bom seria também um Tempranillo da Rioja ou da Ribeira del Duero, espanhóis.

Se quisermos, porém, encerrar a refeição com chave de ouro, *como Diós manda*, ao bacalhau deverá seguir-se um queijo da *Serra da Estrela*, amanteigado, e um vinho do *Porto Vintage*. Se acrescentarmos ao final alguns doces de ovos com amêndoas, e são tantos, ficaremos em paz com a vida.

Como o bacalhau, morreremos pela boca...

Considerações sobre a cozinha alemã

Alemanha tem ocupado a mídia de forma crescente, à medida que se aproxima a Copa do Mundo de futebol.* Muita gente terá um contato mais íntimo com a cozinha e com a gastronomia do país.

De um modo geral, a cozinha alemã é pouco e mal conhecida fora do país. Sua imagem é a de pratos fartos e suculentos, de aspecto rústico, à base de carne de porco, acompanhados de *sauerkraut* (indevidamente chamado de *chucrute*), batatas cozidas e purê de maçã, regados a uma dourada e espumante cerveja. Essa visão é parcial e limitada, baseada que é nas antigas tradições culinárias de algumas regiões do país.

A cozinha atual alemã é muito mais que isso, e nada mais falso que dissociar a *deutsche küche* de hoje da *haute cuisine*.

A partir do "milagre alemão" do pós-guerra, o turismo para as praias do Mediterrâneo e para todo o mundo, além do enriquecimento do país, trouxeram uma substancial contribuição para a gastronomia nacional. Os jovens e os empresários que andaram por todas as partes refinaram-se e os *Gastarbeiter* – trabalhadores con-

---

* Esse artigo foi escrito antes da Copa do Mundo, em 2006. [N. E.]

I. Da mesa

vidados, eufemismo com que são denominados os emigrantes turcos, latinos, eslavos, asiáticos ou africanos – acabaram por contribuir com suas culturas alimentares em todas as cidades da Alemanha.

Dos numerosos e modestos *Imbiss* (pequenos locais de comida rápida) aos refinados restaurantes de cozinha hindu, indonésia, chinesa, espanhola, balcânica, grega, peruana, russa, argentina, etc., e até brasileira, com feijoada, caipirinha e carne-seca, encontra-se no país de tudo e de qualquer parte do mundo.

Com relação à cozinha alemã autóctone, pode-se considerar três regiões – a do norte, na qual se incluem naturalmente os peixes e os frutos do mar; a do centro, em que predominam as carnes suínas, bovinas e ovinas; e a do sul, onde se destacam os embutidos. Como denominador geral, a batata, ubíqua, e as verduras, indispensáveis em qualquer mesa. Lembre-se também da tradição nacional das aves: ganso, pato e frango; e da caça: cervo, javali, lebre, etc.; além dos laticínios, com imensa variedade de queijos, e do pão, de todos os tipos e cereais, entre os melhores do mundo.

Pode-se lembrar também a charcutaria, os frios – ponto alto dessa cozinha – inigualáveis, cozidos e defumados. Com relação ao pescado, existe uma cadeia nacional de lojas, a *Nordsee* ("Mar do Norte"), com inúmeras variedades de peixes, que os prepara na hora. São primorosamente bem apresentados, rápidos e de bom preço. Convivem ao lado dos McDonald's, que prostituem todas as cozinhas...

Destaca-se também, sabemos todos, a doçaria alemã: os bolos e as tortas, entre as quais as mais badaladas sejam possivelmente o *Apfelstrudel*, de maçã (na realidade de origem austríaca), e as *Käsetorte*, de queijo, além da *Schwartzwälder Kirchtorte*, a torta de cereja da Floresta Negra; do *Marmorkuchen*, o bolo de mármore; e dos *Marzipan* (os mais reputados são os de Bremen, no norte), etc., etc. Se levarmos em conta que de qualquer fruta, silvestre ou não, podem-se fazer bolos, tortas, geleias, sucos, licores e destilados, os produtos dessa doçaria são infinitos. Com relação aos destilados, os mais afamados são os de framboesa (*Himberggeist*) e os de pera (*Birnengeist*), especialidades também da Floresta Negra.

Com relação ao vinho alemão, pelo menos os de melhor nível são pouco conhecidos e pouco consumidos entre nós. Certamente serão menos procurados pelo turista do futebol.

Resta assim a cerveja, paixão nacional da Alemanha, que é a terceira produtora mundial da bebida (atrás dos Estados Unidos e da China), com 82 milhões de hectolitros anuais e um consumo médio de 117 litros anuais per capita (2004), inferior apenas ao da República Checa. Nosso consumo é de 49 litros anuais per capita, contra menos de 3 litros de vinho.

Será assim uma ótima oportunidade para o visitante tomar contato com as maravilhosas "loiras geladas", lembrando-se de que no país respeita-se a lei da pureza (*Reinheitsgebot*), datada de 1516, pela qual as cervejas só podem conter, além da água, cevada, lúpulo e a levedura, sendo a única exceção possível o trigo em vez da cevada. Assim, o milho e o arroz de nossas cervejas (não informados pelos produtores) não seriam admitidos nas alemãs.

Existem no país 1.270 cervejarias e 5 mil marcas de cervejas, metade das quais na Baviera e na Vestfália. Muitas cidades produzem um tipo próprio de cerveja, como a *Kölsch* de Colônia, clara e frutada; as *Bock* de Munique; a *Berliner Weisse*, da capital; as *Altbier*, as de trigo, *Weizenbier*, da Francônia, etc. Pode-se afirmar que a Alemanha é o paraíso da cerveja.

Em 2004, o país exportou 13,7 milhões de hectolitros para a União Europeia, seu principal mercado, além da exportação para os países do Novo Mundo, entre os quais o nosso.[2]

Levando-se em conta que em São Paulo está a maior concentração de empresas alemãs do mundo, que a colônia germânica não é pequena e que temos vários clubes e restaurantes alemães, nosso conhecimento da gastronomia do país é relativamente pequeno.

Citamos assim algumas especialidades, sem transcrever as receitas, que se encontram nos livros de cozinha.

---

[2] *Deutscher Brauer-Bund* (*DBB*), Associação dos Cervejeiros Alemães.

I. Da mesa

Para começar: o clássico *Eisbein*, joelho de porco; *Sauerkraut*, repolho branco azedo, ou seu irmão *Rotkohl*, o roxo; os frios variados (*Schinkenplatee*), os *Rollmöpse*, que são filés de arenque enrolados em cebola e pepino; o *Grünkohl mit Pinkel* de Bremen (repolho crespo com chouriço Pinkel), as variadas apresentações de carne de porco, de cordeiro; o *Rheinischer Sauerbraten*, com carne de vaca estufada com cebola, caldo de verduras, vinho tinto, vinagre, creme ácido, cravo, pimenta, passas de uvas; *Apfelmus* (puré de maçã) e *Klöse*, uma espécie de almôndega de batata; os *Spätzle*, uma massa típica do sul que acompanha bem os pratos de carne; os presuntos defumados da Vestfália; as inúmeras variedades e tipos regionais de linguiça: de Munique (*Weisswürtz*, brancas), de Frankfurt, de Nürenberg; os salames da Saxônia e de Hannover; os enchidos de fígado (*Leberwurst*), os de sangue (*Blutwurst*), etc., etc. Todos podem ser acompanhados por uma grande variedade de pães, integrais ou com sementes, como o *Pumpernickel* de centeio, e molhos de rabanete picante; o ganso assado com maçã; o *Zwiebelkuchen*, torta renana de cebola, que se acompanha com o delicioso *Federwein*, mosto de vinho branco.

Evidentemente gosto não se discute – quando muito se educa – e o paladar é cultural. Não existe portanto razão lógica para mantermos nosso colonialismo cultural e principalmente gastronômico do modelo francês. Afinal, cabe lembrar que *chef* é apenas cozinheiro, e *patissier*, só confeiteiro... Fora do atropelo da Copa do Mundo, com tempo e lazer, a cozinha alemã deverá ser mais saborosa ainda.

O futebol passa, o prazer da mesa permanece, renovando-se sempre.

A CONTRIBUIÇÃO ARGENTINA:
REVUELTO GRAMAJO

São várias as pretensões argentinas com relação à gastronomia internacional, algumas bem fundamentadas e outras nem tanto. Como em todo país de passado colonial, sua cozinha tem influências da de seus colonizadores, de seus habitantes originais e das correntes imigratórias que receberam.

No caso da América Latina, a influência inicial foi hispânica e portuguesa, seguida da africana e posteriormente, a partir do século XIX, das etnias europeias e asiáticas. Dessa maneira, fica difícil falar, com critério, de cozinha nacional autóctone.

Ainda assim existem pratos, especialidades nacionais e criações culinárias regionais, verdadeiras ou pretensas. Entre as pretensões de nossos *hermanos*, podemos enumerar: as *empanadas*, os *alfajores*, o *panqueque de manzana*; o *dulce de leche*, orgulho nacional; os assados com as contribuições argentinas, etc. Pode-se afirmar, com segurança – e os próprios gastrônomos e *gourmets* argentinos concordam – que há dificuldade de se atribuir uma paternidade ou uma origem nacional a essas e outras iguarias.

I. Da mesa

Curiosa e paradoxalmente, uma interessante preparação, genuína e comprovadamente argentina, não é valorizada em seu país, sendo desconhecida no exterior – o *revuelto gramajo*, ou ovos mexidos a Gramajo.

Epônimo do personagem, a origem do prato tem duas versões. Segundo Miguel Bascó, jornalista e gastrônomo, o *revuelto* deve sua denominação ao *playboy* argentino Arturo Gramajo,[1] milionário dos anos 1930. Gramajo vivia entre Buenos Aires e Paris, gastando seu tempo como que a justificar a expressão, então em moda na França, "rico como um argentino". O jovem tinha uma concepção inversa do tempo: dormia ao amanhecer e acordava ao anoitecer, para desfrutar a boemia na noite parisiense.

Certo dia (ou noite), ao acordar mais cedo, quis comer algo leve, antes do início do "dia" noturno. Aquela hora, porém (na década de 30), a cozinha do Georges V (ou do Ritz), não se abriria nem para um milionário argentino...

Restou improvisar. Com a verba e o verbo que nunca lhe faltaram, conseguiu que um ajudante de cozinha lhe desencavasse uns ovos mexidos, restos de frango e presunto, com batata frita crocante suficiente para satisfazer o famoso *playboy*. Em seu retorno, a "receita" divulgou-se, tornando-se a favorita de seus amigos.

Algum tempo depois, Dereck Foster, cronista do *The Buenos Aires Herald,* a quem a história foi contada, foi procurado por uma senhora, sobrinha de Gramajo, que não só lhe confirmou a versão de Miguel Brascó, como lhe deu uma fotografia do tio famoso.

A outra versão do *revuelto* também é bem "apadrinhada". É a contada pelo conhecido historiador Félix Luna, biógrafo do general Roca e autor de mais de uma dezena de livros sobre história argentina.

Segundo Luna, Roca tinha entre seus inúmeros ajudantes um auxiliar de nome Gramajo, um coronel, que se desempenhava melhor na cozinha que no campo de batalha. Certa vez, em plena campanha, todos se angustiavam com a escassez de mantimentos. Foi quando

---

[1]   D. Foster, *El gaucho goumet* (Buenos Aires: Emecé, 2001), p. 34.

A CONTRIBUIÇÃO ARGENTINA: *REVUELTO GRAMAJO*

o coronel Gramajo, dando-se conta da gravidade da situação, criou, com o pouco material disponível, o prato que levaria seu nome. Sua receita consta de uma base de pão frito ou torrado, sobre a qual se coloca a mistura de ovos mexidos, com uma juliana de frango e presunto (picados), enquanto estão quentes. Sobre esta vão as batatas bem crocantes, com o sal. Deve ser servido imediatamente.

O interessante do prato está na combinação da suavidade e untuosidade dos ovos (que não devem ser cozidos demais) com o crocante das batatas. O contraste de texturas é um dos fundamentos mais importantes, e mais levado em conta, pela alta gastronomia.

Para Dereck Foster, o prato raramente é bem preparado em seu país, e se o fosse, poderia tornar-se um clássico internacional. Deu sua receita ao *chef* Anton Edelmann, do Savoy Hotel de Londres, que o apreciou, elogiou e o incluiu entre seus "pratos especiais", com bastante sucesso.

Evidentemente é uma preparação simples, de ingredientes triviais, nascida em circunstâncias especiais de penúria, o que não a desmerece. Seu sabor dependerá naturalmente dos cuidados do preparo. Por outro lado, bem pensando, todo e qualquer prato depende igualmente não apenas dos ingredientes mas do modo como é preparado. O nosso modestíssimo "arroz de puta", gaúcho, bem poderia também vir a ser uma iguaria...

No caso do *revuelto gramajo*, o que ocorre com a maravilhosa cozinha argentina, como com tantas outras, é que, ao tentarem valorizar alguns setores, esqueceram-se de outros – bem como de que a grande gastronomia é transcendente, independe de modismos e desconhece nacionalismos.

A COZINHA PAMPEIRA

É a cozinha da região do Pampa, a grande planície desértica meridional do continente americano. É a cozinha gauchesca, não do nosso gentílico sul-rio-grandense, mas do *gaucho* castelhano, com acentuação na primeira sílaba e sem acento agudo na segunda.

Gaucho, segundo Corominas,[1] é o "*criollo rural del Rio de la Plata*", de etimologia incerta, talvez originário de *wahca*, "pobre, indigente". É documentado pela primeira vez em 1782 (Aguirre). O verbete *gaucho* é longamente comentado pelo etimologista, merecendo mais de três colunas, ao passo que o personagem tem grande destaque na literatura rio-platense, com Carretero, Assunção, Coni, Lugones e outros, sendo seu arquétipo *Martín Fierro*, herói do poema nacional argentino, de José Hernández (1834-1886).

Estudado sob tantos aspectos históricos e sociais, com relação à alimentação sua bibliografia é entretanto parca, possivelmente pela pobreza do meio, como do próprio personagem.

A primeira referência conhecida do "cardápio" do habitante do Cone Sul é do século XVI, de 1520, de Antonio Pigafetta, o escrivão

---

[1] J. Corominas, *Diccionario crítico etimológico castellano e hispánico* (Madrid: Gredos, 1997).

I. Da mesa

da expedição de Fernão de Magalhães: "Alimentam-se basicamente de carne crua e de uma raiz doce que chamam de *capac*. São uns glutões. Os dois que recolhemos comiam, cada um, um cesto de biscoitos por dia, devoravam os ratos crus, sem tirar a pele, e tomavam meio balde de água de um só trago".[2]

Mais recentemente, o historiador argentino Andrés Carretero, tratando do personagem, fala por alto de sua alimentação. Com variações regionais, tinha como ingrediente comum a carne bovina, "quase sempre assada, pois era a forma mais rápida e simples de prepará-la".[3] Lembra também a carne ovina, as aves, os coelhos, as lebres e os ovos (inclusive de avestruz) acompanhados de água e vinho. Lamenta não se tenham conservado receitas da época.

Tão somente em duas fontes encontramos o tema mais desenvolvido.

Dereck Foster, crítico de gastronomia argentino (apesar do nome), faz uma deliciosa abordagem histórica da evolução da cozinha *criolla*, dos habitantes primitivos das planícies mesopotâmicas argentinas, com as cozinhas europeias (espanhola, francesa e inglesa), com a chegada dos africanos, seguidas das várias correntes imigratórias do século XIX.[4] Lembra corretamente que os primeiros conquistadores, vindos do norte do país buscando ouro e prata, eram aventureiros e não cozinheiros. Assim, o consumo de carne de vaca, de cordeiro (e de cavalo) logo superou o de guanaco dos nativos. O milho chegou pelo Chile, a *salsa criolla* (molho que se pensa ser argentino) veio do Peru, a *empanada* veio da capital, e o *pastel de peixe* (de água doce), da Bolívia.

Curiosa a discussão da origem do *revuelto gramajo*, que deve a denominação a Arturo Gramajo, milionário e gastrônomo argentino que vivia entre Buenos Aires e Paris, ao tempo em que a Argentina era dos países mais ricos do mundo. Trata ainda das *panqueques de manzana*, das *milanesas*, da história da *empanada* (e da "etiqueta" de

---

[2] A. Pigafetta, *A primeira viagem ao redor do mundo* (Porto Alegre: L&PM, 2006), p. 64.
[3] A. M. Carretero, *El gaucho argentino* (Buenos Aires: Sudam, 2002), p. 33.
[4] D. Foster, *El gaucho gourmet* (Buenos Aires: Emecé, 2001).

seu consumo), do *ceviche* (ou *seviche*), da *carne con cuero*, etc., etc. Finalmente, aborda o polêmico tema da gastronomia argentina: a origem do doce de leite, que envolve o orgulho nacional, chegando até a Idade Média...

A outra fonte de cozinha pampeana consultada não é menos interessante, por curiosa e original. Trata-se do depoimento de Jacques Arago, autor da célebre *Viagens ao redor do mundo*, de 1853, e de *Jantares em diferentes países*.[5] Arago (1790-1855) foi desenhista, escritor e grande viajante. Seus relatos, inclusive os sobre alimentação, em vários volumes, inspiraram Júlio Verne, anos depois, a escrever *A volta ao mundo em oitenta dias*.

A viagem de Arago durou quase quatro anos e iniciou-se em 1817, a bordo do navio *Uranic*, do capitão Freycinet, onde o autor desempenhava a função de desenhista. Descreveu os jantares dos hotentotes na África do Sul, dos carolinos (do arquipélago das Carolinas, no Pacífico), dos chineses, de cafres (da Cafraria, África do Sul), dos nativos da Nova Gales do Sul (Austrália) e das ilhas Sandwich (com vinhos de Bordeaux, da Champagne e *ava*, uma beberagem nativa, alucinógena), dos papuas da Nova Guiné (com lagartos, cobras e centopeias), de um grupo de náufragos (do qual fez parte), de uma sangrenta refeição de feiticeiros na África e outras, de canibais e antropófagos.

Descreveu por alto algumas refeições no Brasil, no Rio de Janeiro, na Bahia e em São Paulo, onde "se você se sentar, descontraído, à mesa de colonos ou imigrantes, pensará estar participando, quase, de refeições europeias", em uma "terra privilegiada que a civilização já abastardou" e nas quais se servem "as frutas mais deliciosas do mundo".[6]

Interessa-nos em Arago, porém, o "Jantar dos patagônios e dos gaúchos". Conta que o patagônio tem como companheiro, além do

---

[5] J. Arago, *Jantares em diferentes países* (Rio de Janeiro: José Olympio, 2006), pp. 19-27.

[6] *Ibid.*, p. 91.

I. Da mesa

cavalo, o punhal na bota de couro, um laço com nós, um laço com bolas e uma escopeta, e "com isso acredita possuir o mundo".[7]

Do gaúcho escolhemos uma passagem apenas, ocorrida, segundo o viajante, a um quarto de légua a oeste do cemitério de Montevidéu, já no "deserto". Laça um animal de um bando de cavalos selvagens, derruba-o e o imobiliza. Não tem porquê sacrificá-lo para matar a fome de uma única pessoa. Senta-se então calmamente sobre a anca do animal e com a faca "corta em uma das coxas um suculento bife, desata a correia e libera o ferido, que foge com horríveis relinchos. Em seguida, acende uma fogueira com ervas secas e alguns arbustos e come a carne fresca".[8] À noite, com o frio, cobre-se com seu poncho e adormece ao lado de seu cavalo, para as aventuras do dia seguinte.

Vimos assim, de passagem (ou de galope, para continuar no ambiente), alguns dados curiosos sobre a alimentação do gaúcho e do patagônio: do século XVI, com ratos e raízes para a sobrevivência; do século XIX, com Arago; e dos atuais, com Dereck Foster.

Do primitivo patagão ao cavaleiro solitário e ao gourmet refinado, o gaúcho continua um homem forte, saudável e livre, identificado com sua natureza e cultura.

---

[7] *Ibid*, p. 19.
[8] *Ibid*, p. 24.

A COZINHA HISPANO-ÁRABE

$\mathcal{A}$ presença árabe de oito séculos na península Ibérica deixou marcas definitivas na identidade nacional de seus povos. Em 714, Tarik ibn-Zyad submete os visigodos, permanecendo os mouros na península até 1492. Dependendo da região, a ocupação muçulmana durou de 300 a 800 anos. No território que viria a ser Portugal, floresceu no século IX o al-Garb al-Andaluz, "o ocidente de Andaluz", ocupação que chegaria até o Mondego, cuja reconquista só se completaria no século XIII.

Esse período também deixou influências na etnia, no idioma e em toda a cultura peninsular – inclusive, naturalmente, na alimentação e na cozinha. Com relação à influência na gastronomia, a documentação é relativamente escassa. Somente na segunda metade do século passado alguns manuscritos de cozinha desse longo período vieram à luz.

Os receituários medievais de cozinha árabe então encontrados representam um legado literário sem equivalente nas outras culturas modernas. No século X, o bibliófilo de Bagdá Ibn al-Nadin colecionou um acervo de manuscritos dessa época, entre os quais treze com textos de gastronomia, que hoje se sabe, por outras fontes, não eram

I. Da mesa

os únicos. Na sociedade culta da Bagdá da época, a gastronomia era uma referência de posição social e de cultura, como o gosto pela poesia ou pela música, prazeres sensoriais e intelectuais, que apraziam a elite da sociedade abássida.[1]

Dos receituários dessa época tão somente um chegou aos nossos dias, o *Tratado de cozinha de Ibn Sayyar – al Warrāq*, do século X, que veio a ser editado apenas em 1987, em Helsinki. Trata da requintada cozinha abássida, com influências do império sassânida[2] que o precedeu, no qual se incluem, além de poemas, conselhos dietéticos e preferências gastronômicas de vários califas. Um livro de cultura e de bem viver.

Tão somente no século XIII apareceram outros manuscritos de receituários, agora em número de quatro, dois no ocidente do mundo árabe e dois no oriente, sendo estes o *Tratado de cozinha de Muhammad b. al Hasan al-Bagdali* e o *al-Wuslailà l-Habib finwast al-tayyibāt wa-l-tib* ("O vínculo com o Amado"), com a descrição de manjares e perfumes, atribuído ao historiador sírio Ibn al-Adim.

Da parte ocidental, os dois textos de culinária desse século são o *Fudālat al-jiwãn fi tayyibāt al-ta ãm wa-l-alwãn* ou "Relevos da mesa, sobre manjares e guisados", e o mais importante e significativo de todos manuscritos, anônimo e mutilado, pois que suas primeiras folhas se perderam. Esse texto mereceu um primoroso estudo do arabista espanhol Ambrosio Huici Miranda. Em 1957, Huici cita pela primeira vez o manuscrito no artigo "A cozinha hispano-árabe durante o período almoade",[3] publicado na *Revista de Estudos Islâmicos de Madrid*, pp. 137-155, em que dá alguns detalhes do texto, localiza-o no tempo e transcreve seu índice.

Nove anos depois, o *Ayuntamiento* (governo) de Valência publica em Madri, pela primeira vez, a tradução integral de Huici, do manuscrito. Seguiram-se a essa publicação outras edições do manuscrito, de arabistas franceses e ingleses, entre elas a de C. Guillaumond

---

[1] Dinastia de califas muçulmanos que se consideravam descendentes de Abas, tio de Maomé, e que reinou em Bagdá de 750 a 1258.

[2] Dinastia persa que edificou, no planalto do Irã, o império homônimo, entre 224 e 652 d.C.

[3] Dinastia berbere que dominou a Espanha muçulmana entre 1147 e 1269.

(Université Jean Moulin de Lyon, Lyon, 1991) e a de C. Perry (Totnes, Devon, 2001) e em 2005 é reeditada a tradução de Huici de 1966, pela editora Trea, de Madri.

Um dos aspectos mais interessantes dessa obra é que, ao lado do árabe clássico, aparecem termos procedentes do contato deste com as línguas ibero-romances, o que não ocorre nos demais manuscritos do século XIII. Como curiosidade, lembre-se de que o primeiro dicionário árabe-andaluz, de Federico Corriente, só aparece em 1997.

Ambrosio Huici nasceu na Navarra, no País Basco, em 1880, entrou para a Companhia de Jesus em 1897, licenciou-se em 1901 e posteriormente estudou na Universidade Saint-Joseph de Beirute. Deixando a carreira religiosa, foi preso e condenado pelo regime franquista a dez anos de prisão, cumprindo, porém, apenas dois. Posteriormente estudou, pesquisou e lecionou por alguns anos nas universidades de Rabat e Tetuan, no Marrocos (então protetorado franco-espanhol), sendo suas principais obras relacionadas à Reconquista. Voltando à Espanha, faleceu em 1973.

O manuscrito de cozinha por ele estudado foi-lhe apresentado por seu colega e amigo George Seraphin Colin (1893-1977), arabista francês especializado em dialetologia marroquina, que fez parte da equipe de Levi-Provençal, a maior autoridade em história e cultura islâmica de seu tempo. Com a morte de Colin, o manuscrito passou para a Biblioteca Nacional de Paris, onde se encontra sob o número 7009, no setor de assuntos árabes.

Relativamente a dúvidas e erros da tradução de Huici, apontados por autores que o sucederam, é o próprio tradutor, como que prevendo eventuais críticas, quem informa "da difícil tarefa de traduzir textos árabes medievais [...] do que pode resultar uma possível versão".

O manuscrito do século XIII foi redatado por seu copista, na manhã de sábado, 13 do Ramadã[4] do ano da Hégira,[5] o que corresponde a 14 de fevereiro de 1604. O texto é longo e com mais de

---

[4] O nono mês do calendário islâmico, de trinta dias.
[5] Era maometana que se inicia em 622 da era cristã.

I. Da mesa

500 receitas culinárias de origem e natureza diversa, muitas das quais permanecem, de um modo ou de outro, nos cardápios árabes e espanhóis contemporâneos.

A coletânia é na realidade uma relação desordenada de receitas, condimentos, preparações medicinais, conselhos alimentares e higiênicos, chegando mesmo a citar Hipócrates e Galeno. Trata também dos utensílios de cozinha e do serviço e etiqueta da mesa, conforme as circunstâncias. A certa altura o autor do manuscrito comenta os hábitos alimentares de outros povos, filosofando sobre as diferenças culturais e preferências alimentares dos mesmos.

Em um rápido passar de olhos sobre esse meio milhar de receitas, de há oito séculos, anotamos alguns ingredientes.

Das carnes: vitela, carneiro, cordeiro, coelho, lebre; das aves: galinha, perdiz, pássaros vários, ganso, etc. Peixes com diferentes nomes árabes em diversas preparações. Vários temperos e especiarias, pastas de frutas e condimentos.

Das frutas: figo, ameixa, maçã, além de enchidos, empanadas, xaropes, caldas (*arropes*), mel, passas, beringelas, tâmaras e cuscuz (*Alcuzcuz Fitiyāni*), prato de origem bérbere. É muito frequente a presença do açúcar, bem como do arroz (existindo mesmo uma receita correspondente ao arroz-doce), lembrando-se que ambos, o açúcar e o arroz, chegaram ao Ocidente trazido pelos árabes.

Várias bebidas: de raízes grandes, de raízes pequenas, mais de uma vintena de *jarabes*, notando-se entretanto a ausência do vinho e da cerveja, correntes na Europa Central e nas ilhas britânicas. Das bebidas alcoólicas, tão somente o hidromel, tratado como "água-miel".

É impressionante como esse manuscrito anônimo, quase desconhecido, mutilado e tão antigo, que precedeu e superou mesmo em alguns detalhes os primeiros manuscritos e livros de cozinha de línguas latinas e anglo-saxônicas, considerados referências bibliográficas do ramo, seja ainda tão atual.

Possivelmente a atual hegemonia da gastronomia espanhola, reconhecida internacionalmente, tem suas raízes profundas nos textos arábico-andaluzes recentemente divulgados.

Cultura gastronômica da Paraquária

𝒫or mais que se divulgue, a globalização não se tornou universal. Em alguns setores, como na cultura gastronômica, as tradições e o bom gosto têm sido preservados. Por outro lado, se as perversões sensoriais e os maus costumes sempre existiram, não haveria motivo para que não ocorressem também nos hábitos alimentares, em suas versões contemporâneas dos *fast food*, McDonald's e similares.

Das regiões do Novo Mundo que mais preservam sua identidade cultural e gastronômica, uma das mais antigas possivelmente é a da *Paraquária*, que compreende o nordeste da Argentina, parte do Paraguai, do Uruguai e o sul do Brasil, com parte de Mato Grosso do Sul.

Nesses territórios se instalaram, no final do século XVI, as reduções, ou missões, jesuíticas castelhanas e portuguesas, que aí permaneceram até a segunda metade do século XVII, quando da expulsão da Companhia de Jesus pelas respectivas coroas.

A mais importante dessas reduções, entre as cerca de três dezenas, foi a de *Yapeyú*, na província de Corrientes, na mesopotâmia argentina. Yapeyú, hoje San Martín, é a terra natal do herói nacional, o Libertador. Fazia parte então (1775) do Paraguai, passando para

I. DA MESA

a Argentina só após a guerra da Tríplice Aliança, um século depois. Assim, o herói nacional não nasceu no país, como Gardel...

Na realidade a delimitação da região paraquária antecede a dos países que abrange. No mapa do padre R. Furlong, do século XVII, sobre as reduções jesuíticas, já se demarcavam esses territórios claramente no nordeste argentino, norte do Uruguai e sul do Brasil e Paraguai.

Pode-se mesmo dizer que a região, por sua economia unificada, correspondeu a um "protomercosul", no qual a própria cultura era relativamente uniforme: a arquitetura, o idioma guarani, o traje, a música, a religião dos catecúmenos jesuítas e a alimentação, nas comidas e bebidas.

Na vastidão paraquária, a vida tranquila dos indígenas só foi perturbada pela ganância de europeus, inicialmente espanhóis e portugueses, depois franceses, ingleses e até norte-americanos. Nossa contribuição para a destruição desses povos foram os bandeirantes, com suas expedições ao Guairá, em busca de ouro e de índios para suas pobres lavouras.

Com relação à língua, o guarani é ainda hoje o segundo idioma oficial do Paraguai, e entendido em toda Paraquária argentina.

Das bebidas, embora dispusessem do vinho (para as cerimônias religiosas) e da *caña*, aguardente de cana, o mate (*Ilex paraguaiensis*) é a mais importante, seguido pelo tererê, que se toma frio, também com cuia e bombilha. Muito se poderia falar sobre o mate, mas um de seus aspectos mais interessantes é o social, seu papel "democratizante" – em uma roda de mate, todos o consomem da mesma cuia, que passa de mão em mão por todos, do patrão ao peão. Nesse aspecto a bebida diferencia-se de todas as demais.

Em 1764, antes da expulsão dos jesuítas espanhóis, contavam-se 38 missões, com cerca de 200 mil indígenas, que viviam da agricultura e da colheita do mate, trocado pelos produtos de que não dispunham. Cultivavam milho (que chegava a quatro colheitas anuais), mandioca, batata, amendoim, algodão, tabaco, legumes, abóboras e melancias.

Com o milho, além da *chicha*, uma bebida fermentada, faziam um salgado denominado *chipá*, triturando os grãos, adicionando-lhes gordura e queijo, depois levando a massa ao forno de barro. Faziam ainda a *mazamorra*, com milho moído grosso e cozido com leite ou água e açúcar, do que resultava uma massa mais leve, além do *guiso*, de arroz, feijão, carne de vaca ou cordeiro, aves e vísceras.

Preparavam também uma massa com milho moído e mel, que era envolvida em folhas e cozidas nas cinzas, ou em uma espécie de forno de bambu. O consumo da mandioca era generalizado, como entre nossos índios, hábito ao qual os jesuítas aderiram.

A carne, no século XVIII, era consumida quase crua e com pouco sal. Como o conhecemos hoje, o *churrasco* é do século seguinte. Além da carne de vaca, "verde" (fresca) ou seca, consumiam-se também, mas menos, a de porco, a de ovelha e a caça, bem como queijo, leite, ovos, embutidos, feijão, arroz, verduras e peixes, naturalmente. O trigo e o sal, difíceis de obter, eram caros.

Na segunda metade do século XIX, com a imigração – italiana, alemã, árabe e de orientais –, o cardápio ampliou-se, com o aporte dessas cozinhas.

Das especialidades originais, autóctones, a mais significativa é o *locro*, consumido principalmente nas comemorações familiares ou cívicas, pois trata-se de um prato comunitário. Um antigo receituário define-o como:

> uma sopa americana à base de milho, abóbora, feijões, com vários tipos de carne, como charque, patas, orelhas e pele de porco, carne de vaca com ossos, miúdos, embutidos, mandioca, pimentão e verduras, cozidos em fogo lento por várias horas e servido em pratos fundos ou tigelas. Tempera-se com pimenta, alho, orégano e salsinha.
>
> Todos os componentes são previamente preparados, e trabalhos como separar e temperar as carnes, moer o milho, cortar e juntar a lenha para os fogões são feitos por toda a comunidade, pois a refeição é coletiva, às vezes com centenas de participantes.

I. Da mesa

Era servido frequentemente entre os meses de junho e agosto, época mais fria e que coincide com as datas mais importantes e as festividades para os santos mais populares da região. Naturalmente, os ingredientes podem variar segundo a localidade, mas o espírito comunitário e a colaboração é geral. Se eventualmente faltar comida, o recurso é o mais prosaico: acrescentar água e carregar na pimenta.

Pode-se dizer que o prato não é propriamente "leve", além do que é fartamente acompanhado de vinho (geralmente doméstico), espumante, *chicha* e *caña*, com arruda. A arruda, por superstição ou não, sempre acompanha a cachaça. Evidentemente, para essas reuniões alegres e longas o álcool muito contribui, tanto para a alegria como para as confusões.

São essas algumas das comidas que ainda hoje podem ser encontradas em alguns pontos da antiga Paraquária, que chegou a ser chamada, por alguns autores, como C. Lugon, de "a república comunista cristã dos guaranis". Para muitos, a Paraquária dos séculos XVII e XVIII foi a sociedade que mais se aproximou da Utopia de Thomas More.

Infelizmente, boa parte dessa região ocupa atualmente o noticiário por conta de seu aspecto mais sombrio, das contrafações nos planos social e econômico. Com relação à cultura gastronômica, a correspondência melancólica é a presença das lojas de conveniência de alimentos, na realidade ubíquas. Afinal, ninguém é perfeito.

O COCOLICHE E A MESA

*E*m nossas andanças pela região do rio da Prata, que datam de mais de meio século, temos encontrado, em alfarrabistas, antiquários e feiras de rua, algumas preciosidades. Além dos amigos de longa data, tivemos agradáveis surpresas, na mesa e no copo. As mais recentes foram no Uruguai, o caviar do rio Negro e o Kwass, idêntico ao moscovita, em pleno verão montevideano, do qual logo daremos detalhes.

A última curiosidade encontrada, também indiretamente ligada à gastronomia, foi o *cocoliche*, que é a língua, ou dialeto, ou jargão ítalo-espanhol, aparecido na região do rio da Prata no final do século XIX e início do seguinte.

Na Argentina, a Constituição de 1853 abriu as portas para a imigração europeia, que se iniciou em 1857 e se massificou entre 1880 e 1910. Até 1880 chegaram ao país cerca de 160 mil imigrantes e, nos trinta anos seguintes, 2,5 milhões, a maioria de italianos. Eram compreensivelmente gente simples, do campo, com pouco ou nenhum conhecimento da língua espanhola. Em sua comunicação com os locais, os *criollos*, faziam uma mistura de espanhol com italiano, ou

I. Da mesa

com seus dialetos regionais, aos quais os nativos deram depreciativamente a denominação de *cocoliche*.

Para os linguistas, o *cocoliche* foi falado em Buenos Aires e Montevidéu até os anos 30 do século passado, criando-se uma cultura linguística específica, na realidade um italiano fortemente influenciado pelo espanhol, no vocabulário, na morfologia, na sintaxe e na fraseologia. O italiano propriamente dito nunca chegou a infiltrar-se no rio da Prata, pois os imigrantes valiam-se de seus dialetos regionais e locais.

Já na segunda geração desses imigrados, com o espanhol aprendido na escola, no trabalho ou no serviço militar, iniciou-se o desuso da língua, o que não aconteceu, por exemplo, com o *lunfardo*, o linguajar dos marginais de Buenos Aires, dos malandros, dos prostíbulos, do *bas-fond*. Não por acaso *lunfardo* significou originalmente "ladrão". Diga-se a respeito que, desde 1962, existe em Buenos Aires a Academia Porteña del Lunfardo, formada por escritores, jornalistas e intelectuais...

O *cocoliche* subsiste entretanto humoristicamente, no teatro *sainete*, correspondente até certo ponto ao nosso "teatro de revista", popular, irreverente e escrachado.

O termo *cocoliche* derivaria do nome de um personagem cômico, *Antonio Cuccolicio*, italiano, da companhia teatral de José Podestá, cujo linguajar ítalo-espanhol era hilário. Seu nome verdadeiro era Celestino Petray.[1] Segundo outra fonte, o termo proviria igualmente de um personagem humorístico, *Franchisque Cocoliche*, que também misturava seu italiano com o espanhol.

Pejorativo ou humorístico, o termo entrou para a língua, aparecendo no dicionário da Real Academia Espanhola em 1925, em sua 15ª edição, como: "Cocoliche, m. Argent. – jargão que falam os estrangeiros, especialmente os italianos". Em sua 17ª edição, de 1950, o verbete é alterado para: "Jargão híbrido e grotesco que falam certos imigrantes italianos, misturando sua fala com o espanhol". Essa

---

[1] Óscar Conde, *Diccionario Etimologico del lunfardo* (Buenos Aires: Taurus, 1998).

definição manteve-se até 1992, com uma única alteração – além da Argentina, o termo também se aplica ao Uruguai.

Na 22ª edição do mesmo dicionário, a mais recente, de 2001, aparece: "jargão híbrido que falam certos imigrantes italianos misturando sua fala com o espanhol". Note-se que, ao suprimir a palavra "grotesco", elimina-se também a conotação pejorativa do termo. Ainda assim o dicionário da Academia não reconhece o socioleto como língua ou dialeto, mas como jargão ou gíria – *jerga*. Afinal, a Real Academia tem como função "limpar, fixar e dar esplendor ao espanhol", e o reconhecimento de um jargão seria um contrassenso... Ainda assim, a presença do verbete no dicionário da Academia é um reconhecimento, o que nunca ocorreu com o "portunhol" ou com o *spanglish*.

O grande estudioso do *cocoliche* foi o linguista italiano Giovanni Meo Zilio, que viveu na Argentina. De sua obra, um trabalho nos interessa especialmente: *Settanta italianismi gastronomici nello spagnuollo d'America*, ou "Setenta italianismos gastronômicos no espanhol da América".[2]

Essa presença é compreensível, pois os imigrantes traziam consigo sua cultura alimentar, seus pratos e receitas, que ensinaram aos amigos locais. Além disso, muitos se estabeleceram no ramo de restaurantes e similares ou no comércio de alimentos e bebidas.

Como bem afirma Zilio, os italianismos aparecem no espanhol a partir dessa época, da chegada dos imigrantes europeus, principalmente italianos, pois que não se encontravam anteriormente nos principais dicionários, nem no vocabulário do espanhol peninsular.

Os termos relacionados à gastronomia com frequência apresentam alterações morfológicas, de grafia, com relação ao idioma original, o italiano. São como que "adaptações" à fonética da língua do novo país. Vejamos alguns desses termos relacionados pelo linguista italiano: *esfollatela* (do italiano *sfogliatella*), *espremuta* (de *spremuta*, de limão ou outra fruta), *figazza* (de *fugazza*, *pizza* de cebola), *lasaña*,

---

[2] Giovanni Meo Zilio, *Settanta italianismi gastronomici nello spagnuollo d'America*, em *Lingua Nostra*, XXVI, 1965, pp. 48-54, Florença.

I. Da mesa

milanesa (como forma elíptica de *cotoletta alla milanesa*), *pastafrolo*, *pastaciuta* (lembrando aqui que Zilio afirma ter ouvido, no português de São Paulo, ser esse vocábulo usado eventualmente como referência pessoal ofensiva).[3]

Ainda alguns dos italianismos gastronômicos levantados pelo linguista italiano, com e sem alterações morfológicas: *radicha*, *amaro* (relacionado a bebidas), *antipasto*, *cabello de angel*, *capuchino* (cappuccino), *finoquo*, *osobuco* (ossobuco), *capeleti* (*capelletti*), *espagueti* (*spaghetti*), *frígoli* (uma fritura), *ñoqui* (*gnocchi*), *añoloti* (*agnolotti*), *taiateli* (*tagliatelle*), *vermicelli*, *vóngoli* ou *bóngoli*, *amábile* (referente ao vinho), *salame*, *canelón*, *codegin* (codeghin), *fusile*, *menestrún* (minestrone), *panetón* (panettone), *salamin*, *tortelin* e muitos outros.

Evidentemente esses termos não se integraram apenas no Rio da Prata ou na América hispânica, mas em todas as partes em que se conhece e em que se aprecia a cozinha italiana. Ocorre que integram também o socioleto derivado da mescla do italiano com o espanhol, que foi corrente no Rio da Prata nas últimas décadas do século XIX e nas primeiras do século seguinte.

Nos dias atuais, como lembrado, o *cocoliche* persiste na gastronomia, como vimos, e no teatro *sainete*, cômico e trágico, alegre e triste, na matéria e no espírito. Será que o cocoliche desapareceu mesmo?

Agradecimento: o artigo do Prof. G. M. Zilio foi-nos conseguido, em Florença, por Enio Pinto Miranda, secretário da Academia Brasileira de Gastronomia, ao qual reconhecidamente agradecemos.

---

[3] *Ibid.*, p. 49.

O MIRANDÊS E A MESA

O idioma e a cozinha estão entre os principais determinantes da identidade nacional. O bilinguismo, o trilinguismo ou a multietnia podem enriquecer ou dividir as nações. Por vezes ocorrem circunstâncias curiosas, como por exemplo em algumas regiões da América do Sul, em que as atuais delimitações não coincidem com a distribuição geográfica das culturas originais. Lembrando apenas dois casos: a República do Peru tem como línguas oficiais, além do espanhol, o quíchua e o aimará, e o Paraguai tem como idioma oficial, além do castelhano, o guarani.

Se esses detalhes relativos às línguas nacionais reconhecidas pelas Constituições de países sul-americanos não são muito divulgados ou conhecidos, o caso lusitano é bem menos ainda. Portugal tem como línguas oficialmente reconhecidas o português e o mirandês.

A língua mirandesa é um dialeto do asturiano, língua românica falada no norte da península Ibérica. O mirandês é falado nos concelhos de: Miranda do Douro, Vimioso, Mogadouro, Macedo de Cavaleiros e Bragança, por cerca de 15 mil pessoas, num espaço de 490 quilômetros quadrados.

I. Da mesa

No mirandês reconhecem-se três dialetos – o mirandês central ou normal, o mirandês setentrional ou raiano, e o mirandês meridional ou sendinês – e a maioria de seus falantes são bilíngues ou trilíngues, pois falam o mirandês, o português e o espanhol.

O mirandês tem sido transmitido ao longo dos tempos por forte tradição oral, por gerações, começando a ser investigado e escrito a partir de 1882, pelo filólogo, etnógrafo e arqueólogo português José Leite de Vasconcelos. O autor recolheu nas aldeias da região vários contos, histórias, lendas, fábulas, adivinhas, cantigas d'amor, de humor, de devoção, etc., em uma obra a que deu o nome de *Flores mirandesas*. Fez poesia na língua, traduziu Camões e escreveu o ensaio "O dialeto mirandês", que lhe valeu os prêmios da Sociedade de Línguas Românicas de Montpellier e o *Studos de Filologie Mirandesa*, em 1901. Desde então vários autores têm publicado e traduzido obras para o mirandês. Em 2004, Moises Pires publicou seu "*Pequeino Bocabulário Mirandês-Portuês*", enquanto seu "*Eilementos de Gramática Mirandesa*" permanece inédito.

Atualmente a escrita mirandesa é corrente na região, tendo-se estabelecido uma convenção ortográfica regulada pelo Anstituto de la Lhéngua Mirandesa, patrocinada pela Câmara Municipal de Miranda do Douro. O ensino oficial da língua nas escolas primárias da região, opcional, tem 50% de frequência. A referida Câmara Municipal tem editado livros em mirandês, patrocina um concurso literário e um festival de canções anualmente. A língua é usada em comemorações e festividades locais, e eventualmente na imprensa, no rádio e na televisão.

Em 29 de janeiro de 1999, pela lei nº 7/99, o mirandês foi oficialmente reconhecido como língua minoritária de Portugal. O estudo do mirandês faz parte do *curriculum* do Centro de Linguística da Universidade de Lisboa para o projeto do Atlas Linguístico de Portugal, e do da Universidade de Coimbra para seu Inquérito Linguístico Boléo. Em 2006, a Câmara Municipal de Miranda do Douro fez traduzir para o mirandês as placas toponímicas da cidade, ao lado do português, exatamente como se fez em Barcelona, após o desaparecimento do franquismo.

O MIRANDÊS E A MESA

O isolamento da região contribuiu para que se criassem e se mantivessem, além da linguagem, os hábitos e costumes, músicas, artesanato e naturalmente a cozinha. No planalto mirandês, a própria nomenclatura gastronômica já é um tesouro enciclopédico:

Posta mirandesa – posta de vitela, tenra e suculenta.

Butelo com cascas – vagens de feijão secas e picadas, com chouriços grossos de carne e ossos moídos, mais pés e costelinhas de porco.

Bulho de Mogadouro – bucho de porco, preparado de diferentes modos, com lombo, chouriços e salpicão. Com ou sem sangue, acompanhado de arroz e temperado com vinho, alho e colorau.

Folar de carne – uma mistura de farinha e ovos, em forma de pão, com enchido de carne de porco ou de frango, com presunto e salpicão.

Feijoada de Mogadouro – com feijão branco, toucinho, chouriço, pé e orelha de porco, temperada com azeite, cebola, cravinho e pimento vermelho seco. É servida com arroz de gravanços (grão-de-bico).

Da caça: perdiz com cogumelos, lebre, coelho e javali. Da pesca: truta, preparada de várias maneiras; carpa e lagostim de água doce. Migas (ensopados com pão) de alheiras, com perdiz, galinha, vitela; de peixe de água doce, de caldeirada e de unto (gordura de porco). Vários enchidos, de denominações regionais curiosas: *bocheiros, gaiteiro, merugem*, etc.

Os doces merecem um capítulo a parte: pudim de vinho do Porto, bolinhos de nozes, *súplicas* (de açúcar, ovos e farinha, levados ao forno), *falachas* (purê de castanhas, açúcar, canela, sumo de limão e ovos, levados ao forno), *carolos de milho* (cascas de limão, milho moído, leite e açúcar, fervidos), *bolos de escalhão* (preparado de véspera, com ovos, aguardente, azeite e farinha, ao forno) e uma infinidade de iguarias, de nomes curiosos como *coscorões, sodos, roscos, queijadas de calandra, rosquilhos*, etc.[1]

---

[1] Para receitas e detalhes de preparo dessas receitas, consulte-se *Cozinha transmontana*, de Alfredo Saramago (Lisboa: Assírio & Alvim, 1999).

I. Da mesa

Não seria aqui possível, no plano desta matéria, abordar todo esse conjunto riquíssimo e variado de manjares e iguarias da terra mirandesa. É um patrimônio gastronômico a ser valorizado, respeitado e preservado, muito especialmente nestes tempos de globalização, nivelamento e estandartização. Do mesmo modo, o idioma, a língua mirandesa, a ser conservada e divulgada, também enriquece de muito esse patrimônio cultural do país.

Afinal, se o idioma e a gastronomia contribuem decisivamente para a identidade nacional, nós mesmos podemos participar orgulhosamente da mesma. Com bom apetite, boa sede e expurgando nosso vocabulário gastronômico dos estrangeirismos dispensáveis.

O maltês e a mesa[*]

"*Maltês*" é o habitante e também o idioma da pequena ilha de Malta, hoje nação independente, no Mediterrâneo, entre a Sicília e a costa africana.

A ilha

Riquíssima de história e modesta de recursos, Malta desempenhou por séculos um importante papel político e econômico nas rotas do Mediterrâneo. O país é formado por três pequenas ilhas, Malta (246 km^2), Gozo (67 km^2) e Comino (2,6 km^2), com pouco menos de 400 mil habitantes. Como a Sicília, da qual dista apenas 97 km, e o sul da Itália, o arquipélago foi ocupado desde a Antiguidade por fenícios, cartagineses, romanos e bizantinos, no século V, após a queda do Império Romano do Ocidente.

Em 870 é conquistada pelos árabes, expulsos em 1091 pelos normandos. Sob o reino de Aragão, Carlos V cede a posse de Malta, Gozo e Trípoli, em 1530, à Ordem dos Hospitalários, conhecidos como Cavaleiros de São João de Jerusalém, depois Cavaleiros de Malta, com

---

[*] R. Chirbes, "Malta, El nudo mediterráneo", em *Sobremesa*, ano 19, nº 208, Madrid, jan. 2003, pp. 52-64.

I. Da mesa

a cláusula de reversão ao reino de Aragão no caso de abandonarem a ilha. A Ordem dos Cavaleiros de São João havia sido expulsa em 1522, da ilha de Rodes, pelos turcos.

Quando Süleyman (Solimão), o Magnífico, cercou a ilha em 1565, foi derrotado pelos Cavaleiros, o que paralisou a expansão muçulmana para o ocidente europeu.

O grão-mestre Jean Parisot de La Valette (1494-1568) fundou a cidade de La Valette (hoje La Valetta, a capital), com fortificações inexpugnáveis na época. Do século XVI ao XVIII, a Ordem dos Cavaleiros combateu o comércio turco no Mediterrâneo.

Em 1798, as tropas de Napoleão ocuparam a ilha e nela permaneceram até 1802, quando foram expulsas após a campanha do Egito. O arquipélago foi anexado ao Reino Unido em 1814, tornando-se uma base naval britânica. Por um plebiscito em 1956, a população maltesa decidiu aderir à Comunidade Britânica e em 1964 passou a Estado Soberano, independente, tendo ainda a rainha da Inglaterra como chefe de Estado.

A República foi proclamada em 1974, quando o Estado se separou da Igreja e desapropriou suas propriedades. Em 1979, Malta abandonou a Comunidade Britânica, e os últimos militares ingleses deixaram suas bases na ilha. O país aderiu à Comunidade Europeia em 2004 e adotou o euro como moeda em 2008.

O idioma

A língua oficial de Malta é, desde 1934, o maltês (além do inglês), falado por cerca de 500 mil pessoas, das quais quase 400 mil habitam o arquipélago. O maltês é de origem semita, sículo-arábico, com termos italianos e sicilianos de origem árabe. É a única língua semita falada na Europa, e utiliza o alfabeto latino.

Não deixa assim de ser paradoxal que Malta, por séculos o bastião do cristianismo no Mediterrâneo, tenha um idioma de raízes semitas, próximo dos dialetos do Magreb – Marrocos, Argélia e Tunísia.

O maltês foi identificado pela primeira vez em 1436, nos poemas de Pietro Cartaxo. O idioma dispõe de 66 dicionários, para outras línguas e dialetos, bem como uma gramática.

A gastronomia

Com poucos recursos naturais e uma geografia hostil, Malta tem como importante fonte de divisas o turismo. É visitada anualmente por cerca de 4 milhões de turistas (mais de dez vezes sua população) e dispõe de meia centena de hotéis, de todos os níveis, dos de luxo aos Albergues da Juventude, além de apartamentos de aluguel e pousadas. Boa parte dos visitantes, porém, pernoita nos barcos que fazem cruzeiros pelo Mediterrâneo.

O clima seco contribui para a frugalidade da alimentação ilhoa, que sempre dependeu do trigo da Sicília. Sua cozinha é baseada na interação das diferentes civilizações que passaram pela ilha. Dos muçulmanos norte-africanos, que a ocuparam no século IX, procedem vários doces e sopas. Entre os doces, o *imgaret*, de passas; o *qubajt*, torrone; as *prinjolatas*, com pinhões e outros. Muitas sopas e molhos têm como base a *toqlija*, de alho, cebola, tomates fritos e azeite. As mais conhecidas são a *soppa tal-kirxa*, de tripas; a *aljotta*, de peixe e alho; e a *kawlata*, de verduras e porco. O açafrão, abundante, também tem raízes norte-africanas, tendo chegado à ilha possivelmente pelos fenícios.

Os cavaleiros franceses contribuíram com algumas formas de cocção: o *buljut*, cozido; o *bouilli*, fervido; os *stuffat*, recheados, para assados de aves, de peixes e de um curioso polvo recheado com verdura e molho de tomate picante.

Os italianos contribuíram com as massas, como em todas as partes; e os ingleses, que ficaram na ilha por mais de um século e meio, com a comida rápida, o *fast food*. Cada um dá o que tem...

Dos peixes, evidentemente os do Mediterrâneo, com destaque para a *lampuka*, um peixe amarelado, sazonal. A *torta tal-lampuki*, um empadão que leva também espinafre, azeitona, couve-flor e queijo de cabra, é o prato nacional.

Entre as carnes, a de coelho é a mais apreciada, fetiche nacional, preparada de várias maneiras, inclusive com vinho. O *pastizzi*, com ricota, ovos e massa folhada, e os *pastizzotica*, empadinhas de carne ou de verdura, constam como *entradas* de todos os cardápios. O *Ross filforn*, arroz ao forno, muito apreciado, é um dos pratos nacionais.

I. Da mesa

Os vinhos

O pequeno vinhedo maltês tem duas variedades de uvas autóctones, a branca *Ghirgentina* e a tinta *Gellewza*. Nenhuma das duas consta das mais conhecidas publicações sobre variedades de uvas (Jancis Robinson, Oz Clarke, Margaret Rand), o que não é de se estranhar. Atualmente reconhecem-se cerca de 5 mil variedades de uvas, das quais pouco mais de uma centena é vinificada e comercializada.

A variedade branca, *Ghirgentina*, de menor valor enológico, apesar do clima quente gera vinhos de baixo teor alcoólico, de 9º G.L., que necessitam ser *chaptalizados*. A tinta, *Gellewza*, produz vinhos corretos. Para os malteses, essa variedade poderia representar para a ilha o que a *Zinfadel* representa para a Califórnia. Difícil aceitar essa comparação, de um vinhedo que é na realidade apenas uma curiosidade e de uma variedade desconhecida.

Plantam-se atualmente em Malta: Chardonnay, Merlot e Cabernet-Sauvignon, bem como pequenos lotes de Syrah, Cabernet-Franc e Petit Verdot. Sendo a produção de vinho menor que a demanda, recorre-se à importação, principalmente da vizinha Itália, das regiões do Trentino, Friuli e Apulia. Os vinhos são trazidos a granel e engarrafados na ilha.

São duas as principais empresas que produzem, importam e engarrafam esses vinhos: *Marsovin*, fundada em 1919 (sua produção iniciou-se apenas em 1973), e a *Delicata*, menor, desde 1907. Da primeira, os vinhos principais são o *Cheval Franc* (Cabernet-Franc e Cabernet-Sauvignon) e o *Antonia* (Merlot, Cabernet-Franc, Cabernet-Sauvignon e Petit Verdot). A Delicata produz em Gozo os *Victoria Heights*, os *Donata*, os *Carisimi* e os *Marensio*, brancos e tintos. Das lojas de vinhos, a mais bem abastecida e elegante é a *Cleland and Suchet*, em Portomaso.

É esse, de modo sucinto, o "mundo gastronômico" da pequena e interessante ilha de Malta, de riquíssima história, curioso e original idioma, importante centro turístico mediterrâneo.

O queijo de Würchwitz

O queijo é possivelmente um dos alimentos mais antigos manipulados pelo homem. De origem possivelmente casual, o queijo acompanha a trajetória do homem da pré-história aos nossos dias.

Sua primeira representação iconográfica é da Mesopotâmia, um alto-relevo em Al Ubad, datado de 3500 a 2800 a.C., mostrando a ordenha e o processamento do leite de cabra entre os sumérios. Outra referência, assíria, ao tempo de Hammurabi, que reinou entre 1792 e 1750 a.C., refere-se à regulamentação do comércio do queijo, bem como o da cerveja e do pão.

O queijo aparece igualmente documentado no Egito Antigo, na tumba de Horus-Aba, rei da primeira dinastia, entre 3000 e 2500 a.C., assim como entre os gregos, em Homero, na Odisseia, e no Império Romano. Nas Américas, como o leite, o queijo só foi consumido pelos adultos após a chegada dos europeus.

Com relação aos tipos de leite, pode-se dizer que todas as espécies de mamíferos ruminantes podem fornecer leite para a produção de queijo. Atualmente são mais usados os leites de vaca, cabra, ovelha e búfala. O leite de burra, assim como de égua, jumenta e camela, ainda que historicamente usados, não são aconselhados para a pro-

I. Da mesa

dução de queijo, por seu baixo teor de caseína; prestam-se entretanto para a elaboração de leites ácidos, por seus altos teores de lactose.

Sabem todos os do ramo, do importante papel do queijo na gastronomia. Sabem também que, apesar de ter uma cozinha das mais interessantes, a Alemanha não é referência em gastronomia. Por outro lado é sabido que a geração que se seguiu no país à do "milagre econômico" do pós-guerra, enriquecida, correu o mundo e ampliou os horizontes da culinária alemã. O país conta atualmente com o maior número de restaurantes três estrelas do *Guide Michelin*, depois da França – afinal, o *Guide* é francês e a xenofobia no país é uma instituição...

QUEIJO DE WÜRCHWITZ, FEITO COM COALHO FRESCO, CARDAMOMO E FLORES SILVESTRES SECAS. O GOSTO PICANTE E ÁCIDO É DADO PELO ÁCARO *TYROPHYPHUS SIRO L.* (no detalhe).

O QUEIJO DE WÜRCHWITZ

Com relação ao queijo, a Alemanha é o maior importador mundial e o segundo maior produtor (de leite de vaca), superada apenas pelos EUA (1.994 mil toneladas contra 4.270 mil),[1] o segundo maior exportador, atrás apenas da França (US$ 2.416.973 contra US$ 2.658.441)[2] e o quinto consumidor *per capita*, depois da Grécia (23,3 kg anuais), França (24 kg), Itália (22,9 kg) e Suíça (20,6 kg), com 20,2 kg anuais *per capita*,[3] dados do ano de 2004. Vê-se, portanto, que o queijo representa no país um significativo papel social e econômico.

Com uma longa tradição "queijeira", que remonta a Carlos Magno, a Liga Hanseática, do Báltico, concentrou grande parte do comércio de víveres do continente, e a Bavária agrícola, a produção de laticínios junto aos Alpes. Nos castelos dos Cavaleiros Teutônicos, no norte, produziam-se dois tipos de queijos: os *Herrenkäse*, "queijos dos senhores", para a nobreza, e os *Gesindekäse*, para o povo. A aldeia de Liebenwerder tomou, em 1341, o nome de *Käsermarkt*, "mercado de queijo". Na mesma época os produtores de queijo da região fundaram a cooperativa Holsteiner-Meirei. Em 1878, a partir dos trabalhos de Pasteur, melhoraram significativamente os processos de produção dos queijos alemães, nivelando sua qualidade à de seus vizinhos holandeses e suíços.

Atualmente, entre os queijos mais conhecidos do país estão o *Limburger*, picante, o *Münster*, o *Romadur*, o *Trappistenkäse*, o *Tilsit*, originário dessa localidade (hoje na Rússia), e vários outros. A elegante loja Dallmayer, de Munique, com colunas e fontes de mármore, oferece 180 tipos de queijo e 130 de salsichas...

The World Atlas of Cheese, um dos mais completos tratados sobre queijo, de Nancy Eekof-Stork,[4] entre cerca de 900 queijos de 50 países, dedica apenas duas linhas ao *Altenburger Milbenkäse*, "hoje quase desaparecido", no capítulo relativo à então DDR (Deutsche Demokratische Republik), Alemanha Oriental, hoje reunificada.

---

[1] Departamento de Agricultura dos EUA, 2004.
[2] Organização de Agricultura e Alimentos das Nações Unidas (FAO), 2004.
[3] Idem.
[4] Nancy Eekof-Stork, *The World Atlas of Cheese* (Amsterdam: Paddington Press, 1976).

I. Da mesa

De fato o *Milbenkäse* (literalmente "queijo de ácaro"), da Saxônia-Anhalt, na Turíngia, ex-DDR, desapareceu ao redor de 1970. Sua produção artesanal, que remontava a 500 anos, foi então proibida "por motivos de higiene", na realidade políticos: o governo não via com bons olhos iniciativas privadas.

Após a reunificação do país em 1989, por iniciativa do movimento *Slow Food* alemão, localizou-se, na aldeia de Würchwitz, uma antiga moradora, Liesbeth Brauer, que conhecia a técnica do processamento do *Milbenkäse* – ou *Mellnkäse*, no dialeto local. Liesbeth ensinou e interessou a Helmut Pöschel, um professor de Ciências de 62 anos, aposentado, a recomeçar a produção do queijo. A "ressureição" foi um sucesso.

A aldeia de Würschwitz, próxima à Leiptzig, e o senhor Pöschel (com seu assistente, Christian Schmelzer) tornaram-se referências gastronômicas, e seu queijo, o Milbenkäse, tem sido considerado por muitos como "a trufa dos queijos". A aldeia, com 641 habitantes, tornou-se atração turística, ganhou um monumento em mármore branco, com a forma do ácaro responsável por sua celebridade, o *Thyroplyphus siro L.* (syn. *Thyrophagus casei*), um aracnídeo da família dos ácaros, "um pequeno grande animal", e mesmo um museu com a história do queijo.

Helmut Pöschel, além de professor, foi também museólogo. Um de seus queijos chegou a Oberkochen, sede da grande empresa de ótica *Carl Zeiss*, onde um de seus pesquisadores, Michael Hiltl, teve a ideia de examinar sua superfície por microscopia eletrônica, com o novo equipamento Zeiss Evo 60, que amplia 500 vezes a imagem.[5] Obteve imagens que mostram com muita nitidez o corpo do animal, com os quatro pares de patas, a mandíbula e os filamentos que o recobrem.[6] É impressionante a semelhança desses ácaros com os encontrados na poeira doméstica e responsáveis pela alergia nasal, o *Dermatophagoides pteronyssinus*.

---

[5] Atualmente conseguem-se ampliações acima de 100 mil vezes, o que não é o caso para o ácaros. "Nosso" ácaro mede 350 micrômetros.

[6] O trabalho e as imagens de M. Hiltl estão em I. Fritz, "*Scrambling about cheese*", *Innovation* 20, ago.-2008, Carl Zeiss Ag. (www.com/innovation).

Hiltl filmou também a atividade desses ácaros na superfície do queijo, perfurando-o e depositando suas secreções digestivas. Pöschel não faz segredo de como prepara sua iguaria, usando coalho fresco, cardamomo e pequenas flores silvestres secas, depois envolvendo a massa do queijo com uma "farinha de centeio" onde estão os ácaros.

Seu paladar, dizem os *gourmets*, é picante e ácido, com traços de amônia e ureia. Com relação à higiene, as autoridades sanitárias têm uma atitude dúbia. A disposição 178/2002, artigo 2 (b) da EC (Comunidade Europeia) autoriza o consumo do queijo "com animais vivos para o consumo humano". Por outro lado o emprego de ácaros do queijo e suas secreções digestivas não é explicitamente endossado como aditivo, segundo o órgão alemão regulador da atividade, o ZZK, *Zusatzstoff-Zulassungverornung und Käserverordnung*. Sua produção é, porém, autorizada pelas autoridades locais, bem como o comércio.

Evidentemente os queijos com ácaros não são uma exclusividade de Würchwitz. Destes, o mais conhecido possivelmente é o *Mimolette*, do noroeste da França, junto à fronteira belga, bem como alguns queijos do Maciço Central, Alpes franceses e Pirineus, quase sempre de pasta semidura – enquanto o Milbenkäse é macio e ácido.

Com relação ao *Casu marzu*, o pecorino fermentado com larvas da Sardenha (*Piophila casei*), não cabe comparação, por não se tratar de ácaros. Como detalhe diga-se que as larvas devem estar vivas, sem o que o produto é tóxico.

Não deixam, assim, de ser interessantes os caminhos do sabor e da gula, da busca dos alimentos e das bebidas em seu próprio habitat, dos insetos, dos frutos do mar, do ar e da terra – pelo menos para aqueles que, como os peixes, farão sua última viagem pela boca...

O cardápio de Dona Márcia

"BOA ROMARIA FAZ QUEM,
EM SUA CASA, FICA EM PAZ."
Provérbio minhoto.

*U*ma das mais difundidas formas de lazer é viajar, "correr mundo", "bater perna", conhecer gentes – se bem que, por mais que as pessoas viajem e andem, dificilmente mudam os conceitos e preconceitos com que partiram.

Pessoalmente andamos bastante, tendo assim estabelecido algumas preferências. Há não muito tempo abrimos mão de um convite para percorrer a ferrovia Transiberiana, de Moscou a Beijing ("apenas" 6 mil km), além do trajeto de Zurique a Moscou, mais 2 mil km. Um verdadeiro programa de índio, incomparavelmente maior que o nosso, uma estadia no caloroso pantanal, programa para cacique nenhum botar defeito.

Com referência a preferências, mesmo não podendo evitar os preços das empresas aéreas e dispensando ao máximo as agências de turismo, suas aliadas (a internet nos auxilia muito), sugerimos, entre

I. Da mesa

outras, três opções, a serem percorridas de carro, com calma e tempo, em um período de uma semana. Claro que é uma opção pessoal, mesmo porque se todos escolherem os mesmos destinos, não haverá espaço. São eles:

1. *Franconia*, no norte da Baviera. A região é linda: entrecortada pelo rio Meno (Main), com comida refinada e uma coincidência rara: vinho e cerveja notáveis. Comece-se por Würzburg, a cidade universitária dos bispos-príncipes.

2. *Alsácia*, no nordeste da França, junto ao Reno, na floresta dos Vosges, vizinha à Alemanha. A cozinha alsaciana é uma referência na pátria da gastronomia e seus vinhos têm renome mundial. Comece-se por Estrasburgo, centro universitário medieval, historicamente alemã, porém geográfica e politicamente francesa.

3. *Minho*, no norte de Portugal, delimitado *grosso modo* ao sul pelo Douro, ao norte pelo rio Minho e Galícia, a leste pela serra do Marão e a oeste pelo Atlântico.

Se o Paraíso de fato existir, estará mais próximo de uma dessas regiões que da Sibéria...

Com relação ao copo, o vinho característico do Minho, e tão somente do Minho, é o *vinho verde*: leve, fresco, acidulado e com baixo teor alcoólico. Suas características são condicionadas pelo microclima atlântico, por suas uvas autóctones e por sua vinificação com duas fermentações, a alcoólica e a maleo-lática. "Verde", no caso, não é cor mas o estado oposto de "maduro". Desse vinho disse Afrânio Peixoto:

> é alegre, é fresco, leve, sem responsabilidade. Deixa de lado a inteligência e vai ao coração. Conduz a romaria, ajuda os festejos, torna mais amáveis as raparigas e menos tímidos os amorosos. O Minho garrido, alegre, vivaz, espontâneo, sempre rapaz. Minho que não envelhece, porque o que sobra emigra, devia ter assim um vinho moço, amável, entretanto respeitoso, vinho que se possa beber... muito. Viva o Minho.

O CARDÁPIO DE DONA MÁRCIA

O Minho é a parte mais antiga do país e Portugal, por sua vez, o país mais antigo da Europa, dentro de suas fronteiras originais. Portugal nasceu no Minho, onde se encontram até hoje, nas estradas, os marcos (*miliares*) e as pontes romanas conservadas intactas.

Em nossas mais recentes andanças pelo Minho, por Guimarães, Braga, Viana do Castelo, Ponte de Lima, Caminha, Valença do Minho, Monções e Melgaço, terras de Alvarinhos, chamaram-nos a atenção, além dos maravilhosos restaurantes, em alguns cafés e casas de lanche, a originalidade de alguns cardápios.

"Cardápio", o termo, vimos anteriormente, é um brasileirismo, um neologismo proposto por Antônio de Castro Lopes (1827-1901), filólogo e latinista brasileiro, em 1889, para traduzir o francês *menu*, formado pela junção das latinas *charta* ("carta") e *daps, dapis* ("lista de comidas"), resultando *chardapio*, ou "cardápio", termo que corresponde adequadamente a *menu*.

Com relação aos cardápios curiosos encontrados no Minho, o que mais nos chamou a atenção foi o que encontramos em Ponte de Lima, junto ao rio Lima, a mais antiga vila do país, criada em 1125 por Dona Teresa, mulher de Dom Henrique, da Borgonha, e mãe de Dom Afonso Henriques (1109-1185), fundador da nacionalidade e primeiro rei do país.

A ponte sobre o rio Lima, romana, se assenta sobre sete arcos, um dos quais, na extremidade, é encoberto pela igreja de Santo Antônio da Torre Velha. Até o final da Idade Média, essa era a única passagem segura sobre o rio Lima, em toda sua extensão, daí sua importância estratégica na época.

No rio Lima viam os romanos o mitológico rio Letes, que apagava as memórias "e não o queriam passar com medo que se lhes varresse a pátria das lembranças e do coração".[1]

Márcia Sílvia Correia nasceu no Brasil em 1964, estando em Portugal desde os três anos. Dirige atualmente o estabelecimento "Os Telhadinhos – Café – Vinhos – Petiscos", à rua do Rosário 22/24 –

---

[1] José Saramago, *Viagem a Portugal* (2ª ed. Lisboa: Caminho, 1985), p. 51.

I. Da mesa

Ponte de Lima. Criativa, montou um cardápio com as tradicionais entradas e tira-gostos portugueses, rebatizados com denominações maliciosas. Fez sucesso. Vejamos suas especialidades, denominações e componentes:

FODINHAS QUENTES — **pataniscas** (iscas de bacalhau fritas envoltas em farinha)
ESCARRAPACHADAS QUENTES — **codornizes**
BIQUINHOS DE AMOR — **caprichos** (doces)
TIQUE-TAQUES NO REDONDO — **coraçãozinho de frango**
VANICO DE RONCA — **salada de orelha**
PERIGOSO NA RACHA — **fígado de cebolada**
CORNO NA RACHA — **prego no pão** (sanduíche)

O CARDÁPIO DE DONA MÁRCIA

COM-SOLA-NA-RACHA — panado no pão

MAMADEIRAS QUENTES — coxas de frango

MENTIROSOS QUENTES — bolinhos de bacalhau

SACOLA DE REFORMADO — lulas recheadas

PENTELHEIRA VERDE — caldo verde

CONINHA DE ANDORINHA — chamuça (pastel frito de massa folhada)

CORNINHOS DE MARCHA LENTA — caracóis

CHUPÕES NA RACHA — polvo em molho verde

CU DE GALINHA RECHEADO — ovos verdes

SAQUINHO CHEIO — rissoles

CHARUTO DA AVÓ — salsicha com fiambre

COCEGUINHAS FEITAS À MÃO — bacalhau recheado

CALDO À PUTA POBRE — sopa à lavrador

PILAS DE GALO ASSADAS NO INFERNO — chouriço assado

VI-NA-GRETA HÚMIDA — salada mista

MULATINHA NUA — café

MEIA QUECA — meia tigela de vinho

QUECA CHEIA — tigela cheia de vinho

PUTINHA DE BOM VINHO DO LAVRADOR — tigela pequena em que se toma
vinho da casa

Vemos que a criatividade e o espírito fazem parte da gastronomia,
no Minho e em todas as partes.

Boa viagem!

O CIGARRO, A LEI E A MESA

*P*or mais que a indústria do tabaco tenha omitido e manipulado, por décadas, as ações nocivas do cigarro para os fumantes ativos e passivos, nos últimos tempos não o podem fazer mais. Com o desenvolvimento dos meios de comunicação e a divulgação dos trabalhos científicos em todas as partes, o fumo é hoje indefensável. Fuma quem não pode deixar de fazê-lo. Como dizia um parente querido nosso, filosoficamente, há quase um século: "perdoo-lhe o mal que me faz, pelo bem que lhe quero..." Morreu cedo.

Todas as pesquisas de opinião realizadas em nosso meio mostram o desagrado dos não fumantes, e dos fumantes também, à presença do cigarro em ambientes fechados: não apenas em bares, restaurantes e casas noturnas, onde se come e bebe, mas em qualquer lugar – escritórios, lojas, centros comerciais, etc. Há uma tendência geral e universal à restrição do consumo do cigarro até mesmo em ambientes abertos, onde é igualmente nocivo para uns e outros.

Atualmente (2008), em toda a Europa, o cigarro só não sofre restrições em cinco países: Polônia, República Tcheca, Áustria, Hungria e Grécia.

I. Da mesa

A restrição ao cigarro tem melhores perspectivas de sucesso que, por exemplo, a restrição ao abuso do álcool, de difícil, senão impossível controle. Com o cigarro, não: o próprio vizinho do fumante, incomodado, fará valer seus direitos.

Alguns contratempos em alguns mercados, entretanto, não desestimulam a promoção e os investimentos da indústria do tabaco, por meios corretos ou não. Em vários países "em desenvolvimento" (eufemismo para "subdesenvolvidos") da África, da Ásia e mesmo americanos, a promoção e o consumo do cigarro têm aumentado, bem como em outros, onde a restrição é simbólica. No aeroporto de Istambul, o espaço para "não fumantes" restringe-se a um banco no meio do salão...

A conduta da indústria do fumo é similar à da indústria farmacêutica, quando testa, nesses mesmos países pobres, medicamentos novos, ainda não autorizados em seus países de origem. Evidentemente esses fatos são negados, como também o foram os das ações nocivas do cigarro – enquanto deu.

Com dificuldades crescentes para divulgar seus produtos e de credibilidade, a indústria do fumo tem se valido de recursos curiosos, como o de se promover por terceiros.

Sabe-se hoje que essa indústria foi uma das maiores financiadoras do cinema de Hollywood, nas décadas de 1920 a 1950 do século passado. Um estudo publicado na revista *Tobacco Control*, de 24 de agosto de 2008, conta que atores como Clark Gable, Joan Crowford, John Wayne, Bette Davies e Henri Fonda receberam vultosas somas para promover o cigarro. Documentos disponíveis na Universidade da Califórnia, que se tornaram públicos após ações movidas por grupos antitabagistas, mostram que a American Tabacco, fabricante do cigarro Lucky Strike, pagou a 42 atores para promover a marca entre 1937 e 1938. Clark Gable embolsou na época dez mil dólares, equivalentes hoje a mais de 140 mil, o mesmo que Gary Cooper e Carol Lombard. O trabalho é longo e detalhado, comentando também que, após a Grande Depressão (1929), várias indústrias de cigarros tiveram enormes lucros, ao contrário do que ocorreu com outras indústrias no país.

O CIGARRO, A LEI E A MESA

Não precisamos ir ao exterior nem voltar tanto no tempo. Aqui entre nós e mais recentemente, a indústria do tabaco também tem se valido de terceiros para defender o indefensável, o fumo em ambientes fechados. A lei federal 9.294, que permite o fumo "em área destinada exclusivamente a esse fim, devidamente isolada e com arejamento conveniente", é de 1996; além de vaga e antiga, não é respeitada. No ano anterior, o então prefeito paulistano, Paulo Maluf, baixara um decreto que proibia o fumo em bares e restaurantes. Os fabricantes de cigarros, temendo que a medida fosse seguida por outras cidades, torpedearam a decisão.

Um documento da época, intitulado "Estratégia", encontrado pela psicóloga Sabrina Presman em arquivos da Universidade da Califórnia, da Philip Morris brasileira, diz: "Tanto a Philip Morris quanto a BAT (Souza Cruz) não podem aparecer aos olhos da opinião pública para contestar a campanha [...] veiculada pela prefeitura".[1] Em uma ata de reunião da Philip Morris, de maio de 1995, a empresa decide patrocinar um programa a que foi dado o nome de "Convivência em harmonia", no qual bares e restaurantes deveriam ter espaços para fumantes e não fumantes.

No Brasil, a entidade escolhida para veicular as ideias da indústria do fumo foi a Abresi – Associação Brasileira de Gastronomia, Hospedagem e Turismo, que reúne sindicatos e entidades do setor. O nome da Abresi é citado em um documento da Philip Morris, de 1995, no mesmo texto em que surge pela primeira vez o nome em português do programa citado, "Convivência em harmonia".[2] Um outro documento da Souza Cruz, de 1996, confirma que esse programa recebia apoio da empresa, informando que "A campanha foi criada pela Associação Internacional de Hotéis e implementada no Brasil pela Abresi, com apoio da Souza Cruz".

Em entrevista à *Folha de S. Paulo* em 1 de novembro de 2008, Winston Abrascal, diretor do programa que aboliu o fumo em locais

---

[1] "Unidos pelo tabaco – Philip Morris e Souza Cruz usaram associação para atacar decreto que bania o fumo de bares e restaurantes da cidade de São Paulo em 1995", em *Folha de S. Paulo*, 22-9-2008.

[2] *Folha de S. Paulo*, 22-9-2008.

I. Da mesa

fechados no Uruguai, sugere medida semelhante no Brasil e declara: "fumódromo é um engodo promovido pela indústria, pois é muito difícil fazer a transição para ambientes livres de tabaco".[3] Coincidência ou não, o presidente da República Oriental do Uruguai, primeiro país da America Latina a adotar a medida, Tabaré Vásquez, é médico oncologista.

Em 1998, 35 milhões de páginas de documentos da indústria do cigarro, inclusive do Brasil, tornaram-se públicas no curso de uma disputa judicial nos Estados Unidos da América. As empresas foram condenadas a pagar US$ 246 milhões sob acusação de fraude contra a saúde pública.

Recentemente o assunto ressurgiu na imprensa, também em matéria da *Folha de S. Paulo*, de 15 de outubro de 2008, em uma curiosa manifestação de protesto arregimentada e paga (como revelaram os participantes) por uma associação de bares. Cerca de 200 pessoas, várias com camisetas estampadas com a palavra "Basta", protestaram, com um carro de som, junto à Assembleia Legislativa. Não ficou claro, nem para os reclamantes nem para os que eventualmente passavam, se o "Basta" era contra ou favorável ao projeto sobre o fumo em ambiente fechado. Também recentemente o governador José Serra pronunciou-se pelo veto ao fumo e o projeto está previsto para votação dos deputados em futuro próximo.[*]

Vemos como é difícil livrar-nos do cigarro à mesa. Ao que tudo indica, entretanto, a batalha está perdida para o fumo, sendo sua proibição, aqui e ali, uma questão de tempo. Restam porém alguns detalhes, como por exemplo o fumo doméstico, o fumo à nossa mesa no dia a dia ou eventualmente em recepções. A solução, ou melhor, a conduta (que já aventamos há tempos) seria que o anfitrião, ao saber que se fumará à mesa, não ofereça suas melhores iguarias ou grandes vinhos[4]: esses convidados não os valorizam nem os merecem. A cada um o seu...

---

[3] *Folha de S. Paulo*, 1-11-2008.

[*] Esse artigo foi escrito antes da lei antifumo, nº 13.541, de 7 de maio de 2009. [N. E.]

[4] Sergio de Paula Santos, *Vinho e história* (São Paulo: DBA, 1988).

Mais doce de leite

São muitas as controvérsias e dúvidas no universo da gastronomia, incluindo aspectos da origem ou da "paternidade" de iguarias e de bebidas. Chile e Peru disputam a origem do *pisco*, Rússia e Polônia, a da *vodca*; e a do *uísque* também é controversa. Uma das mais disputadas e complexas dessas questões é a origem do doce de leite, revindicada por pelo menos Argentina, Uruguai e Chile.

A Argentina é a mais empenhada na pretensão, já se falando mesmo em "denominação de origem" do doce. É inegável a popularidade e o prestígio do *dulce de leche* no país. Verdadeira mania, um dos orgulhos nacionais, e sem ele metade das sobremesas argentinas desapareceria. Alguns pretendem mesmo fazê-lo patrimônio cultural nacional. Comenta-se que, sem o doce de leite, o argentino expatriado sofre crise de abstinência. Para os argentinos é heresia atribuir a criação do doce de leite fora de suas fronteiras, em outro país.

Segundo nossos *hermanos*, o doce de leite não apenas é argentino, como tem data e local de nascimento. Segundo Mônica Hoss de le Conte, autora do bestseller *La Gran Cocina Argentina*,[1] o doce teria

---

[1]   Mônica Hoss de le Conte, *La Gran Cocina Argentina* (Buenos Aires: Maizar, 2001).

I. Da mesa

sido criado na estância *La Caledonia*, perto de Cañuelas, província de Buenos Aires, em 24 de junho de 1829, comemorado localmente como o Dia da Criação do Doce de Leite.

Conta a autora que, na ocasião, em plena guerra civil, Juan Manuel Rosas (1793-1877), que depois se tornaria um ditador sanguinário (entre 1835 e 1852), comandava as forças federalistas contra Juan Galo de Lavalle (1797-1841), que defendia a autonomia das províncias. Irmãos de leite, amamentados que foram pela boa negra Natália, tornaram-se inimigos ferozes por posições políticas opostas.

A luta, sem definição, já durava algum tempo, quando Lavalle decidiu procurar Rosas em sua estância La Caledonia, para propor-lhe uma trégua. Não o encontrando e cansado da longa cavalgada, deita-se e adormece. A boa Natália, que preparava a *lechada* (leite com açúcar, para o mate de leite) aflita com a chegada de Rosas e o encontro dos adversários, correu para avisar o patrão, esquecendo-se da *lechada*, que continuou aquecendo ao fogo. Com a chegada do caudilho, várias horas depois, este, que não teria hesitado em matar Lavalle no campo de batalha, abraça-o e uma semana depois assinam um tratado de paz. A *lechada* esquecida havia se transformado em uma massa escura, deliciosa. Havia nascido o doce de leite...

A história é comovente, mas se é verídica é outra coisa. Nós mesmos já a havíamos abordado.[2] Cabem entretanto alguns reparos. O encontro dos dois oponentes não se deu na estância de Rosas em Cañuelas, mas em sua tenda de campanha. Além disso, o leite adoçado e esquecido no fogo não se transforma em doce, mas transborda e seca, queimando a panela. Para se obter o doce de leite, sabem os que têm alguma noção de doçaria, é preciso mexer a mistura na panela. Sem mexer, não sai doce. Ainda mais: para que o doce se caramelize bem, são necessários cerca de trezentos gramas de açúcar por litro de leite, e é difícil crer que Rosas, ou qualquer outro, apreciasse um mate de leite tão doce...

---

[2] Sergio de Paula Santos, *Memórias de adega e cozinha* (São Paulo: Senac, 2007), p. 266.

A origem argentina do doce de leite é frontalmente contestada por Victor Ego Ducrot, conhecido e respeitado historiador argentino de gastronomia, quando escreve: "não obstante, deve-se afirmar com todas as letras que o doce de leite não é uma invenção argentina".[3] Para o autor – "miserável traidor da pátria", como se refere a si próprio –, o doce de leite veio do outro lado da cordilheira dos Andes, do Chile, célebre então por sua doçaria artesanal. Chegou inicialmente a Cuyo, depois a Tucuman, usado inicialmente como recheio de *alfajores*, de *alfeniques* (pequenas barras de massa com açúcar, recobertas com farinha e mel) e *picarones* (massas redondas e finas de farinha, perfuradas no centro).

Sua difusão no país deveu-se à uma figura notável da história argentina, Maria Ana Perichón de Vandeuil, mais conhecida como *La Perichona*, francesa, amante do vice-rei Santiago de Liniers (1753-1810), que governou o Rio da Prata entre 1807 e 1810. Bela, charmosa e culta, foi também afamada cozinheira, que seduzia todos à mesa, e a alguns, que politicamente a interessavam, na cama. Foi a mais famosa anfitriã da colônia e dos primeiros tempos da jovem nação.

Veio também do Chile, na ocasião, o *manjar blanco*, uma massa de leite e açúcar, mais doce que o atual doce de leite, que possivelmente por esse motivo foi menos apreciado.

Mesmo sem a "paternidade oficial" do doce de leite, o Departamento de Fiscalização de Indústrias Laticínias argentino tem algumas normas para a produção do doce: deve ter consistência "cremosa ou pastosa, sem cristais perceptíveis sensorialmente". Se for usado em confeitaria deverá ser "mais firme", sempre "castanho-caramelado".

Doceiros uruguaios consideram seu doce de leite superior ao de seus vizinhos. Fabiana Bracco e Clo Dimet (gerente de importação da vinícola Pissano), cada uma a seu modo, argumentam com detalhes técnicos essa opinião. Segundo Clo Dimet, "talvez por usarmos um leite mais magro, que deixa o doce mais suave".

---

[3] V. E. Ducrot, *Los sabores de la patria* (Buenos Aires: Norma, 1998), pp. 34-35.

I. Da mesa

O *status* do doce de leite no Uruguai também é alto. Parlamentares uruguaios preocupam-se com a condição de "patrimônio cultural" que se pretende dar ao doce na Argentina, que seria uma precondição para um reconhecimento de "denominação de origem", não endossado pelos uruguaios. A respeito, lembre-se que, há poucos anos, a Academia Mexicana de Gastronomia pleiteou, junto à Unesco, a condição de "patrimônio cultural da humanidade" para a sua gastronomia, sem sucesso.

Com relação ao doce de leite, seu consumo anual *per capita* no Uruguai é de 3,2 quilos, contra 3 quilos na Argentina; e a variedade do doce nos supermercados de Montevidéu é maior que a dos de Buenos Aires.

Entre nós, o jornalista João Podanovsky, ligado às coisas da mesa, escreveu que o primeiro doce de leite teria sido feito por "alguma doceira de Minas [...] depois do ciclo do ouro".[4]

Fora do continente encontramos iguarias com leite similares. No Museu de Gastronomia de Moscou, informa Dereck Foster, existe um velho pergaminho que descreve como os antigos habitantes das estepes preparavam "um creme utilizando leite de iaque e mel".[5] Transportada em alforjes, a mistura, com o calor do verão e os movimentos do cavalo, tornava-se uma espécie de doce de leite. Foster afirma também possuir um *menu* da corte francesa, do início do século XVI, do qual consta um doce "de leite e açúcar caramelizado".

Assim, o Chile teve um *manjar blanco* similar ao atual doce de leite, e o Paraguai também. No Equador, adicionava-se maisena à receita e em todo continente existem doces similares. A diferença está na proporção de açúcar e leite, e na eventual adição de maisena. O *arequipe* colombiano apenas tem menos açúcar, e no México a *cajeta de Celaya* leva leite de vaca e cabra, em partes iguais, além da maisena, enquanto da *cajeta envainada*, participa também vinho doce. Na realidade o *manjar blanco* era conhecido com essa denominação desde a Idade Média.

---

[4] J. Padonovsky, "*No llores Argentina*", em *Urbs*, ano V, nº 33, jan.-fev. 2004.

[5] Dereck Foster, *El gaucho gourmet* (Buenos Aires: Emecé, 2001).

MAIS DOCE DE LEITE

É portanto certo que o atual doce de leite, ubíquo, com variações, mais ou menos apreciado aqui ou ali, precedeu o esquecimento da boa Natália que arruinou a *lechada* do patrão. Fato histórico ou invenção, a historinha é linda e o doce de leite argentino delicioso.

CHOCOLATE:
ETIMOLOGIA E CHEGADA À EUROPA

*E*ntre as importantes contribuições das Américas para a gastronomia mundial constam entre outros alimentos o tomate, o milho, a batata, o feijão, o chile (ou *chili*), a salsaparrilha, o amendoim, o abacaxi, o abacate e principalmente, o mais importante, o chocolate, *Theobroma cacau*, o "alimento dos deuses", como o batizou Lineu, em 1753.

Querer falar do chocolate em algumas páginas, como bem disse Sophie D. Coe, é como "pretender colocar todo o oceano em uma casca de noz".[1]

Vejamos assim apenas alguns detalhes, dos mais simples, mesmo porque muitos são duvidosos e pouco esclarecidos, a começar pela própria etimologia da palavra "chocolate". Como geralmente se faz para qualquer palavra castelhana, o primeiro recurso é a Joan Corominas, o papa da etimologia do idioma. Diz o mestre:

CHOCOLATE, palabra de origen azteca, pero de formación incierta [...]
brebaje que los antigos mejicanos lo hacian con partes iguales de semilla de

---

[1] S. D. Coe, *America's first cuisines* (Texas: University of Texas Press, 1994), p. 84.

I. Da mesa

ceiba (pócotl) y de cacao (kakáwatl) quizá provenga de poco-kakáwa-atl, 'bebida de cacao y ceiba', abreviada por los españoles en cacahuatl. 1ª doc. chocollatl, 1580, Francisco Hernández.[2]

O verbete é longo e cita dicionários de astequismos e mexicanismos, inclusive a opinião dos especialistas Loewe e Friederici, segundo a qual a palavra é inanalisável, não constando mesmo dos antigos dicionários do idioma náuatle. Como se vê, o próprio Corominas não esclarece inteiramente a origem do termo, restando-nos considerar algumas hipóteses.

A primeira possibilidade, e a menos consistente, embora sempre lembrada, é a levantada por Thomas Gage, um inglês que visitou o México entre 1620 e 1630, que considera *choco* como o ruído do bastão que batia o chocolate no recipiente para torná-lo espumoso: *choco-choco-choco...* Seria assim pura onomatopeia, sem qualquer outro fundamento.

Outra hipótese, menos simplória, é a de Augusto Malaret, em seu dicionário de americanismos, publicado em Porto Rico em 1931,[3] que considera *chocolate* provir do "mexicano" *choco*, que significa "cacau" e *atl*, "água", correspondendo assim o vocábulo a "água de cacau". Também verossímil é a possibilidade de que o termo provenha de *xococ*, "amargo" e *atl*, "água", significando portanto "água amarga" – o que faz sentido, pois os astecas o consumiam com água e era amargo, até a chegada do açúcar, das Canárias ou de Granada.

Para outros autores o étimo da palavra é *chocol*, "quente", que, com o sufixo *atl*, "água", resultaria "água quente". Como o chocolate também se tomava frio, a hipótese tampouco se sustenta. O *Breve diccionario etimológico de la lengua española*, de Guido Gómez da Silva,[4] repete aproximadamente o conceito anterior: a palavra proviria provavelmente do náuatle *xocoatl*, ou de *xococ* ("amargo"), ou de *pocho-cacauatl*, "bebida das sementes de ceiba e cacau". Na Espanha o

---

[2] J. Corominas, *Diccionario crítico etimológico castellano e hispánico* (Madrid: Gredos, 1997).
[3] Augusto Malaret, *Diccionario de americanismos* (Puerto Rico: s/ed., 1931).
[4] Guido Gómez da Silva, *Breve Diccionario etimológico de la lengua española* (México: Fondo de Cultura, 1999).

vocábulo aparece em 1580, e dele derivam o francês *chocolat*, o inglês *chocolate*, o italiano *cioccolata* e o alemão *schokolade*.

Com relação aos etimologistas do nosso idioma, para José Pedro Machado, o mais reputado, o vocábulo "provém do nauatl *chocolatl*, certamente pelo castelhano *chocolate*". Antenor Nascentes concorda com esse étimo, lembrando também *cacauatl e xocoatl*, tendo o vocábulo aparecido no português em 1640. Antônio Geraldo da Cunha refere-se apenas ao castelhano, como "de origem asteca mas de formação incerta".

A chegada à Europa

Se a etimologia do vocábulo é incerta, a chegada do chocolate à Espanha e por extensão à Europa também o é. Sabemos, entretanto, com certeza que Colombo foi o primeiro europeu que o viu, e por acaso. Quando de sua última viagem à América (que o almirante sempre acreditou serem "as Índias"), em 1502, Colombo cruzou no golfo de Honduras com uma enorme canoa maia de comércio, capturando-a sem resistência. De seu carregamento constavam tecidos finos, peças de cerâmica, de metal e sacas de umas "amêndoas", que deveriam ser valiosas, pois, como narraram os cronistas, ao transladá-las para seu barco, quando caíam algumas, todos se precipitavam em recolhê-las, "como se lhes caíssem os olhos"...[5]

O carregamento foi para o Panamá e não se teve outra notícia do mesmo. Colombo morreria quatro anos depois e a conquista do México por Cortés só se iniciaria em 1519. Nesse meio tempo não houve notícia do chocolate na Espanha, nem de qualquer outro alimento das "Índias".

A primeira oportunidade em que isso poderia ter ocorrido foi em 1519, antes de Cortés ter avistado Tenochtitlán, a grande capital asteca, quando o capitão enviou ao reino um barco com o "quinto real", a quinta parte do botim até então acumulado, que por lei cabia à Coroa. Existem relações detalhadas desse carregamento: objetos de

---

[5] S. E. Morisson, *Journals and other documents on the life and voyages of Christofer Columbus* (New York: Herritage, 1963), p. 327.

I. Da mesa

prata e ouro, tecidos, cerâmica esmaltada e até códices nativos, mas nenhuma referência ao cacau.

A oportunidade que se seguiu foi em 1528, quando Cortés apresentou-se pessoalmente a Carlos V, com um deslumbrante mostruário de riquezas: além de habitantes e senhores do México, trouxe oito acrobatas, jogadores de *hule*, jogo com uma bola de um material nunca visto, que batia e voltava... Levou anões, albinos, deformados, animais desconhecidos (quase um zoológico, segundo os cronistas), aves de penas coloridas, ouro e prata naturalmente, mas tampouco trouxe cacau...

A primeira evidência documentada da presença do cacau na Espanha é de 1544, curiosamente procedente da Guatemala e não do México, quando senhores maias das comunidades *kekchis* do país acompanharam alguns frades dominicanos em uma visita ao príncipe Felipe, futuro Felipe II, para agradecer-lhe a generosidade para com seu país. Os visitantes, vestidos com seus trajes nativos, pouco apropriados ao inverno, levaram ao príncipe presentes valiosos (no seu entender), como vários tipos de chile, duas mil plumas de *quetzal*, milho, salsaparrilha, incenso e chocolate batido, como o consumiam. Foi provavelmente a apresentação do chocolate ao Velho Mundo, e pensa-se que o príncipe, por cortesia, o tenha experimentado.

Comercialmente, entretanto, o cacau só chegou ao país em 1585, em um carregamento de Veracruz à Sevilha. Sua aceitação e difusão na corte teve de esperar, entretanto, até a segunda metade do século XVII. Seguiu-se a conquista da nobreza do continente, enquanto a democratização do chocolate só se iniciaria após a queda das monarquias absolutas – o que são outras histórias. Afinal, o oceano não cabe em uma casca de noz.

Comer no espaço

A dupla de humoristas, o Gordo e o Magro, fez a alegria de mais de uma geração de crianças. Entre 1926 e 1950, as crianças de todo o mundo riram com as trapalhadas de Oliver Hardy e Stan Laurel. Uma de suas muitas passagens nos pareceu significativa. Certa vez, famintos, dispunham de um único e saboroso prato, do qual o Gordo se apossou. Para o Magro, Oliver deu como compensação uma pílula, com a informação: "Este comprimido contém de tudo, vitaminas, sais minerais, proteínas, etc., etc., tudo o que tem no meu prato". O Magro, cordato e feliz, colocou seu guardanapo no pescoço, muniu-se de garfo e faca, e engoliu o comprimido. Após alguns minutos, choroso, disse ao Gordo: " Olie, ainda estou com fome"...

Até certo ponto a "refeição" do Magro pode ser comparada a dos astronautas no espaço, lembrando sempre que nós, na Terra, também estamos no espaço, sendo nossa "nave" a própria Terra.

Um pouco de história

Os primeiros artefatos lançados ao espaço foram impulsionados pela pólvora, "combustível" sólido, descoberta pelos chineses

I. Da mesa

ao redor de 220 a.C. O primeiro combustível líquido, com o qual foi possível o lançamento de foguetes, data de 1926, idealizado por Goddart: o artefato subiu 12 metros... Em 1935 seu foguete atingiu 2.300 metros.

A era dos foguetes inicia-se na realidade no final da II Guerra Mundial, quando a equipe de Wernher Von Braun (1912-1977) lançou os foguetes V1 e V2 da base de Peenemünde, no Báltico, contra Londres e Paris. Quando desses lançamentos, no final de 1944 e início de 1945, a guerra já estava praticamente perdida para os alemães. Von Braun foi preso e levado para os Estados Unidos, para continuar seus trabalhos sobre foguetes.

Começou então a "corrida espacial" entre norte-americanos e russos, que duraria por toda a Guerra Fria, até 1991, com o desmembramento da União Soviética. Von Braun naturalizou-se americano, aposentou-se em 1955 e faleceu 12 anos depois. Pode-se dizer que ele foi o pai do foguete Saturno V, que em 1969 levou o homem à Lua.

Em 1957 foi lançado o Sputnik (da URSS), o primeiro satélite artificial. No ano seguinte, o Explorer (dos EUA) fez fotos da superfície lunar. Em 1959, a sonda Luna 2, soviética, chega à Lua. Yuri Gagarin, em 1961, é o primeiro homem a viajar pelo espaço; e quatro anos depois Alexei Leonov faz o primeiro "passeio" pelo espaço. Em 1969, a Saturno V, um foguete de 110 metros de altura e 2.900 toneladas, levou Neil Armstrong e dois companheiros, na cabine da Apollo 11, à superfície da Lua, na maior viagem do homem. Hoje o espaço está cheio de artefatos, de gente e de lixo cósmico. Até colisões já ocorreram...

A alimentação

O problema da alimentação no espaço decorre naturalmente da ausência da gravidade, na realidade uma baixa gravidade (tecnicamente denominada *microgravidade*), e da limitação de espaço e energia. A microgravidade faz com que os tripulantes e os objetos no interior dos foguetes, inclusive os alimentos, flutuem, necessitando portanto que sejam fixados.

A alimentação dos primeiros astronautas não diferia muito da oferecida a Stan Laurel por seu parceiro Oliver Hardy. Usavam canudos para aspirar os alimentos, que embarcavam liofilizados, depois eram reidratados e colocados em recipientes semelhantes aos de pastas de dentes, além dos comprimidos ou cápsulas que contêm "tudo"...

Com o tempo o cardápio foi acrescido e melhorado, bem como o acesso aos alimentos. Em princípio, os astronautas alimentam-se três vezes ao dia, como o fazem em Terra, com um lanche entre as principais refeições. Os alimentos são parcial ou totalmente desidratados, para evitar que se deteriorem. As carnes são previamente expostas à radiação, para que durem mais. Não existe nas naves a possibilidade de refrigeração de alimentos.

Os alimentos líquidos, sopas, sucos, também são previamente desidratados e transformados em pó. Na hora das refeições, os astronautas dirigem-se à "cozinha" na parte central da nave, onde reidratam os alimentos liofilizados e as bebidas desidratadas em um equipamento especial, que fornece água quente e fria. Os alimentos são aquecidos em um forno de convecção (forno que assa), mantido a uma temperatura de 70 ºC. São necessários de 20 a 30 minutos para reidratar e aquecer os alimentos, e calcula-se que seu custo seja de cerca de 20 mil euros o quilo. As refeições são armazenadas de acordo com a ordem em que serão comidas, havendo sempre um excedente para três semanas, para o caso de algum imprevisto.

O consumo de líquidos apresenta características e riscos específicos. São acondicionados em bolsas de plástico fechada a vácuo, com um dispositivo para serem abertas. No caso da água, se vier a "derramar", ficará em suspensão, formando "bolas", esferas do tamanho de bolas de tênis que, se tocadas, transformam-se em gotículas; além de inaproveitáveis, podem danificar as tubulações de ar.

Sem microgravidade, os aromas dos alimentos se dissipam antes de chegarem aos receptores olfativos, bem como diminui a sensibilidade gustativa, motivo pelo qual os astronautas necessitam condimentar bastante os alimentos, com *ketchup* (é inimaginável um

I. Da mesa

americano sem ele), mostarda, sal ou pimenta. Estes últimos apresentam-se sob a forma líquida. Não é possível usá-los em pó, como o fazemos. Com a microgravidade, poderiam chegar aos olhos ou aos filtros de ar, bloqueando-os e colocando a nave em perigo. O mesmo ocorre com as migalhas de pão, que é por isso apresentado como "torta", de trigo ou milho, que não deixam migalhas.

A microgravidade age também sobre a fisiologia do astronauta. A imponderabilidade reduz a atividade muscular, diminuindo a tonicidade dos músculos e consequentemente reduzindo a massa óssea em 2,5% ao mês, bem como o peso corpóreo, às vezes em até 10%, nas viagens maiores. Essas perdas são recuperadas quando de seu retorno, mas em um tempo duas ou três vezes maior. A microgravidade atua também sobre as vias respiratórias superiores, congestionando o nariz e prejudicando a respiração e o olfato. Esses sintomas são controlados por descongestionantes orais, que também não são isentos de efeitos colaterais. Para que não flutuem, os alimentos são fixados em bandejas, que são colocadas ao redor da cintura dos tripulantes ou fixadas às paredes das naves.

Detalhe interessante é a evolução dos cardápios dos astronautas. Passados os tempos dos comprimidos de Stan Laurel, que continham "tudo", a alimentação estava ligada, compreensivelmente, às cozinhas do Texas e de Moscou, origem dos pioneiros do espaço. Com a chegada de astronautas japoneses e europeus, as indústrias alimentares desses centros também foram mobilizadas.

Foi entretanto o astronauta espanhol Pedro Duque o primeiro a abordar publicamente a mesmice e o mau passadio no espaço, que chega mesmo a prejudicar o desempenho dos tripulantes, na reunião "O desafio dos alimentos no espaço", realizado em 2006 na Universidade Complutense de Madrid. Apoiado pela Agência Europeia do Espaço (ESA, em inglês), houve um pequeno progresso no setor.

Comendo melhor ou pior, a astronáutica tem um longo caminho pela frente. Como naves espaciais, ônibus espaciais, estações interplanetárias, etc., o sistema solar está todo por ser desvendado. O campo é imenso, e a curiosidade do homem, maior. Tem-se verifica-

COMER NO ESPAÇO

do nos últimos tempos que a astronáutica está se "democratizando". Existem astronautas de vários países e até turismo espacial.

Por outro lado, se levarmos em conta que algumas atividades relativamente próximas à astronáutica, como a aeronáutica (e o transporte aéreo), e mesmo o turismo, não são hoje atividades bem organizadas e nem sempre idoneamente dirigidas, ao lado de tantas outras dificuldades, pode também pairar uma sombra sobre o futuro da astronáutica, sem falar da comida...

A FRANÇA E
A GUERRA DA LAGOSTA

"A PARTE MAIS SENSÍVEL DO
CORPO HUMANO É O BOLSO."
Antônio Delfim Neto

O sensível declínio da francofonia em todo o mundo, a partir da Segunda Guerra Mundial, correspondeu também ao declínio da influência política, social e econômica da França no concerto internacional. O país passou, em algumas décadas, de protagonista a figurante no cenário mundial. Os principais ícones, referências da nacionalidade gaulesa, passaram a ser contestados por seus concorrentes. Na gastronomia e na restauração, a supremacia, antes indiscutível, foi abalada. Segundo o *Restaurant Magazine*, de Londres, em sua relação dos cinquenta melhores restaurantes do mundo de 2009, o primeiro restaurante francês a aparecer ocupou apenas a sétima colocação. A classificação da revista foi baseada na opinião de 26 especialistas, cada um dos quais indicou 31 personalidades do ramo, podendo cada "jurado"eleger cinco restaurantes, num total de 4.030

I. Da mesa

votos. Evidentemente essas escolhas e critérios são subjetivos, lembrando-se aqui que a revista londrina é independente e idônea.

Entre os vinhos do país, excetuando-se os *Premiers Grand Crus Classés* bordaleses e uma dúzia de grandes vinhos borguinhões, os "vinhos de sonho" de Louis Orizet (que não chegam a 2% da produção nacional), a vinicultura francesa perdeu grande parte do mercado internacional para os vinhos do Novo Mundo. Diga-se o mesmo da alta costura e da perfumaria, referências mundiais que, com o *prêt-a-porter* da vida moderna e a industrialização dos aromas sintetizados, democratizaram-se.

Nesse quadro, ficam facilmente compreensíveis as iniciativas como a do Ano da França no Brasil, em 2009, na realidade um ano de menos de oito meses, do final de abril a novembro. Sob o manto da cultura e da amizade entre os povos, procura-se recuperar os mercados perdidos, o leite derramado. Por uma irônica e cruel coincidência, a abertura do Ano da França, com um espetáculo pirotécnico na Lagoa Rodrigo de Freitas, no Rio de Janeiro (previsto para 1 milhão de assistentes, dos quais compareceram, sob chuva, apenas 15 mil), coincidiu com a proibição da entrada de algumas dezenas de brasileiros em um dos aeroportos de Paris...

Esses fatos contraditórios, "culturais e amistosos" por um lado, e de xenofobia e intolerância por outro, nos traz à memória o curioso incidente diplomático entre os dois países, há cerca de 50 anos, que ficou conhecido como a *Guerra da Lagosta*. Em 1955, a exportação brasileira de lagosta foi de 40 toneladas, passando a 1.741 toneladas em 1961, com um lucro anual de 3 milhões de dólares, concentrados nos portos do Recife e Fortaleza.[1]

Nessa época alguns barcos pesqueiros franceses, depois de esgotarem a captura de lagostas nas costas de seu país e da África Ocidental, voltaram seus interesses para o nordeste do Brasil. Em março de 1961, esses barcos obtiveram autorização para realizar "pesquisas" em nosso litoral. Ao constatar que os barcos na realidade pescavam

---

[1] C. C. Braga, "Você pensa que lagosta é peixe?", em *Revista de História da Biblioteca Nacional*, ano 4, v. 42, mar.-2009, pp. 16-41.

A França e a guerra da Lagosta

lagostas em grande escala, a autorização foi suspensa. Em novembro desse mesmo ano a França pede nova autorização para atuar fora das águas territoriais brasileiras, na plataforma continental, da qual a faixa submarina até duzentos metros de profundidade pertence ao país, mas cujas águas são livres para a exploração internacional. Concedida a autorização, começaram realmente os problemas.

Em janeiro de 1962, um pesqueiro francês foi apresado pelas autoridades brasileiras, criando-se uma curiosa pendência. A Convenção de Genebra de 1958 assegura ao país costeiro a posse dos "recursos minerais e biológicos, animais e vegetais de sua plataforma continental", nos quais se inclui naturalmente a lagosta, que não nada, mas caminha. Do ponto de vista dos interesses franceses, a lagosta nadaria, como um peixe, podendo assim ser legalmente capturada, na plataforma continental. O problema se agravou, com os franceses continuando a capturar a lagosta, inclusive de maneira predatória (com pesca de arrasto, com redes no fundo do mar) e com equipamentos sofisticados, vedados aos pescadores nordestinos. Com a pressão dos pescadores e armadores brasileiros, nossa marinha interveio e os barcos franceses se retiraram.

Foi quando, de modo inesperado, nosso então presidente João Goulart interveio pessoalmente, concedendo ao embaixador francês da época, Jacques Baeyens, novamente a autorização para que seis barcos franceses voltassem à atividade em nosso litoral. O clamor e a pressão da opinião pública foram tão fortes que Jango não teve outra saída senão voltar atrás. Ocorreu então o mesmo com a opinião pública francesa – a imprensa e o governo do país, chefiado pelo general Charles De Gaulle, irados, reagiram duramente. Data dessa época a celebre frase de que "O Brasil não é um país sério", erroneamente atribuída a De Gaulle.[2]

O general, sabidamente um homem autoritário, enviou com os barcos pesqueiros para o Brasil um navio de guerra, para protegê-los. Foi quando nosso Conselho de Segurança Nacional, também in-

---

[2] C. C. Braga, *A guerra da lagosta* (Rio de Janeiro: Serviço de Documentação da Marinha, 2004, 2ª ed.), pp. 71-72 e 83-90.

113

I. Da mesa

tempestivamente, mandou para o litoral pernambucano barcos de guerra e deslocou esquadrões de aeronaves para as bases de Natal e Recife. Para a opinião pública e para a imprensa mais afoita, a guerra estava declarada.

Na imprensa francesa, as autoridades lembravam que o país dispunha de tecnologia nuclear, enquanto sabe-se hoje que nossa frota, desaparelhada, sequer dispunha de munição.[3] Lembre-se também que a mentalidade francesa nunca deixou de ser colonialista e sua opinião pública ainda digeria com dificuldade as perdas da Indochina (1946-1954) e da Argélia (1954-1962). Bem lembrando, a França vinha em guerra desde 1939...

O acaso e a desinformação nos favoreceram – a França supôs que a posição firme do governo brasileiro tinha o respaldo dos Estados Unidos. Não era o caso. O Departamento de Estado americano fez saber às nossas autoridades que os navios de guerra brasileiros não deveriam se envolver em conflitos com países amigos dos norte-americanos. O Brasil recusou-se a aceitar essa orientação, baseado no Tratado Interamericano de Assistência Recíproca (TIAR), com um argumento muito sensível aos militares americanos, de que, quando do ataque a Pearl Harbor, em 1941 (22 anos antes), o Brasil, em solidariedade aos Estados Unidos, declarou guerra ao Japão.

A *Guerra da Lagosta* foi assim apenas um indigesto incidente diplomático, com um país de poderio bélico muito superior, mas muito "amigo", como bem vem demonstrar este Ano da França no Brasil... Lagosta à parte, o interesse agora deve ser por "nossos lindos olhos"...

---

[3] Ibid., pp. 157-183.

O Malakoff e a guerra da Crimeia

Do II Festival Suíço de Gastronomia, realizado no Cæsar Park de São Paulo, em agosto deste ano (2009), destacou-se, entre mais de duas dezenas de especialidades do país, o *Malakoff de queijo suíço com salame Landjagger e salada*. O Malakoff consta de bastões de queijo envolvidos em farinha e ovos, marinados em vinho branco e fritos em óleo fervente. É uma especialidade do cantão de Vaud.

A denominação russa para um prato suíço tem uma origem curiosa, não encontrada nos tratados de cozinha. Foi-nos relatada pelo chef Dominique Fuhrer, de Genebra, e remonta à guerra da Crimeia.

A Guerra da Crimeia

Pode-se dizer que a Guerra da Crimeia (1853-1856) foi na realidade a Primeira Guerra Mundial, na qual tomaram parte as mais importantes potências mundiais da época, Rússia czarista de um lado contra o Império Britânico da rainha Vitória, mais a França, o Império Otomano, a Áustria e as tropas sardo-piemontesas de Vitório Emanuel I e Cavour. A Itália ainda não fora unificada e os

I. Da mesa

Estados Unidos não eram ainda a potência que seriam no século seguinte. Foi também a primeira guerra a ter uma cobertura jornalística, como a conhecemos hoje, com correspondentes de guerra, então uma novidade.

Dentre esses profissionais destacou-se William Howard Russel, irlandês, do *The Times*, que denunciou o luxo de que dispunham os oficiais ingleses, em contraste com as condições miseráveis de vida dos soldados. Maior repercussão tiveram ainda as notícias relativas às condições médico-sanitárias. Chanu, médico francês, em um comunicado sobre o exército de seu país na Crimeia e na Turquia, refere que, em uma tropa de 300 mil homens, 10 mil morreram em combate mas oito vezes mais, precisamente 85.375 homens, morreram por doenças e infecções por ferimentos. Das amputações, gangrenas, erisipelas e septicemias, 90% foram mortais. Pouco tempo depois apareceriam os trabalhos de Lister e de Pasteur, que mudariam a história das infecções.

O conflito ocorreu na península da Crimeia, no mar Negro, ao sul da atual Ucrânia, no sul da Rússia e nos Bálcãs. Desde os fins do século XVIII os russos tentavam aumentar sua influência nos Bálcãs e na região entre o mar Negro e o Mediterrâneo. Sob o pretexto de proteger os lugares santos dos cristãos em Jerusalém, então parte do Império Otomano, o czar Nicolau I invadiu os principados turcos do Danúbio, da Moldávia e da Valáquia, na atual Romênia. O sultão da Turquia, com o apoio do Reino Unido e da França, rejeitou as pretenções russas e declarou guerra ao czar.

O Malakoff

Foi nesse cenário que apareceu o Malakoff. Entre as tropas da aliança anglo-francesa havia um considerável contingente de mercenários suíços, que naturalmente procuravam, na medida do possível em um conflito, preservar seus hábitos e costumes. Em setembro de 1854, as tropas aliadas iniciaram um bloqueio naval e terrestre da cidade-fortaleza portuária de Sebastopol, na Crimeia, onde se concentrava a frota russa do mar Negro. O cerco durou um ano, cobrando pesado tributo não apenas aos russos, mas também às tropas britânicas e francesas, nas quais grassaram também as epidemias e doenças.

Desse sítio, uma das batalhas mais sangrentas foi travada na torre de Malakoff, com a participação de muitos suíços. Ocorreu a esses homens, em seu retorno, em memória daqueles tempos difíceis, homenagear seu "cardápio de urgência" da época, de pão e queijo, com a denominação da torre em que combateram, Malakoff.

A guerra da Crimeia teve grande repercussão, na literatura, nas artes plásticas e até no cinema. "A Carga da Brigada Ligeira", imortalizada pelo poeta Alfred Tennyson no século XIX, foi baseada em um episódio real da guerra. Até hoje se discute, do ponto de vista da história militar, de quem teria sido o erro da ação que praticamente dizimou a cavalaria inglesa, se dos que a ordenaram ou dos que a realizaram. Também se discute, até nossos dias, se os cavaleiros franceses teriam abusado do álcool antes do combate, como afirmaram na época os chefes russos.

Entre nós, a Guerra da Crimeia é lembrada por Machado de Assis, em *Dom Casmurro*, no qual é o tema do capítulo "A polêmica", e por Érico Veríssimo, em *O tempo e o vento – O continente*, no capítulo "Teiniaguá".

Também é curioso, a ser verdade, o fato de que a bombacha, vestimenta que faz parte da indumentária tradicional gaúcha, teria tido origem num uniforme usado na Guerra da Crimeia. Em plena revolução industrial, a Inglaterra, que fabricava tecidos, teve seu principal mercado, a Rússia, fechado com as hostilidades, enviando a produção para a América do Sul...

O Malakoff não deixa, assim, de ser mais um caso paradoxal, em que de um acontecimento trágico resulta em outro positivo, auspicioso, uma deliciosa iguaria.

I. Da mesa

Receita de Malakoff

Ingredientes
300 gramas de um queijo consistente, sem buracos
1 garrafa de vinho branco seco, de preferência suíço
2 ovos
150 gramas de farinha
sal e óleo para fritar

Preparo
1. Corte o queijo em fatias de pelo menos 1,25 cm de espessura, remova as cascas e corte as fatias em bastões da mesma largura.
2. Coloque os bastões em um prato fundo e cubra-os com o vinho, marinando-os por uma hora.
3. Ao mesmo tempo, prepare uma massa com 150 gramas de farinha e 200 ml de vinho branco. Bata a mistura até que fique espessa e homogênea. Cubra a massa, que deverá repousar por uma hora.
4. Bata então duas claras em neve, misturando-as cuidadosamente com a massa.
5. Retire os bastões de queijo do vinho, passe-os em farinha de trigo, mergulhe-os na massa e frite-os em óleo previamente aquecido a 190 ºC. Quando estiverem dourados, retire-os e seque-os em papel.

Resultarão bastões de consistência cremosa e macia, uma "bomba calórica", mas deliciosa...

O Malakoff não deve ser confundido com o *Beignet de Vinzel*, também de queijo, mas que leva pão. Em muitos restaurantes suíços o Beignet é servido como Malakoff. Não é.

Nossos agradecimentos ao Prof. Luis Antonio Rivetti, pela assessoria médica, e ao *chef* Dominique Fuhrer, pela gastronômica.

Doce de leite,
o doce da discórdia

𝒰ma notícia nos jornais argentinos de 28 de janeiro de 2010 informa que o país declarou o doce de leite como "patrimônio cultural alimentar e gastronômico argentino". Evidentemente a declaração provocou a esperada reação dos países vizinhos, desde "apropriação indébita" até fraudes no preparo. Reclamaram chilenos, uruguaios, mexicanos, franceses e até russos. São muito interessantes as histórias e as argumentações dos candidatos à paternidade do doce. Nós mesmos já cuidamos mais de uma vez do assunto.

Vejamos alguns dados recentes: em 2008, o Uruguai exportou o correspondente a 252 mil dólares, enquanto o Chile exportou cinco vezes mais, e a Argentina, nove vezes, lembrando que nesses dois países o preço do doce é a metade do preço no Uruguai. Em 2009 a Argentina produziu 125 mil toneladas de doce de leite e exportou 3.376. O Chile tem aumentado sua exportação, que em 2008 atingiu 3.500 toneladas. Valores locais médios de um quilo de doce, em fevereiro de 2010: na Argentina, 2,88 dólares; no Chile, 2,83 dólares; no Uruguai, 4,76 dólares. Valores de doces importados encontrados no comércio uruguaio em fevereiro de 2010: da França, 13,89 dólares; de Arequipa, na Colômbia, 4 dólares; do Peru, 2,5 dólares.

I. Da mesa

Segundo uruguaios e chilenos, os argentinos empregam maisena para aumentar o rendimento do doce e baixar o custo, com prejuízo do sabor e textura. A indústria é inimiga da arte.

As versões sobre a origem do doce

Segundo a versão argentina mais divulgada, conta-se que, em um encontro entre Juan Manuel Rosas e Lavalle, adversários e inimigos, Rosas atrasou-se e Lavalle, exausto, dormiu. A empregada, ama de leite dos dois, aflita, abandonou a *lechada* (leite com açúcar) para avisar seu patrão, só o encontrando no dia seguinte (17 de julho de 1829). A *lechada* havia se transformado em uma massa marrom espessa e de gosto delicioso. Outra versão argentina diz que em 1796 chegou a Buenos Aires uma família francesa refinada e abastada, de Jean Baptiste Perichon de Vandeuil. Madame Vandeuil, logo apelidada de La Perichona, uma jovem versada em política, em gastronomia e sociedade, torna-se amante de Santiago de Liniers, vice-rei do Rio da Prata. Comenta-se que os problemas que não se resolviam nos gabinetes eram resolvidos na alcova. O fato é que seu nome aparece ligado ao doce já em 1805.

Segundo chilenos, o doce de leite (manjar) chegou ao país com Domingo Sarmiento, 45 anos depois da história da Perichona e 21 anos depois da de Rozas e Lavalle. Um autor importante, o historiador argentino Victor Ego Ducro, comenta em seu livro *Los Sabores de la Pátria* que o doce é de origem chilena. Do Chile, onde era fabricado desde o século XVIII, foi para a Argentina, sendo inicialmente usado como recheio de alfajores.

Os uruguaios contam que o doce veio com os escravos que chegaram durante o vice-reinado do Rio da Prata (1778-1881). Grande parte desses escravos provinham de Moçambique e entraram na América pelo porto de Montevidéu.

Outro historiador e jornalista argentino localiza o doce a 5 mil anos atrás, enfraquecendo a documentação argentina. Nunca mereceu crédito maior.

Segundo os mexicanos, a receita veio com os espanhóis que fundaram Celaya, aparecendo no escudo dessa cidade uma referência ao doce.

Segundo os franceses, a *confiture de lait*, como chamam o doce, teria se originado na França, criado por um chefe de Napoleão durante uma batalha (1905-1906), quando o leite adoçado foi servido superaquecido e se transformou numa pasta de caramelo deliciosamente cremoso. Como vemos, as histórias não variam muito.

Conhecemos todos o significado de "denominação de origem", como a pretendida pela Argentina, na realidade desde abril de 2003. A ser aceito o argumento argentino, os outros países perderiam o direito a usar a denominação "doce de leite", o que é inaceitável. No momento a discussão está na Unesco. É esse mais um capítulo do que poderíamos chamar de "guerra do doce de leite", ou o "doce da discórdia".

Longa vida à guerra.

PARTE II
Dos vinhos

Um cálice de vinho do Porto de 470 milhões de anos

𝒞oincidindo com as comemorações dos 250 anos da região vinícola do Douro, exibiu-se na cidade do Porto um fóssil cuja forma lembra o cálice "oficial" do vinho do Porto. Há alguns anos o conhecido arquiteto portuense Álvaro Siza, de renome mundial, desenhou, para o Instituto do Vinho do Porto, um cálice para seu vinho. É um copo semelhante ao modelo ISO, o copo padrão para degustação de vinhos, porém ligeiramente menor e de haste quadrangular, com uma pequena concavidade em uma das arestas, para o apoio do dedo indicador.

O fóssil foi "redescoberto" no Museu Geológico de Lisboa, por paleontólogos do Conselho Superior de Investigações Científicas (CSIC), reconhecido como um exemplar de mais de 470 milhões de anos, com a forma característica de um cálice de vinho do Porto. Tecnicamente trata-se de um *equinodermo crinóideo* fossilizado. Para Juan Carlos Gutiérrez Marco, da equipe de especialistas do museu, o *Delgadocrinus oportovinorum*, denominação com a qual o fóssil foi rebatizado, é uma parte do invertebrado mais antigo encontrado na península Ibérica.

II. Dos vinhos

A redescoberta da peça, agora exposta no Porto, contribui também para as comemorações dos 250 anos do alvará real que criou a *Região Demarcada do Douro*, na qual se produz um dos mais famosos vinhos que se conhece, o vinho do Porto.

O alvará real data de 10 de setembro de 1756, e por ele fundou-se a Companhia Geral da Agricultura dos Vinhos do Alto Douro, carinhosamente abreviada para Companhia Velha, que passou a regular toda a produção e o comércio das uvas e dos vinhos da região. Foi demarcada então uma área de 40 mil hectares no Alto Douro. A criação da Companhia Velha foi obra do marquês de Pombal, Sebastião José de Carvalho e Melo (1699-1782), ministro plenipotenciário de Dom José (1714-1777), que assinou o alvará.

FÓSSIL DE 470 MILHÕES DE ANOS LEMBRA CÁLICE DE VINHO DO PORTO. MUSEU GEOLÓGICO DE LISBOA.

UM CÁLICE DE VINHO DO PORTO DE 470 MILHÕES DE ANOS

Originariamente, a parte do invertebrado que agora se expõe no Porto foi encontrada há cerca de um século, em um canteiro, hoje desaparecido, próximo à cidade, em Valongo, pelo geólogo Joaquim Nery Delgado, que o doou, com toda a sua coleção arqueológica, ao Museu Geológico de Lisboa. Em sua homenagem, o fóssil foi denominado *Delgadocrinus*, e *oportovinorum* pela semelhança do equinodermo com o cálice do vinho. Para os especialistas o organismo pertence aos chamados lírios-do-mar, de corpo caliciforme, que habitam mares pouco profundos e dos quais os sedimentos resultaram em rochas, como as que atualmente constituem o solo e as montanhas localizadas ao leste do Porto.

Nos últimos anos a arquitetura tem se aliado ao vinho. O famoso arquiteto canadense (naturalizado americano) Frank Ghery, criador do Museu Gugenheim de Bilbao, vem de renovar a tradicional Bodega Marqués de Riscal, na aldeia de Elciego, na Rioja, com um moderníssimo conjunto de edifícios – bodega, hotel, museu do vinho e loja. No caso do Vinho do Porto, como vimos, foi Álvaro Siza, portuense de Matosinhos, nascido em 1933 e que tem obras em todo mundo (inclusive no Brasil), quem desenhou o cálice do vinho do Porto.

Também na Rioja situa-se a interessantíssima Bodega da CVNE, Companhia Vinícola Norte de España, planejada por Ezequiel Garcia, *el brujo de la Rioja*, "o feiticeiro da Rioja", ao redor de 1990. Ezequiel, que não é arquiteto, mas enólogo de alto nível, construiu uma vinícola em forma de estrela, em cujo centro se elabora o vinho. É a mais funcional possível.

Mais perto de nós, em Mendoza, na Argentina, Nicolás Catena, da Catena Zapata, instalou sua empresa em uma construção que é uma reprodução de um templo asteca.

Na Renania, ao lado de vinícolas centenárias convivem produtoras vinícolas modorníssimas de arquitetura revolucionária.

Com relação ao cálice de vinho do Porto de 470 milhões de anos, parece que a arqueologia, a história, a arquitetura, a tradição e a cultura do vinho se reuniram nesse ano de 2006 para comemorar os

II. Dos vinhos

250 anos, o quarto de milênio, dessa glória nacional que é o vinho do Porto.

Com o recente reconhecimento da região do Alto Douro português pela Unesco, como Patrimônio da Humanidade, essa glória deixa de ser nacional, mas patrimônio coletivo de toda lusitanidade, nosso também. Para todo o universo lusófono, a honra é dupla, do vinho e das origens.

A VOLTA DA LEI SECA

Um dos períodos mais violentos da história dos Estados Unidos da América, em que floresceram a criminalidade e o contrabando de bebidas, coincidiu com o da vigência da Lei Seca, de 1º de janeiro de 1920 a 5 de dezembro de 1933.

A Lei Seca proibia a fabricação, o comércio no varejo, o transporte, a importação e a exportação de bebidas alcoólicas, tornando essas atividades ilegais. Na realidade essa intenção era bem anterior. Em 1794, o aumento de impostos sobre as bebidas alcoólicas desencadeou a Revolta do Uísque, pelos antifederalistas. A União Americana da Temperança, fundada em 1826 por religiosos protestantes, opunha-se ao uísque, ao rum e à aguardente, mas inicialmente não via com maus olhos a cerveja, o vinho e a cidra. Em sua reunião de 1836, seus membros mais radicais conseguiram aprovar a proposta de "abstinência total de tudo o que possa intoxicar" para todos seus membros, na época mais de um milhão. Alguns estados da Federação, como o Maine, adotaram a "Proibição", tendo seus adeptos fundado o Partido da Proibição, que nunca chegou a ter expressão.

Em 1893, uma campanha bem planejada da Igreja Congregacional de Oberlin, Ohio, pelo Reverendo Howard Russel, fez chegar ao

II. Dos vinhos

Congresso um projeto de alteração à 18ª Emenda da Constituição do país, que incluiria a Proibição. Tão somente em 8 de setembro de 1917 o assunto começou a ser discutido, por pressão do ambiente político tenso que precedeu a Primeira Guerra Mundial, em que a Alemanha, inimiga, era a grande produtora mundial de cerveja e boa consumidora de vinhos. Boa parte das cervejarias americanas era também propriedade de imigrantes alemães ou de seus descendentes. Com o apelo ao patriotismo, procurou-se no nacionalismo (e na xenofobia) um apoio ao projeto da Lei Seca.

Aprovada a lei sob pressão das circunstâncias, as consequências, como sabemos, foram desastrosas: mudou apenas o local de consumo, que nunca foi tão grande como nessa época. O proibido desperta mais desejo.

Aliadas à produção ilegal de bebidas e ao consumo clandestino, cresceram todas as formas de contravenção – o jogo, as drogas, a prostituição, a "proteção" aos comerciantes por extorsão, os assassinatos e as disputas entre as *famiglias* mafiosas. A política, a Justiça, a sociedade e todos os setores juntavam-se ao submundo do crime, comparecendo a coquetéis oferecidos por bandidos reconhecidos.

Após a queda da Bolsa, com a Depressão de 1929, os americanos se deram conta da situação e, na eleição seguinte, de 1933, com o lema de "vidas limpas e chope para todos", Franklin Delano Roosevelt tornou-se presidente. Suas primeiras ações foram enfrentar a criminalidade e abolir a Lei Seca, revogada em 5 de dezembro desse mesmo ano. Roosevelt foi reeleito mais três vezes...

Ao que parece, entretanto, o homem não aprende com a História. A Lei Seca voltou, instituída agora na Venezuela por seu presidente falastrão, Hugo Chávez. Na última Páscoa (2007), entre 30 de março e 9 de abril, foram proibidos a venda e o consumo de bebidas alcoólicas entre as 10 h e as 17 h, sendo que na quinta e na sexta-feira santas, bem como no sábado de Aleluia e no domingo da Ressurreição, a proibição foi total, durante o dia todo.

O fato é inédito em todo país, e certamente em todo continente, lembrando-se que a Venezuela é grande consumidora de bebidas al-

A VOLTA DA LEI SECA

coólicas e a terceira maior produtora de cerveja da América Latina, com um consumo anual médio de 75 a 80 litros *per capita* (o nosso é de 50 litros anuais), segundo dados do Euromonitor Internacional.

A restrição provocou protestos da rede hoteleira, das discotecas, restaurantes e centros de entretenimento dos balneários do Caribe, como a ilha turística de Margerita, no arquipélago coralino de Los Roques e no Estado de Anzoátegui, onde o cancelamento das reservas gerou um prejuízo de 50% do movimento previsto.

O motivo alegado para o recurso à Lei Seca foi o de prevenção de acidentes de trânsito, o que não funcionou. Ao contrário, houve um aumento de 2% em relação ao mesmo período do ano anterior (2006), um aumento de 38% do número de mortos e de 8% no de feridos, segundo o diretor da Proteção Civil da Venezuela, Antonio Rivero. Com relação aos sinistros relacionados ao alcoolismo, houve entretanto uma redução de 20% em relação ao mesmo período do ano anterior.

O recurso à Lei Seca e seu insucesso são significativos, provando mais uma vez, mesmo que temporariamente, que a proibição não é a solução. A solução é a educação, na família, pelo exemplo; depois na escola e pelo Estado. Como na alimentação, no convívio social e no conhecimento das responsabilidades, a primeira orientação é a da família.

O exemplo da Venezuela é também sugestivo e deve ser aprendido – quando o Estado é incapaz, exorbita. Deve servir igualmente para os nossos xiitas do momento, para nossos pseudomoralistas, para a nossa anódina e incompetente Anvisa, que deveria se preocupar mais com a publicidade televisiva de "medicamentos" charlatanescos e picaretas para emagrecimento, do que com a restrição à publicidade de bebidas alcoólicas. Serve também o exemplo para as associações mal informadas de campanhas antialcoólicas (como o nosso Conselho Regional de Medicina), algumas até bem intencionadas, mas que confundem *habeas corpus* com *corpus Christi*...

O decreto do presidente Luis Inácio sobre a restrição à publicidade de bebidas alcoólicas (maio de 2007) revela-o como um ho-

II. Dos vinhos

mem solitário. Não podendo contar com o Legislativo, nem com o Judiciário e muito menos com seu ministério, pois que as verbas das cervejarias e das vinícolas são generosas e tentadoras, o presidente está só e legisla sobre o que não conhece. Governa por decretos, com "canetadas". Esperemos que não chegue à Lei Seca. Historicamente, nunca resolveu.

O CONSUMIDOR ALEMÃO DE VINHOS

A conceituada revista espanhola *Negócios del Vino y la Restauración*, do grupo Nexo, publica em seu número 32, ano 2, de dezembro de 2006, uma curiosa matéria sobre o mercado atual do vinho alemão.

Com um vinhedo de 102.240 hectares, a Alemanha detém 2,16% da superfície vinhateira europeia, pequena em relação à da Espanha, a maior, com 1.198 mil hectares, e à da França, com 884 mil hectares. Sua produção em 2004 foi de 100 milhões de hectolitros de vinhos, com 64% de brancos e 36% de tintos. Dessa produção, metade destina-se ao mercado interno, sendo as exportações maiores para Grã-Bretanha (38%), Estados Unidos (7,7%), Países Baixos e Japão. Por outro lado, o país é o maior importador mundial de vinhos, com 13,9 milhões de hectolitros em 2004, trazidos principalmente da Itália (34%), da França (29%) e da Espanha (19%).

O que chama a atenção na matéria da publicação espanhola é o fato aparentemente paradoxal de que, com a crise econômica alemã, o consumo do vinho não caiu; pelo contrário, aumentou o do vinho corrente, secundário, em detrimento do de qualidade superior, mais caro.

II. Dos vinhos

O envelhecimento da população, com o consequente aumento dos encargos sociais e a reunificação do país, levaram a economia a uma crise ainda de difícil avaliação. O endividamento da administração pública chegou a superar o PIB. Essa crise longa, contínua, naturalmente chegou ao vinho, e fica claro que, para manter o hábito do consumo, houve não uma redução na quantidade, mas sim o recurso ao mais barato. Sabemos por outro lado que o vinho ordinário nunca faltou em lugar nenhum.

O consumo do vinho alemão em 2004, segundo o Escritório Comercial da Espanha em Dusseldorf, foi de 20,1 litros *per capita*, contra 18 litros em 1994, de vinho tranquilo. Se a esses valores juntarmos o consumo de espumantes, teremos 23,1 litros *per capita* em 1994 e 23,9 em 2004.

Nesse quadro o autor da matéria (não assinada), possivelmente um economista ou um sociólogo, classificou o consumidor alemão de vinhos em cinco categorias, que valem a pena ser descritas.

1ª) É a categoria da grande maioria de consumidores, por ele denominada de *conformistas*, que representam 50% dos compradores. São bebedores sem cuidados maiores na aquisição do vinho e que se orientam pelo preço. São consumidores de fim de semana, que adoram ofertas, liquidações e descontos.

2ª) O segundo grupo é o de tradicionalistas, pessoas que preferem vinhos já conhecidos e os compram em lojas especializadas. São bebedores regulares e representam 27% dos consumidores.

3ª) O grupo dos *inovadores* é constituído principalmente por jovens. Gostam de variar, consomem vinhos nos restaurantes e os compram em supermercados e lojas especializadas. Correspondem a 17% dos consumidores.

4ª) São os *cautelosos*, que representam 5% dos consumidores. Muito cuidadosos na escolha dos seus vinhos, se apoiam nas referências dos conhecedores ou dos que assim se consideram. Representam uma minoria que consome seus vinhos principalmente em restaurantes e os compram apenas em lojas especializadas. Têm no vinho um símbolo de *status*.

5ª) Finalmente, o último grupo, o de formadores de opinião e colecionadores, que procuram os melhores vinhos, que calcula-se representem 1% do total de consumidores alemães.

A pesquisa do Escritório Comercial da Espanha em Dusseldorf limitou-se a descrever o comportamento do consumidor alemão do vinho, mas é lícito indagar-se até que ponto ele é aplicável a outros consumidores. Se quisermos aplicar as conclusões ao nosso consumidor de vinhos, duas variantes importantes se interpõem. Enquanto na Alemanha o consumo anual médio está ao redor de 24 litros *per capita*, o nosso não chega a 2 litros. Quanto à crise que vem abalando a economia alemã, nós nunca saímos da nossa, possuindo assim mais *know how* de convívio com a mesma e com a desigualdade social dos que comem e bebem bem, com os demais, seja por falta de meios ou de conhecimento.

Ainda assim existe alguma semelhança entre esses dois consumidores, ou talvez mesmo entre os de todas as partes: os conformistas, os tradicionalistas, os inovadores, os cautelosos e os formadores de opinião ou colecionadores. É possível que seja essa mesma, com pequenas variações nas porcentagens, a representatividade real.

Assim, mesmo não sendo o vinho um prazer solitário, mas compartido, não devemos nos incomodar com o vinho alheio. Como bem disse Fernando Pessoa:

"Todo o mal do mundo vem de nos importarmos uns com os outros, quer para fazer bem, quer para fazer mal".[1]

Bebamos nosso vinho. Os outros são os outros.

---

[1] F. Pessoa (Alberto Caieiro), *Guardador de rebanhos* (Lisboa: Poema 32).

A HORA DA VERDADE

Faz parte da natureza humana adiar as decisões difíceis. Seja no plano pessoal ou no coletivo, e principalmente no político, as decisões que possam contrariar interesses são sistematicamente postergadas. Em princípio, falta coragem para mudar o estabelecido. No mundo do vinho, não haveria porque ser diferente: foi exatamente essa a causa da violenta reação dos vinhateiros europeus, principalmente franceses, italianos e espanhóis, e de seus governos, à proposta da Comissão de Agricultura da União Europeia (UE), de Bruxelas, no final de junho (2006) – de que se arranquem 400 mil hectares de vinhas, correspondentes a 12% da superfície total cultivada no continente.[*]

Os principais jornais dos maiores produtores europeus de vinhos, França, Itália, Espanha e Portugal, estamparam a notícia, criticando-a. A Comissão de Agricultura da UE preconiza o arrancamento voluntário das vinhas nos próximos cinco anos, dispondo de 2,4 bilhões de euros para indenizações e compensações. Essa "reconversão", ou mudança de culturas, tem seu início previsto para janeiro de 2007.

---

[*] Artigo escrito em 2006. [N. E.]

II. Dos vinhos

Como seria previsível, as manifestações de protesto mais violentas ocorreram na França, onde o próprio ministro da Agricultura, Dominique Bussereaux, solidarizou-se com os manifestantes. Afinal, sua carreira política depende também deles, e político, sabemos todos, em qualquer parte, "vende a mãe" por um apoio...

Bruxelas, por outro lado, representa os interesses de toda a União Europeia (hoje com 25 nações),[*] não apenas os de uma categoria de agricultores e comerciantes de vinhos de três ou quatro países; e tem motivos ponderáveis para suas propostas. O comissário de Agricultura da UE, Marion Fischer Boel, afirma que "a produção vinícola excedente não tem mercado e perdemos muito dinheiro em absorvê-la em vez de procurar melhorar sua qualidade e competitividade". Segundo *Le Figaro*, de Paris, dos 1,26 bilhão de euros destinados pela UE para a vitivinicultura, 793 milhões foram para os excedentes, estimados em 15 milhões de hectolitros – verbas para a destilação, para transformá-los em etanol, para o armazenamento, para a utilização do mosto, para a produção do suco de uva, geleia, etc., atividades dispensáveis e onerosas.[1]

Na realidade pretende-se reduzir a produção do vinho corrente, ordinário, pois que o mercado europeu vem sendo ocupado pelos concorrentes do Novo Mundo. A reforma, diz Bruxelas, é urgente. Nos últimos dez anos as exportações da África do Sul e da Austrália, lembrando apenas esses países, aumentaram respectivamente 77% e 500%, enquanto as da UE diminuíram. Naturalmente essa reforma, considerada por muitos como "drástica", não se limita à redução da produção; há vários outros detalhes, entre os quais a simplificação dos rótulos, de modo a facilitar ao consumidor o reconhecimento da procedência e mesmo a qualidade dos vinhos.

A certa altura diz o texto da regulamentação: "O vinho deve ser um produto agrícola ligado ao seu ambiente e não um produto industrial uniforme". Relativamente aos rótulos, a alteração deverá começar também em 2007 e será obrigatória no ano seguinte.

---

[*] Atualmente são 27 Estados-Membros.
[1] *Le Figaro*, 23-6-2006, Paris.

Os vinhateiros que não quiserem ou não puderem se adaptar aos novos regulamentos, poderão transferir seus "direitos" a outros, com condições de produzirem vinhos melhores e mais competitivos, até a data limite de 2013. Nessas transações, dependendo da área e da localização de suas propriedades, estão em estudos indenizações variáveis de até 18 mil euros anuais.

Para o diário lisboeta *Público*, as cifras dos excedentes de vinhos da UE diferem das acima citadas, do *Le Figaro* da mesma data. Segundo *Público*, "os excedentes de vinhos da UE representam 27 milhões de hl anuais, dos quais a metade é encaminhada para a destilação, sendo o orçamento destinado ao setor de 1.300 milhões de euros anuais".[2]

Fica claro que a situação é insustentável e que chegou a hora da verdade. Não se pretende prejudicar toda uma comunidade de 25 nações em função dos interesses de alguns grupos de profissionais.

No Brasil

Entre nós, a hora da verdade no setor vitivinícola parece ainda um pouco distante – mas deverá chegar. Com um vinhedo de 60 mil hectares (que inclui uvas de mesa e para a passificação), temos uma produção anual média de 2,5 a 3 milhões de hectolitros de vinho, a grande maioria (80%) de vinho corrente, de garrafão, proveniente de uvas americanas e híbridas, não viníferas. O consumo médio nacional é muito baixo, inferior a 2 litros anuais *per capita*.

Como sugeriu recentemente o conceituado enólogo francês Michel Rolland, que presta assessoria a uma centena de vinícolas em oito países, inclusive no nosso, necessário se faz eliminar as videiras não viníferas, como já se fez de há muito em toda Europa. Isso melhoraria o nível de nossos vinhos e traria respeitabilidade à nossa vitivinicultura.

As sugestões de Rolland causaram polêmica e debates entre nossos profissionais do ramo, pois se acatadas, contrariariam poderosos interesses, alheios aos critérios de qualidade. Evidentemente também

---

[2] *Público*, 23-6-2006, Paris.

II. Dos vinhos

se faz vinho ordinário de uvas viníferas, mas de não viníferas só se faz vinho mau. Se gosto não se discute, educa-se. Naturalmente, a decisão de substituir as videiras americanas e híbridas envolve aspectos econômicos, sociais e políticos. Terá de ser lenta e gradual, mas deve ocorrer.

Para os que acreditam no futuro do nosso vinho, a hora da verdade chegará, e o que hoje é a exceção passará a ser regra, o bom vinho, correto e honesto. Que não demore muito.

A classificação dos vinhos da Borgonha de Samuel Chamberlain

Faz parte da natureza humana a necessidade de ordenar, de classificar ou sistematizar seus conhecimentos. Algumas dessas classificações têm se mostrado realmente úteis e valiosas, como a classificação periódica dos elementos, de Mendeleiev, de 1869, ou a classificação das espécies vegetais, de Lineu, de 1750. Ambas, com o passar do tempo, foram apenas acrescidas, com a descoberta de novos elementos e espécies.

Claude Lévi-Strauss afirmou certa vez que os homens necessitam mais de classificações que de crenças. Para alguns, a ordem corresponde ao bem-estar, ao acerto. Quando um alemão diz: *Alles in Ordnung*, ou "tudo em ordem", corresponde exatamente a "tudo vai bem, está tudo certo", o que não é a mesma coisa.

Com relação ao vinho, esse universo tão amplo e complexo, as circunstâncias não poderiam ser diferentes. São inúmeras as classificações de vinhos, da mais óbvia, a da cor – brancos e tintos –, às mais sofisticadas, segundo seu teor de açúcar, de álcool, de procedência

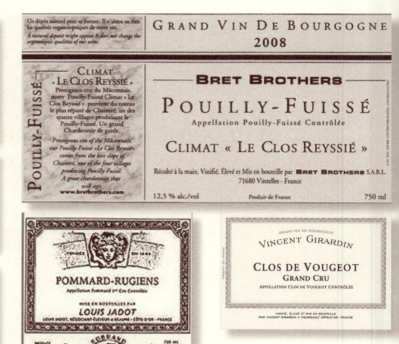

(países, regiões, sub-regiões, localidades), de origem (variedade de uvas), se tranquilos ou espumantes, etc., etc.

Mais complexas, e mesmo discutíveis, são as classificações qualitativas. Destas, a mais citada, embora regional e antiga, é a classificação dos vinhos do Médoc de 1855, mais conhecida como a *Classificação de 1855*. Na realidade, trata tão somente dos vinhos do Médoc e de Sauternes, e data de mais de um século e meio, mas é citada e lembrada geralmente como sentença definitiva e irrecorrível de qualidade internacional.

Subliminar ou coincidentemente, pretende-se passar a imagem de que o vinho francês é o melhor, que deste o bordalês é o superior, e os do Médoc e de Sauternes são sua elite, além de pressupor que a qualidade do vinho não varia no tempo. Como pretensão e água benta são de consumo livre, a classificação de 1855 é até hoje lem-

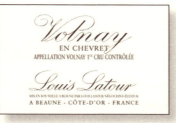

brada por produtores, exportadores e importadores, consumidores e até por críticos do ramo...

A classificação foi criada quando da Feira Internacional de Paris daquele ano, por iniciativa de seu organizador, o príncipe Napoleão (Napoleon Jerome), sobrinho de Napoleão Bonaparte e primo do imperador Louis Napoleon, Napoleão III. De um total de mais de 2 mil vinhos, a Câmara de Comércio de Bordeaux escolheu 62, de primeiros a quintos *Grand Crus Classes*.

São curiosos os detalhes, marchas e contramarchas dessa seleção, da qual já tratamos há tempos.[1] Esse tema é esgotado no livro *1855, A History of the Bordeaux Classification*, de Dewey Markham Jr.[2]

Já com relação aos vinhos da Borgonha, igualmente notáveis, praticamente não existe uma classificação qualitativa. São citados nos tratados por sua localização geográfica na região. Queremos crer,

---

[1] Sergio de Paula Santos, *Os caminhos de Baco* (São Paulo: T. A. Queiroz, 1982), pp. 180-182.
[2] Dewey Markham Jr., *1855, A History of the Bordeaux Classification* (New York: Widey, 1998), p. 535.

II. Dos vinhos

e assim julgam os do ramo, que seria temerário fazer-se uma classificação qualitativa desses vinhos.

Em nossas andanças habituais pelo mundo do vinho e dos sebos, de há algumas décadas, viemos a encontrar recentemente uma classificação de mérito dos vinhos da Borgonha, coerente e sensata: a de Samuel Chamberlain.

Chamberlain (1895-1975) atribui, em um de seus livros,[3] essa classificação a um "consagrado crítico de Dijon", possivelmente para poupar seu pescoço de um tema tão polêmico e controverso. Se assim não fosse, porque não identificar o "crítico"? Levando-se em conta o prestígio que Chamberlain desfrutava na Europa no ambiente enogastronômico, no período entre as duas guerras mundiais e após a segunda, sua opinião deve ser respeitada.

Nascido em Iowa, estudou arquitetura no Massachusetts Institute of Technology. Como tantos jovens americanos, entre eles Ernest Hemingway, E. Cummings e outros, abandonou seus estudos para tomar parte, como voluntário, na Primeira Guerra Mundial, no *American Field Service*, e foi condecorado pelos governos francês e inglês. Apaixonado pela França, passa doze anos no país. Foi arquiteto, ilustrador, desenhista, escritor e impressor de renome. Na França viveu, com a esposa Narcissa, em Senlis, próximo a Paris. Viajou por toda a Europa e conviveu com americanos famosos expatriados como Gertrude Stein, Alice B. Toklas, Louis Bromfield e o escultor Alexander Calder.

A Segunda Guerra Mundial encontrou-o em Londres, onde, com os conhecimentos que possuía do continente, fez parte do Serviço de Inteligência da Força Aérea Britânica. *Gourmet*, epicurista e conhecedor de vinhos, colaborou regularmente na *Gourmet* nova-iorquina e escreveu cerca de cinquenta livros de gastronomia. Destes, o que nos chegou às mãos, como dito, foi o delicioso *Bouquet de France*, no qual fala de todas as províncias e principais departamentos do país, inclusive de Paris, com suas peculiaridades, história, curiosidades e

---

[3] S. Chamberlain, *Bouquet de France – an Epicurian tour of the french provinces* (New York: Gourmet, 1966).

principalmente sua gastronomia: os restaurantes mais conhecidos e as receitas tradicionais. O volume, ilustrado e desenhado pelo autor, é um monumento à culinária do país, que, como sabemos, é um dos orgulhos nacionais. Chamberlain fez um volume similar para a Itália e outro para a Inglaterra.

É justamente no *Bouquet de France*, na descrição da *Alta Borgonha*, que aparece a classificação dos vinhos da Borgonha por ordem de mérito.

Vinhos tintos
La Romanée-Conti
Le Chambertin
Le Musigny
Le Richebourg
La Tâche
Le Corton
Les Romanée
Le Clos de Tart
Le Clos Saint-Jacques
Les Echézeaux
Les Bonnes Mares
Gevrey-Chambertain
Chambolle-Musigny
Vougeot
Vosne-Romanée
Nuits-Saint-Georges
Aloxe-Corton
Santenay

Vinhos brancos
Le Montrachet
Les Meursault
Le Corton Charlemagne
Les Chablis
Les Chassagne-Montrachet
Pinot Rosé de Marsannay

Evidentemente essa relação é uma opinião pessoal, em um assunto, como dito e repetido, controverso e discutível, além de envolver uma grande quantidade de interesses. Com um ou outro reparo, parece-nos uma ordenação sensata, coerente e, o que é importante, independente.

II. Dos vinhos

Mesmo em se lembrando que o subjetivo e abstrato predicado "qualidade" varia no tempo (a primeira edição do livro é de 1952), louve-se a iniciativa e a coragem de Samuel Chamberlain. Se com ele concordamos é outra coisa. Como seria monótono se tivéssemos todos o mesmo gosto ou paladar. Faltariam os preferidos e sobrariam os outros...

Para a felicidade geral, o maravilhoso mundo do vinho é rico, variado e complexo, bem como existe gosto para todos e para tudo. Pensando bem, classificados ou não, como seria triste um mundo sem vinhos...

Vinhos orgânicos e vinhos biodinâmicos – Rudolf Steiner

"CONTRA A ESTUPIDEZ HUMANA
MESMO OS DEUSES LUTAM EM VÃO"
Schiller, *A donzela de Orleans* (3º ato, 6ª cena)

"A IGNORÂNCIA É INVENCÍVEL"
Mario Quintana

O advento dos alimentos orgânicos, ou da agricultura orgânica, é relativamente recente, de pouco mais de meio século, iniciado na Alemanha, coincidindo com a fundação do Partido Verde, que chegou a ter alguma representatividade no Parlamento Nacional. Suas ideias se propagaram, principalmente com as crescentes ameaças ao meio ambiente e à saúde humana, nos países industrializados. O que poderia não passar de um modismo cresceu. Por outro lado, pela própria natureza humana, sempre ocorrem fraudes e contrafações, que no caso deslocavam o enfoque do problema da "naturalidade" desses alimentos para a veracidade das informações, para o controle de qualidade e para a procedência dos mesmos.

II. Dos vinhos

Há de se ter em conta, sempre, que nem tudo o que é natural é saudável. A nicotina, a heroína, a cocaína, as toxinas bacterianas ou o veneno de cobra são absolutamente naturais, mas nem por isso fazem bem à saúde, frequentemente matam...

Com relação ao vinho orgânico, de agricultura orgânica, na qual não se deveriam usar fertilizantes ditos agrotóxicos, as circunstâncias se complicam mais ainda. Em solos ácidos e climas úmidos, de alta pluviometria, a viticultura é inviável sem a correção química do solo e o uso de fungicidas e bactericidas, os demonizados pesticidas.

É exatamente esse o caso do Brasil, com os solos de pH baixo e o excesso de chuva (com exceção do nordeste vinícola), necessitando ser "calado", corrigido, alcalinizado. São solos e climas em que as videiras exigem sais de cobre e enxofre, para o míldio, o *back-rot*, o *brenner*, *botrytis*, oídio, escoriose e necrose bacteriana, além de ácaros, larvas de insetos e aranhas. Além da universal "calda bordalesa", com cobre, usam-se piretrinas (inseticidas), o retenoma, os óleos e derivados do petróleo e as feromonas sintéticas. São todas substâncias necessárias e autorizadas, em dosagens limitadas e previstas pelo *Códice Internacional da OIV* (Organisation Internationale de la Vigne et du Vin), sem as quais não se vinifica, nem mesmo em países e regiões de climas e solos mais apropriados para a viticultura que o nosso.

Como se pode ver, a "organicidade" dos vinhos ditos ou pretensos orgânicos é muito relativa. Evidentemente o consumidor não tem informações sobre detalhes da produção, nem se o vinho é *chaptalizado* (recebe adição de sacarose ao mosto) ou não, para poder atingir um grau alcoólico satisfatório. É aproximadamente o que ocorre em nossas cervejarias, onde o uso do milho e do arroz também não é informado ao consumidor.

VINHO BIODINÂMICO

É o vinho proveniente da agricultura biodinâmica, uma das faces da Antroposofia, criada pelo místico austríaco Rudolf Steiner (1861-1925), ao lado das teorias filosóficas, da medicina antroposófica e da euritmia, no campo das artes. A Antroposofia, criada na Áustria e divulgada na Alemanha, baseou-se nas ideias de Helena Blavatsky (1831-1891), fato curiosamente omitido por seus seguidores. A psicologia do alemão (entenda-se também a do austríaco e do suíço), e nós a vivemos da alfabetização à maturidade, é paradoxal. São rigorosíssimos nas ciências exatas e na própria medicina, mas ingênuos em relação aos exoterismos [sic]. É impressionante como abundam nessas culturas o charlatanismo e as crenças com aspectos exotéricos, caso da Antroposofia.

Deixando de lado a parte filosófica (segundo a qual os seres vivos, inclusive o homem, são regidos e condicionados pela energia cósmica, dos astros, planetas, estrelas e signos do Zodíaco), a medicina antroposófica e a euritmia, interessa-nos aqui especificamente a agricultura biodinâmica e seus produtos, entre os quais o vinho. Com relação à medicina antroposófica, pode-se dizer que, sem base científica, tem hoje a mesma credibilidade da aromaterapia, da cromoterapia, da iridologia, da medicina ortomolecular, etc. Tem quem acredite, e a fé faz parte da terapia, e tem quem fature...

Vejamos, segundo as ideias antroposóficas, as propriedades e virtudes de alguns alimentos, bem como alguns curiosos conceitos relacionados à alimentação, tendo como base uma publicação especializada, relativamente recente.[1]

> O mel auxilia a desencarnação do Eu, abrindo-o para a vida espiritual [...]. No processo de envelhecimento o Eu tem dificuldade de dominar a astral e surgem deformações, deposições e escleroses.[2]

---

[1] G. K. Burhard, *Novos caminhos da alimentação*, 4 v. (São Paulo: C. L. R. Balieiro, 1987).
[2] *Ibid.*, v. 1, p. 73.

II. Dos vinhos

"Ingerimos energia solar alimentando-nos de plantas" (Ostwald) [...]. Toda animalidade nasceu da Lua e significa uma regressão, enquanto tudo o que nasce no Sol promove o progresso. Por isso a alimentação vinda do reino vegetal promove, e a alimentação animal contém forças lunares inibidoras. Com isso o homem regride. A carne atua num sentido endurecedor, porque ela é um produto decadente. Quem come carne de porco está comendo algo do caráter do porco (Rudolf Steiner).[3]

Os alimentos são "terrestres e cósmicos, imponderáveis", caso da maçã.[4] Já o café faz com que "nosso corpo etérico ou vital desprenda-se um pouco da corporalidade física".[5] O guaraná "é um estimulante de nossa consciência e do nosso corpo astral".[6] E por aí vai; são quatro volumes...

Com relação ao vinho, biodinâmico ou não, paradoxalmente os seguidores de Steiner condenam o consumo de bebidas alcoólicas, "mesmo em recheios de bombons".[7] "A diminuição gradativa até a abstinência da bebida alcoólica só não é possível em pessoas egoístas" (Bunge).[8] Já a água é "a portadora das forças vitais", a "bebida daqueles que querem dirigir seu olhar para mundos superiores"...[9]

Um curioso argumento dos neoantroposofistas em relação à agricultura biodinâmica, e indiretamente a seus vinhos, é que o emprego de fertilizantes sintéticos teria se iniciado após a Primeira Guerra Mundial, quando a indústria de nitratos, até então dirigida para a produção de explosivos, derivou sua atividade para a fabricação de fertilizantes químicos. Ledo engano e desconhecimento de história. Os primeiros fertilizantes nitrogenados foram naturais: o *salitre*, nitratos de potássio e de sódio, que abundam em enormes jazidas no norte do Chile, Bolívia e Peru. Foi a principal riqueza do Chile, até quando passou a ser sintetizado industrialmente, o que resultou em

---

[3] *Ibid.*, v. 1, pp. 42-43.
[4] *Ibid.*, v. 2, p. 63.
[5] *Ibid.*, v. 4, p. 91.
[6] *Ibid.*, v. 4, p. 94.
[7] *Ibid.*, v. 4, p. 101.
[8] *Ibid.*, v. 4, p. 96.
[9] *Ibid.*, v. 4, p. 101.

VINHOS ORGÂNICOS E VINHOS BIODINÂMICOS

um produto mais barato. Foi de certo modo o que aconteceu com os antibióticos, demonizados também pelos naturistas, inicialmente produzidos por fungos e depois sintetizados.

Assim, com relação à agricultura e ao vinho biodinâmicos, não é fácil levar a sério uma atividade que se pretende científica, que depende de radiações cósmicas do sol e da lua, do posicionamento dos astros, das estrelas, das constelações e dos signos do zodíaco, para não falar da "bionização" e da "dinamização" dos solos, nos quais se enterram chifres, cristais de quartzo, urtiga, urina e excrementos, para restaurar seu "equilíbrio cósmico natural". Para nós é difícil engolir toda essa alimentação cósmica, solar ou lunar...

Que façam seus vinhos, que os bebam, apesar das recomendações em contrário de suas diretrizes. Poupem-nos entretanto de suas ideias.

Para que não se pense que somos céticos ou descrentes dos alimentos biodinâmicos, lembramos aqui dois deles que podem ser considerados literalmente como tal: os cafés *weasel* e o *Kopi Luwak*, cujo processamento é completado *in vivo*, no aparelho digestivo de animais, biológicos portanto. Os grãos do café *weasel* são deglutidos e regorgitados do estômago do *weasel*, uma espécie de gato do Vietnã (*Martes foina*). Os grãos do *Kopi Luwak*, ou *café Civet*, são igualmente deglutidos e eliminados pelo *Asian palm civet* (*Paradoxus hermaroditus*), um pequeno animal frutívoro da Indonésia. São assim processamentos dinâmicos e naturais, como dito, biodinâmicos, que produzem cafés notáveis. Que saibamos esses cafés "não desprendem nosso corpo etérico da corporalidade física". Ambos continuam bebendo juntos...

As duas faces do vinho

  Consideremos o lado do consumidor de vinho, do enófilo – o nosso lado, de quem bebe e aprecia as virtudes e defeitos do vinho. Tem de levar em conta naturalmente seu preço, a relação custo/benefício, do vinho do dia a dia e a do vinho para as ocasiões especiais. Como as preferências, o paladar, as circunstâncias e as posses variam bastante, as possibilidades de escolha do vinho são praticamente infinitas. Já do outro lado do balcão, temos o produtor, o importador ou o distribuidor desses mesmos vinhos, dos correntes aos *vinhos-de-sonho*, para quem a perspectiva é outra.

  Historicamente houve um tempo em que se dizia que a maior virtude do vinho nacional era o preço do importado. Os tempos mudaram. Sem falar em qualidade, mesmo porque o gosto é pessoal, temos hoje no mercado vinhos nacionais e importados, caros e baratos.

  Com o tempo, parte expressiva de nossos produtores chegou à conclusão de que o bom vinho importado é aliado do vinho nacional, sendo seus "inimigos" na realidade o vinho de preço aviltado, o baixo consumo e o contrabando. Essa visão do setor proporcionou progressos importantes, como a redução do IPI para os vinhos espu-

II. Dos vinhos

mantes, a desoneração dos insumos da produção (rolhas, cápsulas, etc.), o leilão de estoques excedentes e até a aprovação da mudança da taxação *ad-valorem* para um valor fixo por garrafa, *ad-rem*. Em outras palavras, o bom senso favoreceu o vinho nacional, desonerando-o, o que é diferente de procurar onerar o importado, em um país onde o consumo do vinho é pífio, também pela alta tributação que sobre ele incide.

Os recentes movimentos de reivindicação do setor têm se apoiado em argumentos discutíveis. Para sensibilizar a opinião pública e a classe política, alega-se que o vinho nacional representa apenas 20% do mercado, o que não corresponde aos fatos. Na realidade, a participação nacional é de 85%, dos quais 80% (do total) são de vinhos comuns, de variedades americanas, e apenas 5% de vinhos finos, de viníferas. Assim, de nosso consumo anual médio *per capita* de 2 litros, 85% (1,7 litro) é de "vinho brasileiro".

O argumento de que mais de 20 mil famílias se dedicam à vitivinicultura desses 20% da produção também não procede. Dos 85% produzidos, a maioria está em mãos de poucas empresas maiores (quatro principalmente: Miolo, Salton, Aurora e Valduga), que, mecanizadas e automatizadas, empregam relativamente pouco pessoal.

Com a consciência de seu poder e influência, e com a circunstância de ter no momento aliados conterrâneos em Brasília, o setor de vinhateiros pretende agora recorrer à "lei de Gerson", através dos ministros Tarso Genro e da toda-poderosa Dilma Rousseff, além do líder do governo na Câmara, Henrique Fontana. Como no passado, é preciso ter em conta que, dependendo do que se pretende, o resultado pode vir a ser um "tiro no pé". Consideremos algumas dessas pretensões.

Imposto de importação

Aumentar o imposto de importação (II) não é a solução. Com a adoção do *ad-rem* em lugar do *ad-valorem* (27%), de valor médio atual de 3 dólares por garrafa, o imposto seria de 80 centavos de dólar (27% de 3 dólares), o que faria o vinho mais barato pagar mais

As duas faces do vinho

imposto, enquanto o mais caro pagaria relativamente menos. Ocorre que, após a adoção do *ad-rem*, pretendem os produtores aumentá-lo para 5 reais (mais de 2,2 dólares ao câmbio atual), por garrafa. Se considerarmos um vinho que custa hoje 2 reais CIF e paga 0,54 de dólar de II, passaria a pagar, com o aumento, 2,25 (3 x 0,75) reais, ou seja, quatro vezes mais do que paga hoje. Levando-se em conta a recente valorização do dólar (de cerca de 50%), conclui-se que, aceita essa proposta, esse vinho barato, que concorre com o nacional, passaria a pagar seis vezes mais de II do que pagava há alguns meses, o que convenhamos é uma ótima "proteção" ao vinho nacional.

Ainda assim, nossos produtores pretendem mais. Como alternativa à adoção do *ad-rem*, deseja-se o aumento do *ad-valorem* de 27% para 55%, o que seria o fim do bom vinho no país.

Burocracia crescente

Sabem bem os do ramo como a burocracia afeta duramente o mercado do vinho; do importador, principalmente quando em pequeno volume. O importador de um grande produtor é facilmente atendido. Já o produtor menor, ou não pode ou não se dispõe a enfrentar entraves burocráticos maiores. O fato é compreensível e explicável. A burocracia afeta os vinhos de pequeno volume e alto valor, na realidade "aliados" dos nossos, que, por seu charme, prestígio e história, contribuem para criar mercado para o vinho. Sendo em pequena quantidade e caros, não concorrem com os nacionais.

Dessa burocracia podemos citar algumas pérolas:

1. A obrigatoriedade de ter em seu rótulo principal dizeres em português, como "vinho tinto fino", o que além de ridículo, não será aceito por nenhum produtor que se preze. Será que um Vega Sicilia ou um La Tache trarão essas informações em português? Serão necessárias? Por que o fariam?

2. A colocação de selo fiscal em todas garrafas, sob o ingênuo pretexto de combater o contrabando. Seria curioso, ao desembarcar um *container* nos portos, abrir todas as caixas de vinhos, e colocar um selinho em cada garrafa... O contrabando, sabemos

II. Dos vinhos

todos, não apenas de vinhos, tem rotas e estruturas próprias, e seus vinhos têm também o contrarrótulo do país de origem, com exceção talvez do Paraguai, que não exporta vinhos para o Brasil.

3. Manutenção do sistema oneroso e demorado de análise de duas garrafas por vinho. O Brasil é o único país do mundo que analisa vinhos na chegada. Essa conduta, que se pretende mudar para outra mais ágil e inteligente, penaliza também a importação de pequeno volume. Duas garrafas em 10 mil nada significam, mas em 48 ou 60 mil, sim; além do custo e do tempo gasto na coleta e encaminhamento das amostras. Vale lembrar que, em 40 anos de análises, em 99,8% dos casos foram confirmados os dados dos certificados originais que o importador tem de apresentar quando da chegada do vinho. Os restantes 0,2% da diferença correm por conta de erros da análise ou da conservação. É de se ter em conta que toda essa movimentação ocorre nas antessalas e gabinetes de Brasília, onde, se para muitos não existe vida inteligente, certamente existe muita vida esperta...

Na eventualidade das novas pretensões dos vinhateiros relativas às importações serem confirmadas, certamente ocorrerá um retrocesso em nosso mercado, inclusive no do vinho brasileiro. É essa, caro enófilo e companheiro de copo, a outra face do vinho, a que fica atrás do balcão. Esperamos que os conchavos brasilienses não prosperem. Perdemos todos.

In vino veritas, in vino falsitas:
O vinho mais caro do mundo

*N*o início de 1986 tratamos, na *Folha de S. Paulo*, do vinho que fora leiloado dias antes pela Christie's, por 156 mil dólares. A garrafa, um Château Lafite 1787, informava o catálogo, teria pertencido a Thomas Jefferson. Fora entregue a Michael Broadbent, encarregado do departamento de vinhos da casa, pelo colecionador alemão Hardy Rodenstock, que a teria encontrado com algumas outras, em Paris.

A notícia do leilão, amplamente divulgada pela imprensa internacional, abalou o mundo do vinho e levou Rodenstock, até então conhecido apenas na Alemanha, ao primeiro plano desse pequeno universo, ao lado de Robert Parker, Hugh Johnson, Jancis Robinson, Serena Sutcliffe, o próprio Broadbent, além dos proprietários dos principais *châteaux* bordaleses e das mais conhecidas revistas de vinhos da Europa e dos Estados Unidos.

Quando da edição do nosso *O vinho, a vinha e a vida*", em 1995,[1] abordamos em detalhes a trajetória dos vinhos de Jefferson, até hoje não completamente esclarecida.

---

[1] Sergio de Paula Santos, *O vinho, a vinha e a vida* (Porto Alegre: L&PM, 1995).

II. Dos vinhos

Até os anos 70 do século passado, Rodenstock era um obscuro empresário de música popular alemã (*Schlager*), e chegou ao vinho, segundo a versão mais aceita, casualmente. Recebeu vinhos como pagamento de um empresário sem numerário. Quando o jornalista Heinz-Gert Woschek, especialista em vinhos, fundou a primeira revista alemã de vinhos, *Woscheks Wein Report* (depois *Alles über Wein*), em 1981, Rodenstock, então noivo de sua filha, passou a colaborar regularmente na mesma. Na condição de articulista e colaborador, teve acesso aos mais importantes *châteaux* bordaleses e a seus proprietários.

Participou de degustações com os maiores colecionadores de vinhos e de leilões da Christie's e da Sotheby's, de feiras, congressos e reuniões de vinhos, aparecendo e fazendo-se ver.

Quando o conhecemos, em 1987, em Wiesbaden, no congresso anual do Deutsche Weininstitut (DWI), Instituto do Vinho Alemão, no qual dirigiu um leilão de vinhos antigos, já era famoso e consagrado no cenário internacional do vinho. O leilão do "vinho de Jefferson", o Lafite 1787, fizera de Rodenstock um personagem emblemático. Sobre sua correção e idoneidade, entretanto, nunca houve unanimidade. Na ocasião anotamos – "Temos a impressão de tratar-se de uma pessoa vaidosa, mas não desonesta. É um *playboy*, um *dandy*, mas nunca se soube de nada contra sua idoneidade".[2]

Exatamente sobre essa longa e nebulosa história, dos vinhos do século XVIII, que teriam pertencido a Jefferson, vem de ser publicado um estupendo livro, um verdadeiro romance policial, com a circunstância de se tratarem de fatos verídicos. É o *The Billionaire's Vinager – The Mistery of the World's Most Expensive Wine*, do jornalista americano Benjamin Wallace.[3] Nesse mesmo ano foi traduzido para o português como *O vinho mais caro da História – Fraude e mistério no mundo dos bilionários*".[4] O livro chegou à relação dos *best-sellers* do *New York Times* em poucas semanas e será tema de filme.

---

[2] *Ibid.*, pp. 181-182.

[3] Benjamin Wallace, *The Billionaire's Vinager – The Mistery of the World's Most Expensive Wine* (New York: Crown Publishers, 2008).

[4] Benjamin Wallace, *O vinho mais caro da História – Fraude e mistério no mundo dos bilionários* (Rio de Janeiro: Zahar, 2008).

A matéria[5] é relativamente abrangente, mas são apenas dois artigos (entre 70 matérias) baseados nas informações da imprensa especializada da época, e tem detalhes do caso até 1993. O livro de Wallace, de 270 páginas, trata tão somente desse caso, do início obscuro do personagem principal, Rodenstock, de como envolveu Michael Broadbent e os demais cardeais do ramo, de sua ascensão e do problema maior, o mistério da origem e autenticidade dos vinhos, com fatos e informações até agora inéditos. Como dito, é um apaixonante livro policial.

Na realidade não se trata apenas do Lafite 1787, arrematado em 1985 por Malcolm Forbes (que nunca foi aberto), mas de vários outros, que teriam a mesma origem e data aproximada: ao redor de uma dezena, comprados direta ou indiretamente de Rodenstock. Certa vez, pressionado, declarou que seriam 24 garrafas ao todo, encontradas em Paris, mas nunca informou o local exato ou as circunstâncias do achado, o que evidentemente sempre deu origem a suspeitas.

Como bem disse Robert Parker a respeito: "Esse [o vinho] é o único produto do mundo que se pode vender por milhares de dólares sem um certificado de origem".[6]

Sem pretender seguir o percurso histórico de 200 anos dessas garrafas, autênticas ou não, para não tirar o prazer da leitura do livro de Wallace, diremos apenas que alguns aspectos deliciosos do mercado do vinho antigo são abordados – os bastidores e as rivalidades das casas de leilão, a supremacia dos velhos colecionadores ingleses de vinhos sendo ultrapassada pela dos novos-ricos americanos. Nos anos 80 do século passado, informa Wallace, 23% dos consumidores norte-americanos de vinho o bebiam *on the rocks* (com gelo) e não era raro beberem Château Petrus com Coca-Cola...

O autor traça o perfil do colecionador alemão de vinho, as intrigas, vaidades e disputas dessa sociedade, que chegaram até aos tribunais, envolvendo mesmo um ministro de Estado (Heinz Riesenhuber, ministro de Tecnologia e Pesquisa), com o emprego das mais modernas

---

[5] Sergio de Paula Santos, *O vinho, a vinha e a vida*, cit., pp. 177-182.
[6] R. Parker, em B. Wallace, *O vinho mais caro da História*, cit., p. 184.

II. Dos vinhos

tecnologias, como ressonância magnética nuclear (RMN), detectores de germânio, de césio e de tritium, de isótopos radioativos e da termoluminescência, que levou oito meses para ser concluído.

Com o numerário arrecadado, em um país de sonegação difícil (mas não impossível), Rodenstock é um "exilado tributário", com residência oficial em Monte Carlo – um lugar, como disse Somerset Maugham, "ensolarado para pessoas de reputação sombria" –, além de casas em Munique, em Lacanau, um *resort* à beira-mar próximo a Bordeaux, em Marbella na Espanha e na estação de esqui em Kitzbühel, na Áustria... Todo esse *status* o incluía no fechado círculo dos ricos, clientes potenciais.

Das várias degustações organizadas por Rodenstock, talvez duas devam ser lembradas, ainda que sucintamente, pelo fausto e pelas circunstâncias.

No início de 1989, Heinz-Gert Woschek, de quem já falamos, talvez ressentido com Rodenstock, que preteriu sua filha por uma noiva de condição social superior, fez uma irônica e provocadora descrição deste, que "vivia em estilo imperial"... Nesse mesmo ano, Rodenstock deu-lhe uma resposta literal. Promoveu a reprodução do faustoso...

Jantar dos três imperadores

No verão de 1867, por ocasião da Exposição Universal de Paris, foi promovido um banquete histórico, do qual participaram o czar da Rússia, Alexandre II, seu filho e herdeiro Alexandre III e Guilherme I da Prússia, futuro imperador da Alemanha, além do chanceler Otto Von Bismarck. O menu e os vinhos foram fabulosos, como seria de se esperar, no período áureo dos vinhos de Bordeaux, de 1860 a 1880.

Em 1989, 122 anos depois, ocorreu a Rodenstock reeditar o banquete, reproduzindo integralmente o menu e os vinhos do século anterior. Participaram do evento 80 convidados, entre artistas, jornalistas, vinhateiros destacados (entre os quais Angelo Gaja), colecionadores ricos, americanos e asiáticos, "além dos suspeitos usuais de origem alemã".[7]

---

[7] Wallace, *O vinho mais caro da História*, cit., p. 136.

Os convidados, com trajes da época (Rodenstock vestiu-se de Napoleão), foram conduzidos de balsa para o castelo (Schloss) Herrenchiemsee, uma cópia de Versalhes, construído por Ludwig II, em uma ilha do lago Chiem (Chiemsee), uma região paradisíaca, no sul da Baviera. Com o requintado menu, foram servidos, como no século anterior: um Madeira 1810, um Xerez 1821, o Châteaux d'Yquem 1847, o Chambertin 1846, o Châteaux Margaux 1847, o Châteaux Latour 1848 e o champanhe Roederer. Só isso.

A última degustação vertical

Em 1898, Handy Rodenstock organizou a mais refinada degustação de vinhos de que se tem notícia. Preparou-a por dois anos e enviou os convites para o Festival do Château d'Yquem com oito meses de antecedência para trinta convidados, que no encerramento eram sessenta. Degustaram-se 125 safras do mitológico vinho, de safras de 1784 a 1991, duas das quais 1784 e 1787, teriam pertencido a Thomas Jefferson.

Alexandre de Lur Saluces, então proprietário do Châteaux d'Yquem, convidado, não abriu o convite, declarando depois que pelo menos quarenta das safras degustadas não eram autênticas.

Iniciada em 30 de agosto, um domingo, no Königshof Hotel de Munique, durou sete dias, e como o próprio anfitrião alardeou, seus convidados provaram mais safras de Yquem "que qualquer outra pessoa no mundo, inclusive o proprietário".

O conhecido jornalista alemão Mario Scheuermann, do *Die Zeit, Welt am Sontag* e de várias revistas especializadas, que participou da degustação, comentou: "Aquilo foi um trabalho árduo", bem como "Foi realmente a degustação final. Seria impossível superá-la" e "Quando o sujeito tem uma oportunidade como esta de degustar, está perdido. Nunca poderá retornar a uma degustação comum".[8]

Queremos crer que não se possa discordar. Foi o apogeu da "carreira" do nosso *dandy*.

---

[8] Ibid., pp. 193-200.

II. Dos vinhos

Cabem aqui algumas considerações sobre essas megadegustações, de vinhos excelentes, que isoladamente seriam experiências únicas, em ocasiões significativas ou mesmo em uma vida, perdidos em meio a comparações supercríticas. O que seria prazeroso é reduzido a um exercício intelectual, em que grandes vinhos são cuspidos em vez de serem bebidos e apreciados, e quando não acompanhados de comida são privados de seu contexto natural.

Como bem narra Wallace, a partir do início dos anos 1990, crescem as suspeitas e dúvidas sobre Rodenstock, que para alguns nunca deixaram de existir. Seriam esses vinhos antigos realmente autênticos? Quantos conhecedores ou "conhecedores" haviam provado vinhos do século XIX ou mesmo visto garrafas do século XVIII?

Os ventos começaram realmente a mudar, com fatos e achados novos, que fazem o suspense da narrativa do "romance policial" verídico de Wallace. Como ocorre com a própria condição humana, após o apogeu vem o declínio, menos ou mais lento, com ou sem dignidade, mas inexorável. Assim, como o homem, o vinho pode envelhecer bem ou mal, honesto ou não.

In vino veritas, in vino falsitas

O VINHO:
O ALIMENTO E A COERÊNCIA

O vinho não é prazer solitário, deve ser compartilhado. Tampouco deve ser desacompanhado de alimentos, seus complementos naturais. Na Suécia é proibido o serviço de bebidas alcoólicas desacompanhadas. Na prática, contorna-se a situação facilmente, com um pouco de hipocrisia. O uísque, a cerveja ou o aperitivo são sempre acompanhados por um pequeno salgadinho, que sequer é cobrado ou é cobrado simbolicamente.

Com relação ao vinho e seus acompanhamentos, evidentemente o gosto é pessoal e intransferível, o que não impede os "aspones", os "assessores", os "cospe-regras" e mesmo as publicações de orientação de com que devemos acompanhar tais e tais vinhos. Seria o correspondente, em uma livraria, ao vendedor indicar-nos os livros de sua preferência.

Para o acompanhamento do vinho não há regras. Ao *sommelier* cabe, *se consultado*, sugerir um vinho, além de desarrolhá-lo e servi-lo corretamente.

Lembro-me de, recentemente, ter encontrado, em alguns bons restaurantes austríacos, no menu, para cada prato, de entrada ou de

II. DOS VINHOS

resistência, a sugestão do vinho para acompanhá-lo. Como com frequência a refeição consta de mais de um serviço, além de sobremesa e eventual aperitivo, o vinho nessa circunstância é oferecido em copo, *com dose e preços* informados, o que previne o que frequentemente ocorre entre nós, de doses homeopáticas de vinhos, variáveis conforme o local, a dose e o custo.

Circunstancialmente temos tido encontros frequentes com grupos de enófilos entusiasmados no norte e nordeste brasileiros, no litoral e no interior. Nesses locais, o peixe e os frutos do mar, abundantes e variados, são consumidos, apesar do clima, principalmente com vinhos tintos e encorpados, resfriados ou não. Não seria essa nossa opção. E daí? Repetimos: cada um bebe e come o que quiser e com o que quiser, desde que o possa pagar, não cabendo a ninguém interferir, aconselhar, sugerir ou "mostrar sabedoria", impressa ou não, para os que podem ser iniciantes mas não tolos.

Que tenhamos lembrança, quem primeiro abordou o tema do acompanhamento das refeições de modo elegante e discreto, foi Marcelino de Carvalho, em *A nobre arte de comer*.[1] Após um saboroso prefácio sobre a história da cozinha e de cozinheiros célebres, Marcelino trata da etiqueta da mesa, de detalhes da arte de cozinhar e apresenta cerca de 80 receitas de sopa, peixes, aves, carnes, massas (apenas duas) e sobremesas, receitas de cozinheiros, de *chefs* e *mâitres* da São Paulo de então.

Permeando essas receitas, estão sugestões de menus para almoços e jantares, para grupos de quatro a dez pessoas. Desses menus constam sugestões genéricas ou específicas de vinhos, dos melhores (Château Lafite 1955, champanhe Dom Perignon 1955) aos mais simples (Bernard Taillan, Rosé São Miguel, etc.).

Ainda que de maneira discreta, Marcelino também foi o pioneiro, entre nós, das sugestões do relacionamento entre comes e bebes, como já o fora da etiqueta social, desde sua primeira obra, *Si elles soubessem*, de 1933.

---

[1] Marcelino de Carvalho, *A nobre arte de comer* (São Paulo: Nacional, 1966).

O VINHO: O ALIMENTO E A COERÊNCIA

Sobre o assunto, muitas são as histórias e ocorrências referidas. Lembraremos aqui de apenas duas, uma verídica, ocorrida conosco, e outra jocosa, porém não impossível.

A nossa ocorreu há tempos, em Arosa, na Suíça, em plena temporada de inverno, em um aprazível hotel-restaurante na montanha. Pedimos um *Fondue*, uma das referências do local. Ao consultarmos posteriormente a carta de vinhos, encontramos um Château Margaux de preço incrivelmente baixo, que foi imediatamente comandado, com justificado alvoroço. Informou-nos então o diligente garçom que não poderia servi-lo, pois *Fondue* não deve ser acompanhado por vinho tinto. Não conseguimos demover o homem. *Fondue* pede vinho branco e pronto. Não seria um petulante turista que iria violar a regra estabelecida... O Margaux ficou para o dia seguinte, "corretamente" acompanhado...

A outra história justifica-se, a nosso ver, pelo menos pela coerência. Não tem comprovação, mas é verossímil. Conta-se que um bêbado chega a um bar, bem tarde, quando o proprietário já se dispunha a fechá-lo, e pede uma de suas bebidas habituais. O taberneiro, cansado do dia e da noite exaustivos, recolhe os restos de todos os copos bebidos, que estavam sob o balcão, e com os mesmos completa um copo cheio, que serve ao bêbado retardatário. Este, sem pressa, filosoficamente prova da bebida, recém-criada, provavelmente única. Prova-a novamente, tentando identificá-la em seu amplo conhecimento alcoólico, e sem qualquer comentário, crítico ou elogioso, pede com humildade ao taberneiro, o "acompanhamento":

– Será que o senhor poderia me arranjar um sanduichinho de merda?

Na harmonização ou "compatibilização", como dizem os pedantes, de vinhos e alimentos, é preciso coerência... Talvez seja mesmo o caso. *Se non è vero...*

A Lei Seca

"SE DIRIGIR NÃO BEBA – PODE DERRAMAR A BEBIDA".
Adega do Chicão (Monte Verde MG)

Dirigir e beber são atividades incompatíveis. Muito se tem escrito ultimamente e muito se escreverá. No nosso caso, alguns detalhes têm sido menos lembrados. Em princípio é intolerável a embriaguez ao volante, faltando-nos porém a estrutura para preveni-la. No impacto da lei nº 11.705, em vigor desde 20 de junho de 2008, curiosamente poucos dos envolvidos no consumo consciente das bebidas alcoólicas se manifestaram. A Associação dos Bares e Restaurantes, Abrasel, que congrega apenas 50 clientes, entre os milhares da praça, alega que a medida levará muita gente (fala em 8 milhões de pessoas) ao desemprego. Pensando bem, e daí? Se uma atividade é ilegal, os que a exercem também o serão, caso do jogo do bicho, dos bingos, do contrabando, etc. Quando do fechamento dos cassinos, em 1946, seus exploradores e funcionários mudaram de ramo.

Também as dezenas de publicações direta ou indiretamente ligadas às bebidas alcoólicas, de turismo, de hotelaria, de vinhos, de cer-

II. Dos vinhos

vejas, de cachaça, etc., com tantos editores e colaboradores prolixos e retóricos, vêm guardando, até o momento, um prudente silêncio.

Tampouco tem sido lembrado que a medida aparece, por coincidência, em um ano eleitoral, no qual a inflação ressurge e no qual é preciso mostrar serviço. Lembre-se de que o atual ministro da Justiça, que sucedeu a um jurista de verdade, é candidato potencial ao governo de seu Estado e até, se tivesse cacife, à própria presidência. Afinal, canja, pretensão e água benta estão disponíveis...

Historicamente e na prática, a viabilidade da Lei Seca é pequena. A mais recente tentativa de implantá-la, em 2007, do fanfarrão Chávez, na Venezuela, não vingou.

Se as bebidas destiladas, da ordinária cachaça ao sofisticado *cognac*, passando pelo uísque, pela tequila, pela vodca, etc., responsáveis maiores pelo alcoolismo, são do século VIII, as fermentadas, cerveja e vinho, datam do início da condição humana. A videira, do Quaternário, precedeu o homem, do Terciário. O vinho, o linho, o trigo e o azeite participaram do início das primeiras civilizações mesopotâmicas e mediterrâneas, de seus rituais, de sua mitologia, de sua medicina, de seus cultos, de seu sobrenatural e de suas religiões.

É ilusório pretender ignorar ou suprimir uma realidade mais antiga que o próprio homem. De uma penada, e de gente pouco esclarecida, do "balcão de negócios" (a expressão não é nossa), não se elimina o consumo, moderado ou abusivo, do álcool, como nunca se eliminaram outras realidades, como a prostituição, o jogo, etc., etc.

Com relação ao automóvel, também produto de uma indústria milionária, com um *lobby* poderoso no mesmo "balcão" e uma publicidade nem sempre de bom gosto, fez do homem um seu dependente. Mesmo assim, não se penalizará a indústria automobilística pelo mau uso do automóvel. Diminuir o uso individual do carro e coibir o exagero do uso do álcool, pela educação ou pela repressão, seria o caminho.

A Lei Seca, prevista e regulamentada como foi não funcionará. Consideremos alguns fatos.

A Lei Seca

Primeiro, a repressão rígida, como estabelecida, não poderá ser mantida, a médio ou a longo prazo. Não existe contingente, nem disposição, nem cultura policial para a continuidade dessa conduta. Por acaso o controle alfandegário, limitado por definição aos portos, aeroportos e rodovias, eliminou o contrabando? Não se fale de drogas, cujo poder está acima do bem e do mal, mas de simples bugigangas e equipamentos eletrônicos asiáticos, encontráveis em todas as partes. A carteira de motorista apreendida pode ser "recuperada" no dia seguinte, com um simples telefonema (o número a ser chamado está em qualquer poste) e um pagamento, naturalmente. Ninguém "trabalha" de graça...

Segundo: a própria lei nº 11.705 é vulnerável, facilmente contestável na Justiça. A Ordem dos Advogados do Brasil (OAB) reconhece a inconstitucionalidade da lei (em seu parágrafo terceiro do artigo 277), ao impor o bafômetro ou a coleta de sangue. A lei deverá sofrer emendas, preveem os juristas, ou será derrubada, mas possivelmente apenas após as eleições.

Atualmente, a citada associação de botequins e similares calcula que as bebidas alcoólicas representem 30% do faturamento dos restaurantes e 60% do de bares. As soluções alternativas, de táxis (bêbado não chama táxi e táxi não confia em bêbado) a um sóbrio ou abstêmio de plantão, não fazem parte do nosso cotidiano.

Terceiro: evitados os exames "legais", a avaliação subjetiva, feita por testemunhas é contestável, não servindo juridicamente como prova. O suspeito deverá ser levado à presença de um médico de um Instituto Médico Legal, para uma avaliação clínica, sendo posteriormente liberado, com ou sem pagamento de fiança. O laudo do médico levará no mínimo cinco dias para ficar pronto. Diga-se inicialmente que apenas as cidades maiores dispõem de IML, e além disso: se a Saúde não dispõe de médicos nem para os enfermos graves, que morrem nas filas do SUS, será que disporá para os bêbados?

II. Dos vinhos

Seriam necessários muito mais IML, contratar muito mais médicos plantonistas e criar novas estruturas nas redes de saúde, pois se a lei vier a ser cumprida não faltarão bêbados. Já os atropelados, os enfartados, as gestantes de risco, os candidatos a transplante de rim, de fígado ou de coração, que esperem mais ainda, que continuem nas filas onde já estavam.

Quarto: constitucionalmente, sabemos, todos são iguais perante a lei. Como diz Jô Soares, alguns são "mais iguais" que outros. Dependendo da filiação do infrator, pouca coisa lhe acontece. Pode atropelar, matar e eventualmente até colocar fogo no próximo. A paternidade ou a verba podem, por vezes, determinar a gravidade do delito.

Também a geografia pode ajudar. Não tivemos ainda nenhuma notícia de qualquer *blitz* policial de trânsito em Brasília, e, ao que parece, não temos mais censura...

Constata-se assim, paradoxalmente, que um Estado fraco e incapaz legisla e pretende punir com rigor toda uma sociedade, da qual a maioria dos que consomem bebidas alcoólicas o fazem com moderação e responsabilidade, conhecendo e respeitando seus limites e suas obrigações sociais.

Por outro lado, sabemos que a mortalidade no trânsito não se deve à falta de leis ou a punições brandas, mas sim à pouca fiscalização e à leniência dos que deviam aplicar a lei. Como lembra um dos editoriais da *Folha de S.Paulo* (de 5-7-2008), citando o cardeal Richelieu (1585-1642), "fazer uma lei e não a mandar executar é autorizar a coisa que se quer proibir".[1]

Concluindo: leitor, se você, de um modo ou de outro, vier a se sentir ameaçado pela bravata oficial, e não for bem rico ou bem "afiliado", não se aflija. Tenha os documentos do seu carro em ordem, algum numerário e porte consigo a possibilidade de contato fácil com seu advogado. Pelo menos até a próxima eleição.

---

[1] *Folha de S.Paulo*, 5-7-2008.

Os paradoxos do vinho e da restauração

*E*m todas as atividades do homem, podem ocorrer circunstâncias e fatos contraditórios e paradoxais. No mundo do vinho e da restauração não seria diferente. Com relação ao vinho, o mais conhecido e divulgado dos paradoxos é o denominado *paradoxo francês*.

Dá-se o nome de *paradoxo francês* ao dado estatístico que ocorre na França, onde se fuma mais, onde a vida sedentária é mais frequente e onde se come tanto ou mais gordura que entre seus vizinhos e que entre os norte-americanos, mas na qual a população sofre significativamente menos de afecções cardiovasculares que as das outras populações referidas.

Embora conhecido há muito, esse fato teve maior divulgação quando levado ao ar pela televisão americana CBS, no programa *Sixty Minutes*, "sessenta minutos", do jornalista Morley Safer, em novembro de 1991. O programa tem uma das maiores audiências e credibilidade do país.

O fato, como ocorre com todos os baseados em estatísticas, é discutível, mas seus dados são coerentes. Como divulgou Safer, a equipe médica norte-americana, dirigida pelo Prof. Curtiss Elisson, do

171

II. Dos vinhos

Serviço de Medicina Preventiva Epidemiológica da Universidade de Boston, e a de seu colega francês Serge Renaud, do Iserm, o Instituto Nacional de Saúde e Pesquisas Médicas de Paris, trabalhando paralelamente, chegaram às mesmas conclusões.

Rigorosamente documentados, os trabalhos concluíram que o consumo moderado do álcool, principalmente sob a forma de vinho, pode reduzir em cerca de 50% o risco de moléstias cardíacas e vasculares, uma conclusão a que, na realidade, vários outros pesquisadores já haviam chegado no passado, com menor divulgação.

Já o *paradoxo brasileiro* é mais recente e relacionado ao nosso consumo do vinho. Segundo o Cadastro Vinícola do Rio Grande do Sul, que avalia a superfície de vinhedos comerciais, em 2005 o vinhedo gaúcho era de 35.263 hectares, dos quais 6.955 hectares (19,7%) de variedades viníferas. Se levarmos em conta que o vinhedo daquele Estado corresponde a 90% do nacional, temos para o país uma extensão de 39.181 hectares de vinhas, bem inferior à cifra de 60 mil hectares, informada pela OIV, Organização Internacional do Vinho. Nosso consumo médio anual *per capita* varia de 1,4 a 1,9 litro, bem inferior ao dos nossos vizinhos do sul.

Temos notado, entretanto, nos últimos anos, um grande empenho dos vinhateiros brasileiros em contratar gente competente e idônea para a produção e a divulgação de seus produtos. Por outro lado, tem-se também notado uma grande movimentação de gente menos competente, a fim de se promover pelo vinho, com cursos, palestras ou livros, em televisão e degustações, apresentadas por "conhecedores", aspones, *sommeliers*-de-três-aulas, importadores, etc., etc., sem entretanto que aumente o consumo nacional do vinho, paradoxalmente inalterado.

O *paradoxo chinês* é ainda mais recente. Data da Olimpíada de Pequim, de 2008, para a qual o Brasil enviou 227 atletas e 200 dirigentes-turistas à custa do governo, ou seja, à nossa custa. Lembre-se

OS PARADOXOS DO VINHO E DA RESTAURAÇÃO

inicialmente de que a escolha da China, pelos "senhores dos anéis" (olímpicos), do Comitê Olímpico Internacional (COI), como sede dos Jogos, foi por motivos econômicos. Com a China, como potência de economia crescente e poderosa, a todos interessava uma aproximação. Chefes de Estado de vários países, inclusive do nosso, foram ao beija-mão de Pequim. Direitos humanos ou poluição da cidade são detalhes.

Na condição de evento esportivo, o maior do planeta, divulga-se e promove-se o esporte, a vida saudável e, naturalmente, a saúde. Pois esse mesmo evento teve como um de seus principais patrocinadores o McDonald's, a nefasta cadeia de lanchonetes de alimentos engordurados e padronizados, para tantos, a prostituição da alimentação.

Sem pretender repetir o que temos dito e escrito sobre os insalubres *fast food*,[1] lembramos aqui apenas a decisão da Câmara de Vereadores de Los Angeles, Califórnia, que vem de proibir, por unanimidade, "a abertura de lanchonetes de *fast food* na zona sul da cidade, que concentra a população de baixa renda e tem um índice de obesidade superior ao de outros bairros".[2] Para alguns especialistas, "a atual geração de crianças americanas pode se tornar a primeira na história do país a ter uma expectativa de vida menor que a dos pais".[3]

Entre nós não é diferente. A obesidade infantil crescente, mesmo nas regiões mais carentes do país, está hoje acima de 30%, e é diretamente relacionada à alimentação inadequada dos *fast food*. Segundo a Sociedade Brasileira de Cirurgia Bariátrica e Metabólica, em 2007, havia 63 milhões de brasileiros, a partir de 18 anos, com peso acima do normal; deles, 15 milhões eram obesos e 3,7 milhões eram obesos mórbidos. Esses dados são estarrecedores.

Para o endocrinologista Marcio Mancini, temos uma situação paradoxal, em que em 8% dos lares em Estados nordestinos convivem pessoas obesas e subnutridas. Com os *fast food*, de origem estran-

---

[1] Sergio de Paula Santos, "A globalização do paladar", em *Memórias de adega e cozinha* (São Paulo: Senac, 2007), pp. 250-254.
[2] R. A. Lima, em *Veja*, nº 2073, ano 41, 13-8-2008, pp. 92-94.
[3] C. Segatto, "Os magros são mais saudáveis?", em *Época*, nº 563, 2-3-2009, pp. 88-102.

II. Dos vinhos

geira, ocorre o mesmo que com a indústria farmacêutica – medicamentos (e produtos das lojas de cadeias de lanchonetes) cerceados ou não autorizados em seus países de origem são experimentados no Leste europeu, na Ásia e America Latina, onde os *fast food* também proliferam.

A última pérola de que temos notícia, que poderíamos chamar de *Paradoxo da Riviera*, chega-nos pelo boletim *Sobloco*, publicação da construtora homônima, de janeiro de 2009. A empresa, responsável pelo projeto da Riviera de São Lourenço, condomínio de luxo, com 9 milhões de metros quadrados, lançado há trinta anos (1979), em Bertioga, no litoral paulista, com pretensões ecológicas e de respeito à natureza, conta hoje com 2 mil casas, 200 edifícios prontos e em construção, *shopping center*, restaurantes, posto de saúde, supermercado e lojas de luxo. Foi capa da primeira edição de 2009 da *Veja São Paulo*, com a manchete "Areias de ouro".

Justamente nesse rico paraíso ecológico, informa o boletim *Sobloco*, vem de se instalar "o primeiro restaurante verde da McDonald's, da America Latina", o lobo com pele de cordeiro. O McDonald's, dito "sustentável", com utilização parcial de energia solar (14%), captação de água de chuva, pisos de material reciclável, sensores para automação de energia, etc. Excetuando o mau gosto da construção (a matéria traz uma foto), tudo lindo e funcional. Permanece naturalmente a mesma comida...[4]

Trata-se assim, para a empresa, de um novo campo, farto e rico, para engordar toda essa comunidade abonada, futuros e atuais clientes de SPAs, de clínicos, de endocrinologistas e de cirurgiões bariátricos.

Bom apetite!

---

[4] *Boletim Sobloco*, ano 32, nº 166, 2009.

Maktub, "estava escrito": o álcool e o fumo

DE BOAS INTENÇÕES, O INFERNO ESTÁ CHEIO.

Em 20 de junho de 2008 (não por acaso, em um ano eleitoral), entrou em vigor a lei 11.705, que pretendeu, com o controle do consumo de álcool pelos motoristas, reduzir as mortes no trânsito. Seguiu-se muita polêmica, a favor e contra a novidade. Os argumentos contrários à nova regulamentação, principalmente de entidades ligadas a bares, restaurantes e botequins, a Abrasel e a Abresi, de representatividade mínima, foram inconsistentes: o desemprego, como no caso dos bingos, dos cassinos, do jogo do bicho, que também geraram desemprego...

A intenção política da lei, federal no caso, pelo menos em São Paulo, não vingou. Elegeu-se para a prefeitura o candidato menos mau. Evidentemente o espírito, a intenção da lei, é absolutamente correto e elogiável, mas, como previsto, é inexequível.

Fomos dos primeiros a abordar o assunto. Menos de um mês após a entrada em vigor da lei, em 18 de julho do mesmo ano, abordamos,

II. DOS VINHOS

no *Diário do Comércio* da capital, o assunto, escrevendo: "é intolerável a embriaguez ao volante, faltando-nos porém a estrutura para preveni-la". A mesma matéria foi publicada na revista *Vinho Magazine* e na *Revista da Associação Paulista de Medicina*. Na publicação, lembramos que "a repressão [ao consumo do álcool] não poderá ser mantida [...] por não haver nem contingente, nem disposição, nem cultura policial para a continuidade dessa conduta",[1] bem como não existe uma estrutura de Institutos Médico Legais (IML) disponíveis para a avaliação da ebriedade. Se não dispomos de médicos sequer para os casos graves, em que pacientes chegam a morrer nas filas do SUS, será que teremos profissionais para os bêbados? Concluímos então que "a mortalidade no trânsito não se deve à falta de leis ou às punições brandas, mas à pouca fiscalização e leniência dos que deviam aplicar a lei".

O tempo nos deu razão. Menos de um ano após a entrada em vigor da bem intencionada e mal sucedida lei, em 8 de abril de 2009, o jornal *O Estado de S. Paulo* informa em manchete "Número de pessoas que bebem antes de dirigir volta aos níveis pré-lei seca", conclusão a que chegou um estudo com 54,3 mil brasileiros de todo país, no qual se pede "mais empenho na fiscalização e na repressão".[2] Segundo a matéria, da jornalista Ligia Formenti, de Brasília, após a significativa redução dos acidentes ocorrida entre julho e agosto de 2008, por efeito da lei seca, o hábito de beber e dirigir voltou, sendo os indicadores de hoje semelhantes aos de 2007. Os ministros da Saúde, das Cidades e da Justiça, do enorme ministério "meia boca" de quase 40 membros, pretendem lançar mais uma campanha sobre os riscos de dirigir alcoolizado.

Na realidade, todos sabemos desses riscos e fatos, bem como de que só a fiscalização e a repressão poderão reduzir esses acidentes e mortes, se forem continuadas e realizadas por gente competente e idônea.

---

[1] Sergio de Paula Santos, em *Diário do Comércio*, 18-7-2008; *Vinho Magazine*, ano 10, nº 79, ago.-set. de 2008; *Revista da Associação Paulista de Medicina*, nº 593, set.-out. de 2008.

[2] Ligia Formenti, em *O Estado de S. Paulo*, 8-4-2008.

O CIGARRO

O assunto do momento é, entretanto, a proibição do fumo em ambientes fechados, a PL 577/08, de 7 de abril de 2009, de âmbito estadual, não apenas em bares e restaurantes, mas em todas as boates, hotéis, pousadas, áreas comuns de condomínios, shoppings, clubes, ginásios esportivos, lojas, repartições públicas, hospitais e até carros de polícia e táxis. Desaparecem as alas de fumantes ou "fumódromos".

A medida, que acompanha uma tendência universal, vem tarde. Informa a *Folha de S. Paulo*, de 9 de abril de 2009, que o governo estadual disporá de uma equipe de 250 fiscais para fazer cumprir a lei. Como só a cidade de São Paulo tem quase 30 mil bares e restaurantes, são poucos fiscais: um para cada 120 estabelecimentos paulistanos...

Como no caso das bebidas, a fiscalização deverá ser eficiente no início, e só no início, assim como as mesmas Abrasel e Abresi protestaram com argumentos igualmente inconsistentes.

No caso da proibição do fumo, entretanto, mesmo levando-se em conta a ineficiência dos fiscais dos CVS (Centro de Vigilância Sanitária) estadual e municipal, mais a do Procon, a lei vai funcionar, pois que o próprio cidadão, não fumante ou fumante passivo, incomodado, se encarregará dessa vigilância. Por mais acomodadas que sejam as autoridades (não no início, naturalmente), os não fumantes farão valer seus direitos junto aos proprietários ou aos responsáveis pelos locais em questão, agora sob o amparo da lei. Se não atendidos, poderão deixar de frequentá-los ou denunciá-los. A queda da frequência e as punições recebidas certamente convencerão a maioria dos proprietários renitentes desses estabelecimentos. Afinal, como dizia Delfim Neto, "o bolso é a parte mais sensível do corpo humano"...

Concluindo: foi previsível e denunciado desde o primeiro momento que a Lei Seca não vingaria, bem como também é previsível que a proibição do cigarro nos ambientes fechados é para valer.

Como diriam os fatalistas árabes, *Maktub*, "estava escrito"...

O vinho do Porto – Forrester e Camilo Castelo Branco

*N*o ano de 2009 comemoraram-se dois significativos eventos diretamente relacionados ao vinho do Porto – o bicentenário do nascimento do barão de Forrester e o lançamento da nova edição, a quinta, do livro *O vinho do Porto*, de Camilo Castelo Branco, que tem como subtítulo "Processo de uma bestialidade inglesa – Exposição a Thomas Ribeiro".

O barão de Forrester

Joseph James Forrester nasceu em Kingston upon Hull, Inglaterra, em 27 de maio de 1809, e chegou à cidade do Porto em 1831, onde seu tio James Forrester era sócio da poderosa Offley-Forrester, no ramo do vinho do Porto desde 1803. A situação política e econômica do país, especialmente no norte, quando da chegada do jovem Forrester, era caótica, com o país dividido entre liberais, que ocupavam o Porto, e miguelistas, que ocupavam de Lisboa à Vila Nova de Gaia, na outra margem do Douro; e com a rainha, Dona Maria, exilada na Baviera, a desordem era geral.

II. Dos vinhos

Desde o início Joseph Forrester mostrou, além de uma personalidade brilhante, uma extraordinária visão comercial e política, bem como uma capacidade ou um dom natural de fazer amigos. Falando corretamente o português, relacionou-se bem com nobres, militares, políticos e mesmo com os pequenos e humildes lavradores.

Viajou por todo o vale do Douro, do qual conheceu todas as quintas e vinhedos. Deve-se a Forrester o primeiro levantamento cartográfico do rio, minucioso e preciso, da fronteira espanhola à foz. O trabalho custou-lhe doze anos e a ele seguiram-se outros, como o levantamento topográfico da região vinícola e do leito do rio, com suas corredeiras, portos, margens e formações geológicas. Pelos serviços prestados ao país e ao comércio do vinho do Porto, Forrester foi agraciado pelo rei, Pedro V, com o título de barão, fato excepcional em se tratando de um estrangeiro. Recebeu ainda condecorações dos imperadores da Rússia, da Áustria e da França, do papa Pio IX e dos reis da Espanha e da Sardenha.

Benquisto e bem-sucedido, não deixou entretanto de criticar duramente seus companheiros negociantes do Porto e de Londres, quando julgou necessário. Forrester insurgiu-se contra as fraudes, as adulterações e o acréscimo de açúcar ao vinho. Na época não era raro o acréscimo de baga e amora-silvestre para encorpar vinhos inferiores da Anadia e da Bairrada, em vez de vinhos do Douro. Em 1844, em um duro libelo, *A world or two about Port Wine* ("Uma ou duas palavras sobre vinho do Porto"), denunciou as fraudes, o monopólio e os abusos dos provadores e técnicos da Real Companhia Velha, a taxação abusiva e a limitação artificial das exportações para elevar os preços.

A publicação provocou a ira de seus pares portugueses da Associação Comercial do Porto e dos ingleses da City londrina, de onde provinham na realidade as regras do jogo. Foi considerado como traidor da classe e teve contra si todo o mundo do vinho do Porto. Mas Forrester tinha razão e venceu. Suas ideias prevaleceram, e com elas o comércio do vinho ganhou enorme impulso e revitalizou-se.

Morreu tragicamente em 1861, no naufrágio de um rabelo, no rio que tanto amava e tão bem conhecia. Voltava rio abaixo de um agradável almoço na Quinta de Vargellas, acompanhado da baronesa de Fladgate e de Dona Antonia Adelaide Ferreira, a Ferreirinha, quando, na corredeira do Cachão da Valeira, o barco teria rodado e afundou. Na realidade o acidente nunca se esclareceu. As senhoras se salvaram, possivelmente por causa de suas saias rodadas, que as mantiveram na superfície da água, mas o corpo do barão nunca foi encontrado, talvez porque levasse no cinto patacões de ouro, moeda corrente na época no Douro.

CAMILO CASTELO BRANCO

Deve-se ao grande escritor português Camilo Castelo Branco (1825-1890) o primoroso opúsculo *O vinho do Porto*, de 1884.[1] Em meio à enorme bibliografia camiliana, de 137 títulos, em 180 volumes (segundo Alexandre Cabral, em um dicionário dedicado ao autor), afora traduções, o livreto quase passa desapercebido. Ao contrário da maioria das suas obras, teve poucas reedições: a segunda em 1903 (pela Livraria Chardron, Porto), a terceira após um século, em 1984 (Perspectivas e Realidades, Lisboa), seguindo-se a da Colares Editora, Sintra; a quarta de 2005 e agora, em 2009, a quinta, pela editora Frenesi, Lisboa.[2]

Para Henrique Fiúza, prefaciador da terceira edição, a prosa de Camilo "é tão deliciosa de ler quanto o vinho do Porto o de beber".[3] Com humor e ironia Camilo trata no livro do acidente trágico de Forrester, lamentando principalmente a morte de Gertrudes, a cozinheira do barão, exímia quituteira, a quem o autor chama de madame Brillat-Savarin e dedica várias páginas.

São também dignas de lembrança, na obra, as constantes referências aos vinhos, dos notáveis Tokay e Johannisberg ao do Cartaxo, e até da jeropiga. Das iguarias da Gertrudes, igualmente: citam-se os

---

[1]   Camilo Castelo Branco, *O vinho do Porto* (Livraria Civilização, Eduardo da Costa Santos, 1884).
[2]   Alexandre Cabral, *Dicionário de Camilo Castelo Branco* (Lisboa: Caminho, 1998).
[3]   Henrique Fiúza, em prefácio a C. C. Branco, *O vinho do Porto* (Lisboa: Perspectivas e Realidades, 1984).

II. Dos vinhos

pastéis de lagostins e os mexilhões ao pudim de batata, as marcelas, os sonhos, o bacalhau e as tripas de boi. Deliciosas as referências à "constelação de bêbados imortalmente clássicos, com o humor fascinante de Pöe, Hoffmann, Marlowe, Zacharias, Werner e Bocage".[4]

Coincidentemente Camilo também morreria de modo trágico alguns anos depois, em 1890, suicidando-se em sua casa de São Miguel de Ceide, Famalicão, no Minho, com um tiro, ao saber que sua cegueira era irremediável.

São esses dois personagens, tão ligados ao vinho do Porto, e mesmo entre si, assim como à cultura portuguesa, da qual somos orgulhosos herdeiros, que homenageamos neste ano de 2009.

CURIOSIDADE: uma das maiores coleções de cartas de Camilo Castelo Branco não está em Portugal, em São Miguel de Ceide, casa do autor, hoje museu, mas no Brasil, na biblioteca da Universidade Federal de Juiz de Fora, em Minas Gerais. A trajetória dessa coleção daria um romance digno de seu autor. Algum dia talvez venha a ser escrito...

---

[4] Idem.

Fraudes – a vez da Escócia

*T*emos abordado regularmente as fraudes na área das bebidas alcoólicas, das mais simples, como a elaboração de "vinho" sem uva,[1] às mais sofisticadas, em que foi necessário recorrer à física nuclear para detectar.[2] Curiosa e paradoxalmente, o verbo "sofisticar" é sinônimo também de "falsificar" e "adulterar", podendo assim a sofisticação de um produto qualquer corresponder tanto a um refinamento quanto à uma falsificação do mesmo. É o que dizem os dicionários.

São frequentes na literatura enológica francesa as referências às *sophistication des vins*, com o sentido de adulteração de vinhos. Delinquir, fraudar, levar vantagem faz parte da natureza humana. Naturalmente algumas categorias ou classes se sobressaem. Basta ler os jornais para reconhecer na classe política essa superioridade – não temos uma semana sem escândalos, das pequenas câmaras ao Senado, passando por assembleias legislativas, ministérios, secretarias, etc., etc., sem contar as que não chegam ao conhecimento público.

---

[1] Sergio de Paula Santos, "Receitas de vinhos", *Vinho e cultura* (São Paulo: Melhoramentos, 1989), pp. 108-110.
[2] Sergio de Paula Santos, "Os átomos não mentem jamais", *Memórias de adega e cozinha* (São Paulo: Senac, 2007), pp. 303-306.

II. Dos vinhos

Conhecemos em Paris o *Museu da contrafação* (escrevemos a respeito), no qual se documentam falsificações de tudo o que se possa imaginar: bolsas, canetas, moda, *grifes*, perfumes, bebidas alcoólicas e até medicamentos. Encontramos também, na Cidade do México, uma feira de rua, bem grande, quase só de contrafações, de roupas, bolsas, canetas, a eletrodomésticos e computadores. Na entrada, em uma faixa, lia-se "A mesma qualidade e mais barato".

Pode-se dizer que, à medida que as fraudes se aperfeiçoam, os mecanismos para detectá-las também evoluem. Veja-se por exemplo o que aconteceu com o *dopping* de atletas, descobertos antes e mesmo muito tempo após as competições, com as amostras de sangue e urina conservados. Nesses casos, excepcionalmente, houve punições.

Antes de chegarmos ao "caso escocês", lembraremos apenas os casos do "vinho do Porto franco-baiano"[3] e do "vinho do Porto" elaborado no vale do São Francisco,[4] por uma empresa portuguesa, sobre os quais também já falamos. Justamente aqueles a quem caberia defender seu patrimônio enológico, fraudam-no. É a mentalidade de levar vantagem, também conhecida como a "lei de Gerson"...

A mais recente fraude de bebidas alcoólicas de que temos notícia vem da Escócia, a adulteração de *malt whisky* escocês naturalmente, na própria Escócia...Conhecemos de há muito o uísque "escocês" do Paraguai, o de Hong Kong e o nacional mesmo. Da Escócia é novidade... No *site* do *Telegraph.co.uk*, de 2 de maio de 2009, informa Richard Gray, correspondente de ciências: "*Nuclear bomb tests help to identify fake whisky*", ou "Testes de bomba nuclear ajudam a identificar uísque falso".

Em outra oportunidade abordamos como a medição do carbono da atmosfera e de seus isótopos podem avaliar a origem[5] e a idade[6] dos seres vivos, animais e vegetais e consequentemente das bebidas que estes podem originar. Bem sucintamente, lembramos que a for-

---

[3] Sergio de Paula Santos, "O vinho do Porto franco-baiano", *O vinho e suas circunstâncias* (São Paulo: Senac, 2001), pp. 229-231.

[4] Sergio de Paula Santos, "A conquista do mundo", *Memórias de adega e cozinha*, cit., pp. 64-66.

[5] Sergio de Paula Santos, "A fraude", *Os caminhos de Baco* (São Paulo: T. A. Queiroz, 1984), pp. 116-118.

[6] Sergio de Paula Santos, "Os átomos não mentem jamais", *Memórias de adega e cozinha*, cit., pp. 303-305.

ma mais comum do carbono na natureza, elemento de numero atômico 6, tem o peso atômico 12, C12, existindo porém, como isótopo, o mais raro e pesado, o carbono 14, o carbono radioativo. A relação entre o número de átomos desses dois tipos de carbono é a chamada $\partial 14C$ (delta carbono 14), que pode revelar procedimentos heterodoxos ou ilegais na fabricação de bebidas alcoólicas, fermentadas ou destiladas. Essa relação corresponde à "assinatura isotópica padrão", como dito, mensurável. Os carbonos comum (C12) e radioativo (C14) da atmosfera passam aos vegetais pelo solo, pela síntese da clorofila. É o caso dos cereais para o uísque e da uva para o vinho, bebidas em que ambos os átomos de carbono estão presentes.

Nos últimos anos, com o aumento dos experimentos nucleares, têm ocorrido significativas alterações da relação do número de átomos, dos dois tipos de carbono, na atmosfera, alterando-se consequentemente a relação delta carbono 14 ($\partial 14C$) e a "assinatura isotópica padrão".

Foi exatamente o que ocorreu no caso do *malt whisky* escocês. Os testes realizados na Unidade do Acelerador Nuclear de Radiocarbono de Oxford, criado pelo Conselho Nacional de Pesquisas do Meio Ambiente, mostraram que uísques tidos como sendo dos séculos XVIII e XIX continham partículas radioativas resultantes de experimentos nucleares dos anos 50 do século passado. Como afirmou Tom Higham, diretor da Unidade do ANR de Oxford, "é fácil determinar se o uísque é falso, se é do século XX, se tiver a assinatura correspondente". Recentemente, uma garrafa de Macallan Rare Reserve, de 1856, que seria leiloada na casa Christie's, avaliada em 20 mil libras (cerca de 56 mil reais), foi datada como sendo de 1950...

A situação é na realidade preocupante, pois tanto as destilarias mais tradicionais como os vários clubes que possuem grandes coleções de safras de uísques (em certos casos até com duas centenas de amostras), bem como os colecionadores, estão inseguros. David Williamson, da Scotch Whisky Association (SWA), informa que o mercado de colecionadores tem crescido e sugere a seus membros

II. Dos vinhos

todo cuidado na aquisição de suas garrafas, principalmente em relação à sua procedência.

Apenas como informação, podemos dizer que esses testes também são realizados entre nós desde 2001, sendo o laboratório pioneiro o Centro de Energia Nuclear na Agricultura (Cena), da Universidade de São Paulo, em Piracicaba.

Concluindo: não deixa de ser curioso e paradoxal termos também adulterações de uísque escocês na própria Escócia. Sinal dos tempos...

PARTE III
DE SEUS ACOMPANHANTES

O SACA-ROLHA

"SACA, SACA, SACA-ROLHA!
GARRAFA CHEIA EU NÃO QUERO VER SOBRAR!"
Saca-rolha, marcha carnavalesca de 1953
Zé da Zilda, Zilda do Zé e Waldir Machado

𝒫resente na região do mar Tirreno, o sobreiro originou-se no Terciário, sendo anterior ao homem na Terra. Em Portugal, maior país corticeiro do mundo, encontrou-se um fóssil de sobreiro de 10 milhões de anos. De origem mediterrânea, conservam-se alguns utensílios de cortiça da Antiguidade grega e romana. Plínio (23-79) cita o sobreiro em sua *História natural* e o grego Teofrasto (372-287 a.C.) também, em sua *História natural das plantas*.

No Museu de Enologia de Pessione, próximo a Turim, que visitamos, existe uma ampola de vidro, com vinho, datada do último século antes de Cristo, encontrada em Éfeso, na Grécia – e vedada com cortiça. No Alto Egito, na antiga cidade de Hawara, o arqueólogo Flinders Petrie encontrou, em 1911, ânforas romanas do ano 200, também vedadas com cortiça.[1]

---

[1] L. Gil, *A rolha de cortiça e sua relação com o vinho* (Porto Alegre: Apafna, 2002), p. 17.

III. De seus acompanhantes

Praticamente abandonado seu uso como vedante na Idade Média, voltamos a encontrá-lo entre os monges beneditinos, na Catalunha, no século XVII. Arrolhavam seus vinhos com tampões cônicos de cortiça (para poder removê-los) completando a vedação com cera ou lacre.

A rolha cilíndrica, como conhecemos hoje, usada sem lacre ou cera, é do século XVIII. O abade beneditino Dom Pierre Pérignon (1639-1715) usou rolhas de cortiça, como os catalães, para seus vinhos que sofriam uma segunda fermentação, na abadia de Hautvillers, na região de Champagne. A decantada "descoberta" do champanhe por Dom Perignon não tem comprovação documental.

A rolha de cortiça já era produzida em série, em Angullana (Gerona) desde 1750. Embora conhecida no norte de Portugal desde o início do século XVIII, seu emprego como vedante de garrafas (inicialmente globosas) iniciou-se apenas em 1770, e sua industrialização, em 1840. Na realidade, Portugal já exportava casca de sobreiro desde o início do século XIV, ao tempo de Dom Dinis.

Se o advento da rolha cilíndrica de cortiça foi uma das grandes aquisições da enologia, o do saca-rolha não foi menor. As primeiras rolhas cilíndricas tinham um cordão fixado, pelo qual podiam ser tracionadas e removidas.

O saca-rolha, em princípio, deve ser capaz de remover a rolha sem a danificar, de modo que possa ser recolocada na garrafa, caso o vinho não seja todo consumido. Não deve quebrar a rolha nem deixar espaço em seu trajeto que permita o vazamento do vinho, ou deixar cair partículas de cortiça no mesmo.

A quebra da rolha na extração, desde que não seja defeituosa ou muito antiga, pode ser devida a: uma espiral do saca-rolha muito curta ou pouco introduzida; uma espiral com secção muito grossa; um diâmetro de espiral muito pequeno ou uma alavanca que provoque uma torção muito grande no arranque.

Na introdução do saca-rolha, sua ponta provoca fratura das paredes celulares da cortiça, que são deslocadas lateralmente, sem deslocamento de material na ponta da espiral, para frente. A deformação da rolha é localizada e o espaço ocupado pela espiral é "criado" pelas células comprimidas ao seu redor, não havendo praticamente aumento do volume da rolha. Na retirada do saca-rolha, as células comprimidas ao seu redor recuperam parcial e gradualmente sua posição inicial, ficando o rastro do saca-rolha na cortiça atenuado o suficiente para garantir a função de vedação da rolha.

O primeiro documento relativo ao saca-rolha é de 1681,[2] e a primeira patente de produção, de 1785, depositada por um ministro inglês de nome Samuel Henshall.[3] Em 1802, Edward Thomasson,[4] importante fabricante, lançou seus primeiros modelos e, a partir da segunda metade do século, vulgarizou-se o uso do saca-rolha de bolso.

Basicamente os saca-rolhas dividem-se em dois tipos – os de ação simples e os de dupla ação. No primeiro caso, a espiral introduzida é girada no sentido horário e, tracionada, retira a rolha. No de dupla ação, a haste que introduz a espiral na rolha é elevada por outra espiral, externa, por mais alguns centímetros, o suficiente para a saída completa da rolha, com relativo menor esforço.

Colecionadores de saca-rolhas valorizam a antiguidade, a raridade, as patentes, modelos, *designs*, os mecanismos, menos ou mais complexos, os miniaturizados, para frascos de perfumes, etc.

Dois modelos não possuem espiral metálica perfurante: o de lâminas e o pneumático. No primeiro a haste tem duas lâminas metálicas paralelas e delgadas, que são delicadamente introduzidas entre a rolha e o vidro. Com movimentos circulares, apreende-se a rolha entre as lâminas, que é então tracionada e removida.

No saca-rolha pneumático, introduz-se um estilete fino e oco que transfixa a rolha e, por ele injeta-se ar entre a rolha e o vinho; com o aumento da pressão, a rolha é expulsa, de dentro para fora. O mecanismo é simples, mas não isento de riscos. Garrafas globosas (*Fiasco*

---

[2] *Ibid.*, p. 78.
[3] *Ibidem.*
[4] *Ibidem.*

III. De seus acompanhantes

de Chianti, vinho da Francônia, etc.) ou de espessura irregular podem se romper, estourar.

São muitos os colecionadores de saca-rolhas, dos simples aos mais curiosos, e é razoável a correspondente bibliografia. Desnecessário será falar sobre sua utilidade e necessidade.

Imagine-se, leitor, bem acompanhado, em um romântico e promissor jantar à luz de velas, com um menu sofisticado e um grande vinho bordalês de uma boa safra. E de repente você se dá conta de que não tem saca-rolha...

SABRAGE

𝒫ede-nos um companheiro de copo da Paraíba informações sobre a *sabrage*. O galicismo *sabrage* corresponde ao modo de abrir a garrafa de espumante ou de champanhe com o uso de um sabre. Por coincidência, na mesma ocasião, a revista *Vinho Magazine* publicou, em matéria não assinada, uma reportagem ilustrada sobre o assunto, que merece alguns comentários.

Diz a matéria "sabragem vem do francês *sabrage*, iniciado no termo *sabreur*, 'aquele que maneja ou luta com um sabre'".[1] Ora, é elementar que *sabrage* provém de *sabre*, e não se "inicia" com coisa alguma. *Sabre*, segundo o *Dictionnaire Etymologique*, de A. Dauzat e outros,[2] aparece no início do século XVII, como *sable*, passando a *sabre* no meio desse século. O vocábulo provém do alemão *Säbel*, tomado ao magiar *szablya*. *Sabre* é de 1680 (Richelet), *sabreuer* de 1790 (Linguet) e *sabrage* de 1883 (Huysmans).

Também a afirmação de que "há muito tempo se sabe que Napoleão era grande apreciador de vinhos" carece de fundamento his-

---

[1] *Vinho Magazine*, ano 8, nº 69, out.-2006.
[2] A. Dauzat e colaboradores, *Dictionnaire Etymologique* (Paris: Larousse, 1971).

III. De seus acompanhantes

tórico. O general era sóbrio e morigerado à mesa. De suas relações, o único hedonista, comprovadamente conhecedor e apreciador dos prazeres da mesa, foi Talleyrand (1754-1838), estadista e diplomata brilhante, que, mesmo discordando às vezes do imperador, foi sempre pelo mesmo ouvido, tendo sido nomeado seu ministro do Exterior e camareiro-mor. Sua mesa foi famosa na Monarquia, bem como na Revolução, no Diretório, no Império e na Restauração, sob Luís XVIII, do qual também foi camareiro-mor. Na mesa, Napoleão foi um soldado.

A *sabrage*, ou "degola" da garrafa do espumante com o sabre, ao contrário do que sugere a matéria da revista, não apresenta dificuldade maior nem necessita de *experts* ou *sommeliers*. Basta presenciá-la.

Por outro lado, o que não é informado, é que a abertura tem riscos. Se levarmos em conta que a expulsão brusca do conjunto rolha-anel de vidro, da garrafa resfriada a 8 °C, com uma pressão interna de 5 atmosferas, tem uma velocidade de 13 m/segundo, que a um metro de distância pode chegar a 40 km/h em menos de um décimo de segundo, o risco é evidente.[3] Os acidentes são raros, mas têm sido descritos.

A origem da *sabrage* é relacionada, com frequência, aos regimentos de cavalaria, napoleônicos ou não, possivelmente por ser um procedimento rápido e fácil, factível até no dorso da montaria. Falta porém a documentação comprovatória.

A primeira referência encontrada sobre a *sabrage* é anterior à Napoleão (1769-1821), de 1686, do *Manual Marcelli*,[4] em que se usava, para a abertura, a cimitarra otomana, curva e pesada. A cavalaria ligeira húngara, os hussardos, modificou a cimitarra, trazendo-a para o Império Austro-Húngaro, para França e para a Alemanha. Como bem disse o comandante da cavalaria francesa, general Chablis, "o sabre é a ciência de sobrevivência do oficial de cavalaria".

---

[3] *Livro Guinness dos Records*, edição de 1983.
[4] Famoso manual de esgrima, segundo a organização Fencing Alliance of Saginaw (804, Hamilton Street, Saginaw, M., 4602, USA; www.saginaw.fencing.com).

Algumas histórias relacionam a *sabrage* às tropas napoleônicas. Segundo uma delas, madame Clicquot, da empresa Veuve Clicquot Ponsardin, que recebia com frequência os soldados em sua propriedade, presenteava-os ao saírem com suas garrafas de champanhe, que eram "degoladas" com o sabre, sem apearem da montaria. *Se non è vero... serve como *marketing*.

Como a Moët & Chandon não poderia ficar atrás, criou uma história semelhante. Teria sido Jean-Remy, então diretor da empresa, que recebia a tropa e lhes regalava o champanhe. O *marketing*, sabemos, nada tem a ver com a verdade histórica, e Napoleão tem sido um grande marqueteiro em seu país e no mundo todo. Todos os anos se publicam novas biografias suas, que sempre se esgotam.

Nessas condições a abertura de um espumante com o sabre é muito mais espetacular que uma abertura silenciosa, discreta e delicada, como na realidade deve ser. Como bem lembrou Alex Lichine, russo de nascimento, americano de conveniência e residente na França, onde faleceu em 1989, "a expulsão da rolha baixa bruscamente a pressão, perdendo-se boa parte das borbulhas que demandaram tantos anos e tantos cuidados para se conseguir".[5]

É verdade, mas é também um sinal dos tempos, em uma época que prioriza o *rock*, o barulho gratuito, a televisão ligada em tempo integral, mesmo durante as refeições, o que impede às vezes a própria conversação... Nesses ambientes, a *sabrage* será um ruído a mais, importando menos a qualidade do vinho. Realizada, entretanto, na hora e nas circunstâncias adequadas, privadamente ou entre amigos, a *sabrage*, como o próprio champanhe, será sempre mais um motivo de alegria e comemoração.

---

[5] A. Lichine, *Encyclopédie de Vins et des Alcools de tous les pays* (Paris: Laffont 'Bouquins', 1980).

Embalagens perigosas

A embalagem, o visual é fundamental na apresentação de qualquer produto, e a primeira impressão pode ser decisiva para sua aprovação ou rejeição. Por extensão, esse raciocínio aplica-se às pessoas, que, bem ou mal apresentadas, levam-nos a julgamentos diferentes. Não se procura emprego ou colocação mal-arrumado...

Quanto mais se pretende valorizar um produto, mais se o enfeita, com bom ou mau gosto. Um dos casos mais evidentes de embalagem de luxo é o da perfumaria: dependendo do perfume, a embalagem, o frasco, a caixa e a publicidade podem representar até 90% do custo.

Com relação às bebidas a situação não é muito diferente. Alguns conhaques, mais antigos, são comercializados em caixas de veludo e valiosas garrafas de cristal. No caso dos vinhos, o detalhe da embalagem começa já na caixa das garrafas (de seis ou doze unidades), de papelão na grande maioria das marcas, e de madeira em algumas poucas de alto nível ou que assim se pretendem. Seguem-se as garrafas, de formas diversas, rótulos, contrarrótulos, rolhas (de cortiça ou sintéticas) e cápsulas. As garrafas podem ser envolvidas individualmente por papel de seda ou até por sacolas de veludo...

III. De seus acompanhantes

Sem pretender ditar regras, pode-se dizer que vinhos em latas, em caixas de papelão ou recipientes de plástico (com uma pequena torneira) desrespeitam o consumidor e o próprio vinho, além de depor contra seus produtores. Já para o leite, a garrafa de plástico rijo e a caixa de papelão revestido são correntes, práticas e adequadas. Cabe aqui uma curiosa observação: a única bebida cuja embalagem tem mais apreciadores que o conteúdo é o leite humano...

Com relação ao vinho, existe unanimidade em que a lata é inadequada. O mesmo não se dá com a cerveja e com os refrigerantes, ambos apresentados e consumidos igualmente em garrafas de vidro ou latas. Dizem os produtores da famosa cerveja *Pilsner Urquell*, checa, que a lata é mais prática, mas o sabor na garrafa é melhor. *Se non è vero...* Evidentemente, com relação ao refrigerante tanto faz, seja garrafa ou lata.

Em se tratando, entretanto, de cerveja, refrigerante ou suco, o problema bem mais sério é a própria lata, especificamente a possibilidade de contaminação da lata, bacteriana ou viral, principalmente se o conteúdo for bebido diretamente da mesma, sem copo. Vários trabalhos têm se ocupado desse tema. Citaremos apenas um, recente e publicado entre nós: "Bebidas em lata e risco à saúde", de Tórtora, Costa, e colegas.[1] Os autores, da Universidade Federal Fluminense e da Universidade Gama Filho, examinaram 210 amostras da superfície de latas de bebidas (cervejas e refrigerantes), das quais 105 provenientes de bares e lanchonetes (mantidas em refrigeradores) e 105 do comércio fixo e ambulante, refrigeradas por imersão em água e gelo. As amostras foram colhidas em diferentes pontos da cidade do Rio de Janeiro e assepticamente conduzidas, sob refrigeração, ao Instituto de Pesquisas da Universidade Gama Filho. O tempo decorrido entre as coletas e as análises não ultrapassou 60 minutos.

Dispensando detalhes técnicos de coleta e cultura, informamos apenas que as técnicas microbiológicas empregadas seguiram as normas do *Compendium of Methods for the Microbiological Examination*

---

[1] J. C. D. Tórtora; C. R. M. Costa e colegas, "Bebidas em lata e risco à saúde", *Jornal Brasileiro de Medicina*, vol. 92, nº 5, mai.-2007, pp. 24-29.

of Foods e o *Manual de métodos de análise microbiológica de alimentos*. De modo bastante simplificado, as conclusões foram:

1. Não houve diferença significativa de contaminação microbiana entre as latas de cerveja e as de refrigerantes.
2. Foi significativamente maior a contaminação nas latas refrigeradas por imersão em relação às mantidas nos refrigeradores.
3. Encontraram-se em ambos os grupos coliformes e enterococos, sugestivos de origem fecal, bem como estafilococos patogênicos (coagulase positiva) e fungos, possivelmente de origem ambiental. Em ambos os grupos encontraram-se também *Salmonella sp*, bactéria bem mais patogênica, causadora de infecções intestinais graves.
4. Verificou-se também que os processos tradicionais de limpeza, diretamente na lata antes do consumo, não apresentam a eficiência pretendida.

Evidentemente mais estudos devem ser feitos, levando-se em conta o que já se conhece. Necessário se faz também divulgar esses riscos aos consumidores, mesmo levando em conta o poder político dos *lobbies* dos produtores de latas de alumínio (Associação Brasileira de Alumínio – ABAL), dos cervejeiros e dos fabricantes de refrigerantes. É gente poderosa, contra a qual as incompetentes Anvisas pouco podem fazer. Já a opinião pública bem esclarecida terá mais possibilidades de sucesso. Sem pressa, mas com determinação, chega-se lá.

As máquinas do vinho

*I*nforma a revista *Época São Paulo* da "novidade do recém-reformado Empório X, a *Enomatic*, máquina de vinhos importada da Itália, tem feito mais sucesso que o restaurante que a abriga".[1] Para usá-la o cliente recebe um cartão a ser inserido na máquina, na qual pode escolher entre 48 vinhos disponíveis, optando também pela quantidade a ser servida, de 30, 60 ou 120 ml. O equipamento então "jorra o líquido na taça"...

Segundo o folheto que a apresenta, a "*Enomatic*, uma máquina de última geração, [foi] especialmente desenvolvida para servir vinhos *by glass*" (o grifo é nosso). Para essa complexa operação a casa dispõe de um *sommelier*, "que oferece ajuda ao menor sinal de dúvida".

Na realidade, a "novidade" não é tão nova assim. Já havíamos encontrado um equipamento semelhante em Nova York, em 1982, no pequeno e simpático restaurante *Tastings*, na rua 55.[2] A ideia do serviço mecanizado do vinho é bem antiga e foi desenvolvida nos Estados Unidos pelo *International Wine Center, IWC*, o correspon-

---

[1] *Época São Paulo*, out.-2008, p. 140.
[2] Sergio de Paula Santos, *Os caminhos de Baco* (São Paulo: T. A. Queiros, 1984), p. 19.

III. De seus acompanhantes

dente americano da *Academie du Vin*, parisiense, fundada e dirigida por Steve Spurier. O *Tastings* fazia parte de uma pequena cadeia de restaurantes, e o IWC era então dirigido por Rory Callaham, da Universidade da Califórnia, do Departamento Davis de Enologia, e por Edmond Osterland, formado pela Escola de Enologia da Universidade de Bordeaux.

Também no Brasil a máquina do vinho não é propriamente novidade. Em 1987, a então Wine-Bar Indústria e Comércio importou dos Estados Unidos um maquinário semelhante, para servir vinho em copos, tecnicamente mais rústico.[3] A empresa investiu em São Paulo e no Rio de Janeiro, até junho do ano seguinte, cerca de 14 milhões de cruzados, a moeda da época, e calculava dispor de um mercado potencial de quinhentos pontos de venda em São Paulo e quatrocentos no Rio, entre restaurantes, cantinas, bares, lanchonetes, etc. Para os vinhos brancos, o equipamento dispunha da possibilidade de resfria-los até 4 ºC, temperatura para pinguim nenhum botar defeito.

Lembro-me de ter chamado na ocasião a "máquina do vinho" de *desinvenção*, pois que o vinho chegava ao equipamento em botijões metálicos de 18 litros, que rendiam 144 doses de 125 ml, a um custo muito baixo, pois dispensavam a garrafa, a etiqueta, a rolha e a caixa, para não falar de qualidade...

Os pontos de venda eram reabastecidos regularmente de botijões, como no caso de gás domiciliar. Havia também a "vantagem" de, sendo um equipamento móvel, portátil, poder ser levado para piqueniques, churrascos, convenções, etc. A máquina da *Wine-Bar* desapareceu do mercado algum tempo depois.

Com relação ao equipamento do *Tastings*, adaptava-se um pequeno torpedo de nitrogênio à garrafa do vinho, sendo o gás introduzido sob pressão na mesma, à medida em que o vinho era servido. Sem contato com o oxigênio do ar, o vinho restante não se oxida. O nitrogênio, como gás inerte, inodoro e sem sabor, não afeta o vinho,

---

[3] Sergio de Paula Santos, *Vinho e cultura* (São Paulo: Melhoramentos, 1989), p. 113.

ao contrário, como dito, preserva-o. É um equipamento simples e eficiente, um ovo de Colombo.

A recém-aparecida "novidade", a *Enomatic*, "exclusividade para o Brasil", não traz informações sobre seu mecanismo de ação ou conservação do vinho, mas, pelo aspecto, tem o mesmo princípio do *Tastings*, do emprego de um gás inerte.

Cabe aqui porém uma consideração de bom senso – em um momento em que se procura difundir e valorizar o consumo do vinho em nosso meio, bem como defender sua imagem contra seus detratores, caberia mecanizar, literalmente, seu serviço? Nivelar por baixo a apresentação, abolir o charme, a elegância e o ritual do serviço do vinho, instalando um prosaico maquinário? Com a resposta, o enófilo e o consumidor esclarecido.

Concluindo: o mesmo folheto que não esclarece o mecanismo da *Enomatic*, tampouco respeita o idioma: "Escolha *seu* vinho [...] enquanto a *Enomatic te* serve"...

Agride-se o vinho e maltrata-se o idioma.

A MÁQUINA DE ENVELHECER O VINHO

A prática de envelhecer artificialmente o vinho não é nova. O uso de fragmentos, lascas ou mesmo pó de carvalho podem simular o envelhecimento natural do vinho. Já a mecanização desse artifício, igualmente fraudulenta, é bem mais recente. O diário londrino *Telegraph* de 1º de outubro de 2008, em matéria de Nick Britten, destaca a notícia: "Máquina de ultrassom transforma vinho ordinário em fino em 30 minutos". Segundo a matéria, o inventor Casey Jones afirma que seu equipamento, de 350 libras (cerca de 1.500 reais), que lembra um balde metálico de gelo para refrigerar vinho ou cerveja, "pode envelhecer de décadas o vinho, com o emprego de ultrassom". Afirma também que o "envelhecimento" ocorre pela "colisão das moléculas de álcool no interior da garrafa".

O processo, segundo Jones, pode transformar um vinho de 3,99 libras (17 reais) a garrafa em um *vintage* de centenas de libras". O equipamento pode ser usado também para outras bebidas alcoólicas,

III. De seus acompanhantes

como o *whisky* escocês, tão apreciado no Reino Unido. O inventor, que não prima pela modéstia, conclui: "O aspecto e o buquê da bebida são melhorados pelas alterações químicas [...], eliminando-se praticamente a ressaca". Convenhamos que essas informações pouco dizem e não convencem, mesmo porque a ação do ultrassom é física e não química.

Os trabalhos pioneiros sobre o emprego do ultrassom são do final dos anos 1930 do século passado. Em medicina são de 1942, de Dussac, na Áustria. De modo muito sucinto, pode-se dizer que o processo consta da transformação de energia sonora (de acima de 20 mil Hz, não audíveis), em imagens. A ação dessas vibrações sobre o vinho possivelmente acelera o movimento browniano de suas moléculas.[4] Se esse mecanismo altera o paladar do vinho, só experimentando-o...

As informações dos que o fizeram não são convincentes, principalmente por sua pouca representatividade. O ultrassom tem importantes aplicações industriais e em medicina, mas com relação ao vinho, ao que parece, pouca ou nenhuma.

Tem-se escrito e falado tanto sobre vinhos, e importado tanto equipamento supérfluo e inútil, que o do "inventor" Casey Jones talvez também apareça por aí.

A máquina da China

No conhecido *blog* de tecnologia *Gizmodo*, em 20 de dezembro de 2008, Dan Nosowits fala de uma nova "máquina para envelhecer vinho", desenvolvida na China pelo químico Xin An Zeng, da Universidade de Tecnologia do Sul da China, em Guangzho. Oito dias depois, a *Folha de S. Paulo*, em matéria de Stephanie Pain, da *Newscientist*, reproduz o texto.

Zeng bombeia o vinho por uma tubulação para um recipiente onde estão dois eletrodos de titânio, pelos quais passa uma corrente alternada de 600 volts/segundo. Lotes diferentes de vinho passaram

---

4 O movimento browniano, descrito pelo botânico escocês Robert Brown (1773-1858), refere-se ao movimento de partículas em suspensão em um fluido, resultante do choque de moléculas. Teve grande importância no desenvolvimento da física, gerando investigações de vários cientistas, entre os quais Einstein.

As máquinas do vinho

um, três ou oito minutos sob ação dos diferentes campos elétricos gerados. Os vinhos "envelhecidos" foram degustados às cegas, por um painel de doze "enólogos experientes", e o veredicto foi relatado na revista *Innovative Food Science and Emerging Technologies*.

As reações, informa Zeng, liberam ésteres que melhoram o aroma e o paladar do vinho. Em se aumentando a voltagem ou o tempo de ação da corrente, o vinho é prejudicado pela liberação de aldeídos. Um similar para uso doméstico, informa o "inventor" do método, "ainda não é hora".

Com tanto equipamento disponível para envelhecer vinhos, talvez já seja o tempo de se pensar em outro, mais moderno ainda, a Máquina para Rejuvenescer o Vinho. Lembre-se entretanto que, a julgar pelos experimentos em outras áreas, as tentativas de rejuvenescer artificialmente não costumam dar certo. Vamos ter de aguentar os velhos, vinhos naturalmente.

Nescafé, Nespresso, café animal e a Clover

Em 1903, o doutor D. Kato, químico japonês radicado em Chicago, patenteou um café em pó solúvel em água. Seis anos depois, G. Washingon comercializou um café instantâneo muito consumido durante e após a Primeira Guerra Mundial (1914-1918), mas abandonado depois.

Após a Grande Depressão da Bolsa de Nova York, de 1929, que afetou gravemente o mercado brasileiro do café, o maior produtor mundial, queimaram-se toneladas do mesmo. O Instituto Brasileiro do Café (IBC) procurou, em 1930, a direção da Nestlé suíça, visando desenvolver uma fórmula de café instantâneo e estável, para poder se desfazer de seus grandes estoques encalhados. A Nestlé, fundada em 1866 pelo alemão Henri Nestlé, já era então a maior empresa de alimentos do mundo. Tão somente em 1938, com a experiência adquirida na produção da *farinha láctea Nestlé*, a equipe de Max Morgenthaler desenvolveu o que é considerado o primeiro café solúvel, o *Nescafé*, possivelmente o mais importante produto da empresa.

O Nescafé foi um grande sucesso em todo mundo, principalmente durante e após o difícil período da Segunda Guerra Mun-

III. De seus acompanhantes

dial (1939-1945). Sua simplicidade e praticidade (basta acrescentar água), amparada em uma publicidade milionária, levaram o nescafé a todas as partes do mundo.

Há cerca de 50 anos, o café consumido entre nós era de má qualidade. Nossos melhores cafés destinavam-se à exportação. Ao produtor e ao importador, bem como ao próprio IBC, pouco interessava o consumo interno, e mesmo assim nosso café no exterior tinha preço inferior aos concorrentes, da Colômbia, da América Central e da Ásia.

Nesse ambiente e nessas circunstâncias, o Nescafé, sem quaisquer aromas, de paladar estandartizado e nivelado por baixo, manteve-se como uma opção. Pode-se dizer que o Nescafé corresponde na cozinha ao *fast food* em relação à gastronomia.

Com o aparecimento, nos últimos anos, de cafés de melhor qualidade, o nível da bebida no mercado interno melhorou muito. Como gosto, entretanto, não se discute – embora se aprenda –, o Nescafé continua disponível em todas as partes. Reconheçamos entretanto que, nas circunstâncias históricas em que foi criado, o Nescafé cumpriu seu papel.

Nespresso

A própria Nestlé, como que reconhecendo o nível de seu primeiro produto, cuidou de aprimorar seu sucessor, o Nespresso, para concorrer com os vários bons cafés pressurizados hoje disponíveis no mercado. Para o Nespresso as pesquisas, iniciadas em 1970, só se concluíram em 1985, tendo sido lançado no ano seguinte, inicialmente na Suíça e na Itália. O Nespresso apresenta-se em sachês (doses individuais) de doze *blends*, misturas diferentes, pretenciosamente chamados de *Grand Crus*, como analogia aos vinhos. Suas denominações ou descrições, entretanto, pouco esclarecem. Galicismo e pedantismo.

Apoiado em um poderoso esquema publicitário, o Nespresso está hoje em 55 países, em 21 mil pontos de venda e 3,2 milhões de membros no Club Nespresso. O café é tão bom como seus bons concorrentes, mas de preço muito superior.

Café animal I – O café Weasel

Há cafés em que parte do processamento ocorre *in vivo*, literalmente nos animais. O primeiro de que lembraremos é o café *weasel*. *Weasel* é um pequeno carnívoro do Vietnã, correspondente à nossa fuinha (*Martes foina*), da família dos mustelídeos, gênero *Mustela*. Menor que um gato e maior que um esquilo, tem corpo longo e esguio, com patas curtas e pelagem clara do queixo ao ventre.

O café *weasel*, ou *café chon*, como o chamam na origem, provém do interior do Vietnã. Suas cerejas (frutos) maduras, das quais resultam, possivelmente, o café mais forte do planeta, são "colhidas" pelas fuinhas silvestres, abundantes na região, que as deglutem mas não as digerem. Os animais, como dito, são carnívoros e posteriormente regurgitam os frutos, ou seja, os vomitam. A ação do suco gástrico sobre as cerejas do café altera significativamente o sabor dos grãos torrados. Os frutos são então recolhidos e torrados a alta temperatura, em tachos pouco espessos, a céu aberto. É portanto um processo fisiológico e natural, ao contrário do que ocorre com a *gavage*, ou "cevagem" dos patos e gansos, que são superalimentados artificialmente (se de maneira cruel ou não é outro assunto) para a produção de outra iguaria, o *foie gras*, na realidade um acúmulo patológico de gordura no fígado, a esteatose hepática.

Voltando ao café, o *weasel* ou *chon*, do Vietnã, é fantástico. Encorpado e equilibrado, é mais fácil degustá-lo que descrevê-lo.

Café animal II – Kopi Luwak

É possivelmente o mais curioso tipo de café, quase desconhecido até o recente filme com Jack Nickolson e Morgan Freeman, *The Bucket List*, ou "Antes de partir" [2007]. Bastante caro (de 500 a 700 dólares o quilo), é "processado" pelo *Asian Palm Civet* (*Paradoxus hermaphroditus*), um pequeno mamífero frutívoro, de hábitos noturnos, que vive em árvores. Originário do sudoeste da Ásia, do ar-

III. De seus acompanhantes

quipélago indonésio, Sumatra, Java, Bali, Filipinas e Timor Leste, é pouco maior que um gato.

No idioma indonésio, *kopi* corresponde a "café" e *luwak* é o animal que o "processa". O café é também conhecido como *cívet coffee* e no Timor Leste chamado de *kafé lakú*.

O *luwak*, muito comum na região, come e digere as cerejas do café, que elimina de quatro a sete dias depois. São recolhidas e secas por uma semana, então separadas, torradas e piladas. O *kopi luwak*, raro e caro, é considerado pelos *experts* e pelos *gourmets* como a quinta-essência do café, o máximo, atualmente só disponível no Reino Unido e na fonte, naturalmente.

O café animal, tanto o *weasel* vietnamita como o *luwak* indonésio, não tem produção industrial, nem publicidade milionária ou promoções dispendiosas. Para consegui-lo, atualmente, haveria que buscá-lo na Inglaterra ou no Canadá, ou, com menos trabalho, prosaicamente pela internet. Como dito, bebê-lo é preferível a descrevê-lo, para encerrar uma boa refeição, por qualquer outro bom motivo ou sem qualquer motivo. Afinal, é só um cafezinho...

Clover

Dizia o saudoso Ernesto Illy (1925-2008) que o bom café depende de três fatores, os "três emes": a mistura, a mão e a máquina. Para a mistura, Illy buscava cafés de várias procedências, de todo mundo. Seus técnicos os selecionavam, usando-os em seus produtos, lembrando-se de que com frequência valiam-se de cafés brasileiros.

Já a mão, boa ou não, é uma questão de aprendizado, pretendendo-se hoje fazer do prosaico preparo do café uma atividade específica, uma "profissão", para a qual se criou mesmo um neologismo, o de *barista*...

Com relação à máquina, com o advento do café expresso, pressurizado, apareceram no mercado várias marcas, muito boas, que melhoraram o nível qualitativo do café consumido em todas as partes. Para a máquina ideal foi, entretanto, necessário esperar até o século

XXI, quando surgiu a *Clover*, reconhecida inicialmente pelos profissionais e pelos conhecedores de café, e posteriormente por todos.

Divulgada nos Estados Unidos em 2006 pelo *designer* e empresário do ramo Zander Nosler, na reunião anual do *Specialty Coffee Association*, a máquina é praticamente artesanal. Os estudos de Nosler iniciaram-se em 2001 e seus primeiros resultados com relação à qualidade do café não foram animadores. Em 2004, Nosler reuniu um grupo de alunos de Stanford, levantou meio milhão de dólares e fundou a Coffee Equipment Company (CEC), em Seatle. Trabalhando no projeto em tempo integral, a CEC desenvolveu, na primavera de 2005, o protótipo da Clover, com os componentes internos expostos, uma obra "digna do Dr. Frankenstein", segundo Nosler, mais *designer* que empresário.

Oficialmente, como vimos, a Clover foi lançada em 2006, existindo hoje no mundo (agosto de 2008) apenas 280 máquinas, artesanalmente produzidas, ao preço de 11 mil dólares a unidade. O preço da dose, da xícara, é de 4 dólares.

Em 2007, Howard Schultz, fundador e presidente da Starbrucks, flanando por Nova York, encontrou, na porta do pequeno Café Grumy, uma longa fila de espera. Experimentou-o e declarou: "É o melhor café que já tomei". Em março de 2008, Schultz anunciou a compra da Coffee Equipment Company, informando que pretende instalar, até o final do ano, 80 máquinas em suas principais lojas.

O que realmente diferencia a Clover das demais máquinas de espresso não é, evidentemente, a procedência, nem as misturas – que certamente serão as melhores e incluem o *café weasel* e o *kopi luwak*, os citados cafés animais – mas a possibilidade do controle rigoroso e exato da dose, da temperatura da água e do tempo de percolagem.

Assim, um dos "protocolos" mais apreciados da Clover é: café brasileiro da Fazenda São João, com água a 204º Fahrenheit (95,5 ºC), percolado em 43 segundos.[1]

---

[1] M. Honan, "*The Coffee Fix*", *Wired*, aug.-2008, pp. 84-92.

III. De seus acompanhantes

Vemos que, de cafés de tantas procedências, sul e centro-americanas, asiáticas ou africanas, com as inúmeras misturas possíveis, temperaturas e tempos de percolagem rigorosamente controláveis, as características, sabores e aromas serão infinitos. Ainda assim, não deixarão de ser "apenas" mais um cafezinho...

PARTE IV
Da saúde

Vinho e saúde*

A videira precedeu o homem no planeta. A vide é do terciário e o homem do quaternário. Ao chegar à terra o hominídeo já encontrou o sumo da uva fermentado, que além de uma simples bebida passou a ser a causa direta de toda uma série de venturas e desventuras para a humanidade, tanto por proporcionar-lhe um grande bem estar físico e espiritual, como por fazer aflorar o lado obscuro da condição humana.

O vinho é tudo isso e ainda mais: suas qualidades, boas e más, influenciaram todas as atividades do homem, até aquelas em que poderia parecer deslocado, como a medicina.

A história nos mostra que, desde o início da civilização, o vinho foi considerado importante elemento do arsenal terapêutico. Entre os sumérios, egípcios, gregos e romanos, na antiga cultura chinesa, nos tempos bíblicos, na Idade Média e no Renascimento, até a Revolução Industrial, o vinho sempre esteve presente dos receituários médicos. Mesmo os médicos muçulmanos, além dos filósofos e poe-

---

* Este artigo originalmente constituiria uma outra coletânea de artigos sobre vinho escritos por médicos de várias especialidades, mas que acabou não sendo publicada. [N. E.]

IV. Da saúde

tas, desafiando a ira de Alá, utilizavam o vinho como componente de seus medicamentos, poções e unguentos.

Nos últimos tempos o vinho, como tantas outras substâncias naturais, foi substituído pelos produtos da moderna indústria farmacêutica, mas isso não reduziu em nada suas virtudes profiláticas e terapêuticas.

Nas antigas crônicas pode-se verificar que foi usado como desinfetante, sonífero, narcótico para as intervenções cirúrgicas, tônico para o corpo e para o espírito, antídoto para a fadiga e para a tristeza, estimulante para o apetite e... "criador de felicidade".

Após anos de esquecimento e injustiças, e até mesmo de injúrias por parte de puritanos e desinformados pertencentes, às vezes, à própria classe médica, as virtudes medicamentosas do vinho vêm sendo novamente trazidas à luz, com a diferença de que, agora, a comprovação científica pode corroborar as antigas crenças. É a ciência médica buscando o resgate histórico das propriedades preventivas e terapêuticas dessa maravilhosa substância, criada por Deus para a alegria, a saúde e a felicidade do homem.

Um pouco de história

Ao chegar ao planeta o homem já encontrou a videira e os cereais, bem como seus fermentados naturais. O sumo das uvas fermentado, dos cereais maltados e o hidromel foram provados e apreciados.

Assim, desde seus primórdios, a história da humanidade está ligada às bebidas alcoólicas, do coletor ao sedentário.

O cultivo da vinha, do trigo, da oliveira e do linho participou de todas as primeiras civilizações. Destes, o da videira foi o mais importante, pois seus produtos, a uva e principalmente o vinho, participaram além da alimentação, dos rituais religiosos, mágicos e terapêuticos, ou seja, do natural ao sobrenatural e à medicina.

Menos por seu sabor ou aroma, mas por seu efeito inebriante, o vinho esteve presente nos rituais de passagem da condição humana, do nascimento à morte, participando de suas alegrias e de seus temores, em suas doenças e em sua saúde.

É possível que o homem pré-histórico já vinificasse e sabe-se que o do neolítico comprovadamente o fazia, antes do surgimento da escrita e do arado. Em 1968, arqueólogos da Universidade da Pensilvânia encontraram ânforas de argila em uma residência, em escavações feitas em Hajji Firuz Tepe, no norte do Irã, nas montanhas de Zagros, contendo resíduos identificados pelos modernos processos de arqueologia molecular como sendo de vinhos, datados de 7500 a.C. a 7000 a.C. É esta a primeira evidência física do vinho que se conhece. Com esses resíduos encontraram-se também vestígios de resina de coníferas, pinheiros, que durante toda a Antiguidade serviu de "conservante" para o vinho, e até hoje é usada em algumas regiões, como na Grécia, por exemplo, onde alguns vinhos têm o nome de *retsina*.

Entretanto, é possível e até provável que já se vinificasse anteriormente. Encontraram-se sementes de *Vitis vinifera* na região do Cáucaso, que hoje corresponde à Armênia e Geórgia, datados de mais de 12.000 anos.

Na Mesopotâmia, berço da civilização ocidental, na área onde está hoje o Iraque, o vinho era corrente entre os sumérios, que se estabeleceram na região entre 3500 e 2000 a.C., onde fundaram as cidades de Ur e Kish. Desta última procedem as primeiras formas de escrita, pictogramas gravados em tabuinhas de argila. Não por coincidência, nesses pictogramas está a primeira "receita médica" que se conhece, datada de 2100 a.C., encontrada em Nippur, também no Iraque, e as primeiras representações de uvas.

No épico *Gilgamesh*, a mais antiga obra literária que chegou aos nossos dias que, curiosamente, tem certa analogia com a história de Noé, o herói Gilgamesh entra no reino do Sol em busca da imortalidade e encontra um vinhedo encantado, cuidado pela deusa Siduri: se bebesse o vinho extraído daquelas uvas, tornar-se-ia imortal. O código de Hamurabi, de 1700 a.C., o primeiro texto de leis elaborado pelo homem de que se tem conhecimento, regulamenta em detalhes o comércio do vinho e as punições previstas para os fraudadores e para os que se excedessem no consumo.

IV. Da saúde

Há cinco mil anos, o comércio do vinho dos povos das margens do Mediterrâneo era intenso. As cidades sírias de Ungarit e Al-Mina e posteriormente Tiro e Sidon, na Fenícia, foram portos importantes, pelos quais os vinhos do Cáucaso e da Suméria eram distribuídos a todo o Mediterrâneo.

No século IV a.C. Alexandre Magno, que conquistaria todo o mundo antigo, fundou Alexandria no delta do Nilo, que passou a ser o maior porto livre da Antiguidade, centro comercial e cultural, importador e exportador de vinho. Ali foi construído, em 280 a.C., o primeiro farol da história iluminado por tochas, com 120 metros de altura.

Se os egípcios não foram os primeiros a elaborar o vinho, foram com certeza os primeiros a documentar sua elaboração, da vindima à expedição em ânforas, pelo rio Nilo. Em um desses documentos, um papiro de 5.000 anos que hoje se encontra no Museu Britânico, em um banquete em casa de um nobre de nome Pahert, um dos convivas pede ser servido de "pelo menos dezoito medidas de vinho, pois hoje quero sentir-me feliz".

Socialmente, o vinho era consumido apenas pelos ricos e pelos sacerdotes. Ritualisticamente, era usado em ofícios religiosos, e em oferendas aos deuses. E tinha, também, seus usos medicinais. O povo bebia cerveja.

Na tumba de Tutankamon (1371-1352 a.C.), descoberta intacta em 1922, encontraram-se 36 ânforas de vinho, com gravações de suas regiões de origem, safras e até dos produtores... A palavra *arp*, vinho, é tão frequente entre os hieróglifos, que foi uma das primeiras a ser decifrada pelos egiptólogos, no século XIX.

Para garantir a conservação do vinho, no Egito faraônico a vedação das ânforas vinárias era feita por gravidade, pelo peso das tampas de argila sobre os recipientes, guardados verticalmente.

Os fenícios, que realmente nunca constituíram um Estado, comprovadamente cultivaram a vinha e a difundiram por todo o Mediterrâneo, levando-a inclusive à Andaluzia, na Península Ibérica. Eutymus (sec. VI a.C.) e Estrabão (sec. I a.C.), geógrafos gregos, citam esses vinhedos, bem como o romano Rufo Avieno, poeta latino do século IV da nossa era.

O VINHO NA CIVILIZAÇÃO GREGA

Entre os gregos, o vinho também desempenhou importante papel na sociedade, na religião e na medicina. Segundo a mitologia, foi Dionísio (nome que literalmente significa 'o que nasceu duas vezes') quem ensinou seu povo a cultivar a videira e a elaborar o vinho. Na Grécia Antiga, a planta foi cultivada tanto no continente, como nas ilhas do mar Egeu. Nestas tornou-se famoso o vinho *Pramnian,* da ilha de Lesbos, considerado o antepassado dos maravilhosos Tokajs húngaros.

Para alguns não teria sido Dionísio o introdutor do vinho na Grécia, mas seu filho, o argonauta Estáfilo, nascido de sua união com Ariadne, que seduziu e abandonou. Estáfilo, pastor do rei Eneu, notou que uma de suas cabras voltava sempre mais tarde que as demais, e mais alegre. Seguindo-a, viu que o animal comia uvas, fruta de efeitos até então desconhecidos. Levou alguns cachos de uva para seu senhor, Eneu, que elaborou o primeiro vinho. Curiosamente, a história (e a etimologia) ignoraram Estáfilo, mas imortalizaram Eneu na viticultura, com os termos enologia, enofilia, enóforo, enolismo, etc.

Eurípedes, Homero, Platão, Alcebíades, Heitor, Aristófanes e muitos outros trataram do vinho em suas obras, contudo cabe destacar principalmente Hipócrates (450-370 a.C.) de Cós, considerado o pai da medicina.

Sobre sua vida, bem como sobre sua obra, perduram várias dúvidas. As obras atribuídas a ele, a seus contemporâneos e discípulos estão reunidas em um conjunto denominado *Corpus Hippocraticum,* cujo conteúdo foi e continua a ser diversamente avaliado sob todos os aspectos, inclusive no de sua própria autoria. A coletânea parece ter sido coligida no início do século III a.C., por ordem de Ptolomeu III (246-221 a.C.), havendo hoje várias edições disponíveis, das quais se destacam a grega, de 1538, a latina de Frobeu, de 1578, comentada por Marinelli, e a monumental edição francesa de Littré (1839-1861),

IV. Da saúde

em 10 volumes, considerada o texto padrão para os estudiosos, além de várias outras edições modernas.

A julgar por suas próprias palavras, Hipócrates – que viveu saudavelmente até os 85 anos – teria sido o primeiro a usar o vinho como medicamento, quando informa: "Estas características, relativas à utilidade e aos inconvenientes do vinho, são de alta valia e jamais foram ensinadas por meus antecessores". E indica:

> O vinho doce, forte, branco e tinto, assim como o hidromel, são todos úteis nas moléstias agudas. O vinho doce causa menor peso na cabeça que o forte, mas incha o baço e o fígado. Não é, por isso, aconselhável aos dominados pela bile negra. Provoca meteorismo, e sendo menos diurético que o branco, tem a virtude de facilitar a expectoração. O vinho branco forte destaca-se pelo seu efeito aperitivo e diurético: é conveniente nas moléstias agudas. Quanto ao vinho tinto deve ser adotado nas circunstâncias seguintes: quando não há peso na cabeça, nem retenção de urina e diarreia.

Ao referir-se a regimes salutares, recomenda o vinho "para as crianças de baixa idade, afim de adquirirem boas cores". Em tais casos diz que "importa consumir o vinho diluído, além de, antes, amorná-lo para que se evitem as convulsões". Usou o vinho para lavar feridas externas e lesões abertas, fazendo com ele curativos úmidos.

Nas dores precordiais anginosas preconiza pão quente com vinho puro, providência que se manteve até os tempos modernos devido à crença no efeito vasodilatador do álcool sobre as coronárias. Como alimento e para fins terapêuticos, Hipócrates menciona o vinho e o mel com entusiasmo "por serem maravilhosamente apropriados para o homem se, em saúde ou na moléstia, forem utilizados a propósito e na justa medida, segundo a constituição de cada um". Quanta sabedoria, e pronunciada há tanto tempo. As lições de ética e muitas das recomendações do mestre de Cós são integralmente válidas até hoje, dois milênios e meio depois.

Sabe-se que os legionários romanos também curavam suas feridas com vinho, e assim foi até o Renascimento. O grande cirurgião Guy de Chauliac (1298-1368) enalteceu-o nas várias edições de seu livro. Aguçado observador, não lhe escapou o importante papel representado pela natureza do solo na qualidade do vinho. Afirma textualmente:

> Observai como localidades muito vizinhas diferem quanto à doçura de seus vinhos, embora o sol tenha, em ambas, a mesma potência; é que num lugar a terra possui o húmus que tornará o vinho doce, ao passo que no outro isso não acontece.

Parece até uma lição de enologia, aplicável ainda hoje a tantos, que insistem em produzir vinhos em terrenos inadequados.

O grande médico recorre ao vinho para uma das suas mais belas imagens, referindo-se às relações sexuais:

> O prazer e o calor projetam um calor no momento em que o esperma cai no útero, depois tudo termina; tal como se sobre a chama de uma vela jogássemos vinho, de começo a chama se aviva e lança intenso brilho, mas essa efusão dura apenas um momento para logo amortecer.

Hipócrates acreditava que a tristeza e a melancolia eram causas de enfermidades e aconselhava os doentes a beber vinho, que "dilata o baço e devolve o bom humor". O grande médico intuiu o que hoje já comprovamos, que a boa disposição, o bom humor e o otimismo, ao contrário da depressão, condicionam diretamente o aumento dos anticorpos nas moléstias neoplásicas e degenerativas.

O vinho no Império Romano

Segundo a mitologia grega, Licaon reinou na Arcádia dezessete gerações antes da guerra de Troia. Seu filho caçula Enotro, descontente com a porção de reino que lhe caberia por herança, partiu para a península itálica – que passou a se chamar Enótria – levando consigo o cultivo da vinha e o conhecimento da elaboração do vinho. Segundo alguns, o nome Itália derivaria de "vit-vitis" (*oit* em grego antigo) e a raiz "al" (nutrir), de onde "vitalia", o país das uvas.

IV. Da saúde

Assim como os fenícios, os gregos também levaram suas vinhas para todo o Mediterrâneo, inclusive para a Sicília e para o sul da Itália. O norte da península era habitado pelos etruscos que haviam trazido suas vinhas da Ásia Menor, cultivando-as na Toscana e no Piemonte. Daí chegaram à Gália e à Borgonha.

A pequena povoação de agricultores da Itália central do século VI a.C., três séculos depois já dominava toda a península e viria a constituir um império que hoje incluiria mais de 40 países, com uma extensão de mais de 5.000 km de um extremo a outro. Nessa civilização, a viticultura da Antiguidade alcançou seu apogeu. Esse amplo conhecimento do amanho da terra foi descrito em uma das obras primas do tempo, o *De Agri Cultura*, de Catão, o Velho (234-149 a.C.), que descreve o plantio da vide, indo também à elaboração e comercialização dos vinhos, até o modo de tratar os escravos encarregados dessas tarefas.

Três séculos depois, o agrônomo Lucius Junius Columela (4-70 a.D.) revoluciona essas técnicas agrárias em seu *De Re Rustica*, de 12 tomos, 3 dos quais dedicados às *Ars Vinarias*. Curiosamente, ao detalhar a produção que se deve obter por unidade de superfície, chega aos mesmos valores hoje recomendados na França.

Por volta de 170 a.C. inicia-se em Roma a época que corresponde à produção dos "grandes vinhos", principalmente os da costa da Campania e os da baía de Nápoles e Sorrento. Destes, o Falermo teve grande prestígio e foi produzido por séculos, até que a quantidade suplantou a qualidade. Plínio, o Velho, (c. 23 a.D. – 79 a.D.) em sua *Naturalis Historia*, cita cerca de 80 vinhos de "alta qualidade" destinados aos patrícios abastados, e mais de uma centena para o povo, grande parte dos quais procedente da Gália e da Ibéria. Mesmo não sendo médico, recomenda o uso do vinho para o tratamento de dores, disenteria e cicatrização de feridas. Uma de suas célebres afirmações é: " O vinho em si mesmo é um medicamento, alimenta o sangue do homem, alegra o estômago e atenua as tristezas e preocupações."

VINHO E SAÚDE

Com as legiões romanas a viticultura se propagou por todo o Império, chegando à Galia, à Germânia, à Helvetia, à Ibéria, à Bretanha e a Panônia (hoje Hungria).

Galeno (c. 131-c. 201 d.C.), o mais célebre médico da Antiguidade depois de Hipócrates, que pode ser considerado o fundador da fisiologia experimental, foi médico de gladiadores e do imperador Marco Aurélio. Em um dos seus cerca de 500 livros, o *De Antidotos*, trata do emprego de preparados à base de vinhos e ervas medicinais para diferentes venenos. Fala dos vinhos italianos e gregos, de como deviam ser analisados, armazenados e envelhecidos. Em sua época os vinhos de Falermo ainda eram apreciados, sendo porém superados pelos de Sorrento, mais "austeros". O termo "austero" então usado, mostra que o paladar romano se afastava do dos vinhos espessos e doces da Campânia. Ao tempo de Galeno a população romana ultrapassava um milhão de habitantes, que consumia vinho regularmente e já não utilizava apenas a ânfora, mas também barris e tonéis de madeira.

O médico, que trabalhara também com os legionários, aconselhava o consumo do vinho, em abundância, antes das cirurgias e na prevenção de enfermidades. Deixou-nos uma relação de medicamentos à base de vinho conhecida como *As Galenas,* bem como uma relação de vinhos e suas propriedades terapêuticas. Durante quase um milênio, a medicina europeia se baseou nos princípios e nas ideias de Galeno.

Na época havia leis que regulavam a produção, a distribuição e o armazenamento do vinho, consumido regularmente nas duas principais refeições, a do meio-dia e a ceia noturna, mais copiosa, após a qual os homens passavam para outro ambiente, o *commissatio*, versão romana do simpósio grego, onde se tomava vinho diluído em água.

As tabernas eram frequentadas apenas por homens, vedadas às mulheres e aos menores de 30 anos... Os *pater familia* detinham o poder do *jus osculi*, o direito do beijo: podiam beijar todas mulheres na boca, para saber se tinham bebido vinho. Com o tempo essas

IV. Da saúde

restrições foram se suavizando, mas o fato é que as mulheres nunca tiveram acesso ao *temetum,* o vinho de melhor qualidade ou ao *mulsum,* o vinho com mel. Nem os escravos ou os soldados tinham essa regalia.

Virgílio, Plutarco, Marcial, Sêneca, Plínio, o Moço, Plínio, o Velho, Cícero e Horácio, entre outros, discorrem sobre o vinho em suas obras. Virgílio (70-19 a.C.), em suas *Georgicas,* recomenda que o vinho seja diluído em água, pois "bebê-lo sem água é coisa de bárbaros, indignos de Baco". Para Plínio, o Velho, "nada é tão bom para fortalecer o corpo como o vinho, nem tão prejudicial se bebido sem moderação". Segundo ele, "*in vino sanitas*": a saúde está no vinho. Cícero (106-43 a.C.) crê que "os vinhos são como os homens, a idade avinagra os maus e melhora os bons".

Boa parte dos médicos de Roma era grega, e inicialmente eram vistos com desconfiança pela população. A partir de Asclepíades (124 a.C. - c. 40 a.C.), médico de Cícero, mudou-se esse conceito. O médico grego praticava o que hoje chamaríamos de medicina preventiva. Em seu livro *Sobre o Consumo do Vinho,* comenta as virtudes medicinais dos vinhos gregos, aconselhando uma dieta frugal para a manutenção da saúde, exercícios ao ar livre e vinho. Outro médico romano, Aurelius Celsius (25 a.C. - 37 d.C.), em seu tratado *De Medicina,* sublinha os benefícios dos vinhos da Sicília, da Grécia e da Itália.

Dioscórides (c. 40 d.C. - 90 d.C.), nascido na Cilícia e cirurgião militar ao tempo de Nero (37-68 d.C.), em seu *De Materia Medica,* conta sua experiência de acompanhar as legiões do Império – cita dietas e virtudes dos alimentos, do azeite e dos vinhos. Usa o vinho "natural ou aquecido para estimular o apetite, induzir o sono e dar uma coloração sadia".

Um outro médico famoso do Império Romano foi Oribasius (325-403), que usava folhas de papiro impregnadas em vinho para estancar hemorragias em feridas. Em suas *Recompilações Médicas,* vol. 7, diz: "Elogio o vinho porque contribui, como nenhuma outra substância, para a saúde... O vinho dá uma disposição especial à alma e é um medicamento contra a dor".

Com o declínio do Império Romano do Ocidente (o do Oriente sobreviveria até 1453), no século V, quando foi invadido pelos povos germanos do norte, a cerveja passou a ocupar o lugar do vinho.

O VINHO NA IDADE MÉDIA

Coube à Igreja conservar, na Idade Média, grande parte do patrimônio cultural da Antiguidade, não só a herança intelectual mas também a material, como o cultivo da videira e a elaboração do vinho.

A necessidade da presença do pão e do vinho na liturgia cristã fez com que os religiosos tivessem que cultivar o trigo e a vinha, e manter a produção vinícola. As ordens franciscana, beneditina e, principalmente, cisterciense eram proprietárias de grandes vinhedos junto a seus mosteiros, e muitos de seus membros se tornaram importantes figuras do cristianismo, ligadas a vinho – S. Amando de França, que muito pregou em regiões produtoras de vinho; S. Goar de Aquitânia, padroeiro dos viticultores; São Lourenço e São Martinho de Tours, padroeiros dos viticultores; fabricantes e comerciantes de vinho; São Morand, que viveu todas as quaresmas com um único cacho de uvas; São Vicente de Saragossa, que protege os campos das geadas que frequentemente ocorrem no ou perto do dia a ele consagrado, 22 de janeiro, na Borgonha, França; São Germano; Santo Urbano, bispo de Langres, que se escondeu de seus perseguidores em um vinhedo e foi auxiliado pelos viticultores, tornando-se padroeiro do vinho alemão, e muitos outros.

Nos mosteiros e abadias, havia a plena convicção de que o vinho era a bebida essencial, o elemento necessário, o elo entre a condição humana e a divindade, o Cristo. Afinal, Ele mesmo dissera: "Tomai e bebei, este é o meu sangue."

No Concílio de Aquisgrana, de 816, estipulou-se que toda sede episcopal da cristandade deveria ter um grupo de religiosos encarregados do cultivo da uva e da produção do vinho. Levando-se em

IV. Da saúde

conta que, na época, o clero representava aproximadamente um quinto da população, não há que estranhar o aumento da produção e do consumo do vinho.

Na ocasião, alguns mosteiros ligados ao vinho já eram famosos: o de Cluny, beneditino, na Borgonha, fundado em 910; o cisterciense de Cîteaux, também na Borgonha, fundado em 1098; o de Clairveaux, na Champagne, fundado em 1115, por São Bernardo; e o famoso Kloster Eberbach, no Rheingau, Alemanha, fundado em 1136 por 12 monges de Clairveaux enviados por São Bernardo, que nos séculos XII e XIII foi o maior estabelecimento produtor de vinhos do mundo. O mosteiro de Eberbach, hoje propriedade do Estado, por assim dizer é o "centro espiritual do vinho alemão" e produz um excelente vinho até hoje.

Carlos Magno (742-814), que estabilizou a Alemanha e a Europa Central política e economicamente, foi um grande protetor do vinho: legislou em seu favor, doou grandes extensões de vinhedos a ordens religiosas alemãs, austríacas e húngaras cuja produção, direta ou indiretamente, ainda subsiste.

Mais ao norte, Santa Brígida da Suécia (1303-1373), filha de Birger Person, governador de Upland, fundou a ordem das brigidianas. A jovem, desde cedo, teve visões do Cristo crucificado e recebeu revelações divinas, ditadas ao Prior Olafson, que as transcreveu em latim. Em uma dessas revelações, no volume V de suas obras, diz: "O vinho é sumamente benéfico, pois dá saude aos enfermos, alegria aos tristes e coragem e atrevimento aos que estão bem".

Os mosteiros medievais que acolhiam os peregrinos não eram apenas hospedarias, mas verdadeiros hospitais, que os tratavam de suas fadigas e enfermidades, com alimentos e calor humano. Assim, os viajantes recebiam o vinho-alimento, o vinho-medicamento e o vinho conforto. Foi famoso o Hospice de Beaune, na Borgonha, fundado em 1443, que até hoje é centro de venda e de leilões de vinhos da Borgonha.

As universidades também desempenharam papel importante na divulgação do vinho. Os famosos goliardos, grupos de estudantes medievais e clérigos itinerantes, entre os quais muitos poetas, aproveitavam o frequente intercâmbio entre as universidades como as de Paris, Cambridge, Oxford, Colônia, Pádua, Bolonha, etc., para ouvir novos professores. O uso da língua comum em todos centros culturais, o latim, facilitava e permitia o aproveitamento dessas oportunidades. Com o tempo, muitos desses vagantes se tornavam vagabundos mesmo, abandonando os estudos, transformando-se em mendigos, jogadores ou ladrões. A eles juntavam-se clérigos, que abandonavam a rígida disciplina eclesiástica, e também oportunistas e criminosos comuns que infestavam os caminhos, vivendo de expedientes dos quais o mais lícito talvez fosse o de cantar poesias ligadas ao seu gênero de vida.

Estudantes, clérigos itinerantes, boêmios ou bandidos, todos esses grupos, cultos ou não, usaram o vinho como combustível...

Na famosa Escola de Salerno (1050-1300), ao sul de Nápoles, a primeira escola médica do Ocidente dirigida por uma organização não religiosa, o vinho desempenhou papel destacado. Salerno foi um porto marítimo importante ao tempo das cruzadas, tendo estado algumas vezes sob o domínio árabe, e a escola foi frequentada por alunos de várias culturas e religiões: muçulmanos, judeus e cristãos. O fato de que na cultura islâmica as mulheres não pudessem ser examinadas por profissionais do sexo oposto fez com que várias mulheres passassem por Salerno. Destas, uma se destacou, Tróta ou Trótula, que nos deixou, entre outras obras, os *Aforismas,* nos quais destaca a importância do ar puro, da higiene (como lavar as mãos com frequência, por exemplo) e a escolha de um bom vinho. Deixou até mesmo uma receita para ressaca, para remediar os excessos da véspera... No *Poema Médico de Salerno,* traduzido em 1608 para o inglês por Sir John Harrington, o vinho é citado mais de 30 vezes. Um de seus versos diz: "O vinho, as mulheres e o banho podem fazer muito bem ou muito mal ao homem". Diz-se que no tímpano do portal de entrada do hospital de Salerno havia uma inscrição: "Bebe um pouco de vinho..."

IV. Da saúde

Teodorico Borgognoni (1205-1296), também médico da Escola, recomendava o uso do vinho nas feridas, infectadas ou não, como haviam feito os romanos.

Em 1310, aparece o primeiro livro dedicado unicamente ao vinho, o *Liber Vinis*, do catalão Arnaud de Villanova, médico de Jaime de Aragão e professor da Universidade de Montpellier. Boa parte da obra é dedicada às virtudes terapêuticas dos vários vinhos para diferentes enfermidades, vinhos que não apenas "curam as flatulências e a infertilidade, como fortificam o cérebro, aumentam a força natural, ajudam a digestão e produzem o bom sangue". Em outro tópico o autor afirma que o vinho servia para "restabelecer as energias, exaltar a alma, embelezar o rosto, crescer o cabelo, limpar os dentes e manter a juventude". Segundo Villanova, os vinhos brancos são preferíveis aos tintos pois "dão menos calor, agem menos sobre o cérebro, aumentam a urina e convém mais aos escolares e estudantes para o entendimento e são mais apropriados para o cérebro fatigado, pela natureza ou por acidente". Critica as fraudes no vinho e os comerciantes que fornecem alimentos salgados antes dos vinhos para que não se notasse a acidez ou o amargor destes.

Henry de Mondeville (1260-1320), cirurgião militar, aconselhava o consumo do vinho após as refeições.

Um dos maiores problemas relacionados ao vinho medievo era sua conservação, para evitar que se oxidasse, pois com a queda do Império Romano perdera-se a "fórmula" do uso da cortiça para vedar satisfatoriamente os recipientes vinários.

Até o surgimento das universidades na Idade Média, a medicina esteve praticamente nas mãos dos religiosos e se fundamentava nas obras clássicas dos autores greco-romanos. Somente a partir do século XIII começaram a aparecer as atividades médicas laicas.

Foi Hieronimus Brunschwig (1450-1512), médico alsaciano, quem introduziu o uso das bebidas destiladas em 1525, na Inglaterra, com sua obra: *Distyllacyon of the Waters off all Manner of Herbs – for the help and profit of surgeons, apothecaries and all manner of people – Livro virtuoso sobre a destilaçao das águas de todo tipo de ervas – para auxílio e proveito dos cirurgiões, médicos, farmacêuticos e povo em geral.* Se algum benefício essas bebidas trouxeram, com elas chegou também o alcoolismo, principalmente pela produção do gim, inicialmente a partir do zimbro, e mais tarde de outros destilados. Evidentemente, o vinho nada tinha a ver com os efeitos dos destilados.

A figura mais importante da medicina do século XIV foi, entretanto, Phillipus Aureolus Theophrastus Bombastus von Hohenheim, mais conhecido como Paracelso (1493-1541). Sua célebre afirmação *"Dosis sola facit venenum"*, – todas as substâncias são tóxicas, só a dose determina se é tóxica ou não – aplica-se admiravelmente ao vinho. Foi ele o primeiro a relacionar o processo vital com atividades químicas, em cuja intercorrência ocorriam as enfermidades, sobre as quais se podia interferir. Hoje, ao tomar um comprimido ou uma injeção, estamos em princípio aceitando as ideias de Paracelso. Seus conceitos sobre o que atualmente chamamos de medicina psicossomática, da individualidade do homem enfermo e do contágio das infecções o colocaram entre os mais avançados e, por isso mesmo, entre os mais perseguidos pensadores de seu tempo. Nomeado professor de medicina aos 34 anos, em Basileia, queimou publicamente as obras de Galeno e Avicena, autores até então irrefutáveis. Não lecionou em latim mas em alemão, coisa impensável na época. De certo modo, fez na medicina o que seu contemporâneo Lutero (1483-1546) fizera na teologia, ao publicar em 1522 a edição da Bíblia em alemão, o que chocou a Igreja. Paracelso foi o primeiro a usar a palavra *álcool* para o espírito do vinho e a utilizar medicamentos minerais, com o que pode ser considerado o pai da moderna farmacologia.

A partir do Renascimento, em toda Europa Central, com poucas exceções, os produtores de vinho gozavam de regalias e benefícios, como o de não pagar alguns tributos e obrigações. Na Alemanha, por exemplo, grande parte dos vinhedos pertenciam à nobreza e ao clero, o que de certa maneira ainda ocorre nas regiões do Reno e da Francônia. A exceção histórica é a região do Mosela, de minifúndios

IV. Da saúde

modestos em sua maior parte. Na França, esses privilégios só foram abolidos com a Revolução Francesa, no final do século XVIII.

A DESTILAÇÃO DO ÁLCOOL E SEU USO MEDICINAL

A palavra *álcool* é de origem árabe – *kohl* é o nome do pó negro do antimônio pulverizado, usado pelas mulheres árabes para maquilar os olhos, bem como pelos beduínos do deserto para proteger a vista do reflexo da luz solar na areia. Com o prefixo *al,* o termo foi também usado para qualquer substância pulverizada e, posteriormente, para qualquer essência obtida por destilação. A partir do século XVIII a palavra passou a ser usada principalmente para o destilado ou para o "espírito" do vinho.

A destilação foi descoberta por alquimistas, chegaram aos árabes, e os aparelhos que utilizavam são descritos por Marco Graco, do século VIII, no que pode ser considerado o primeiro documento histórico sobre a destilação, embora ele não mencione as características do produto obtido. Talvez por isso atribui-se a Ibn Yasid, em algum momento posterior ao século X, a obtenção do álcool no Ocidente, pois na imensa obra de Avicena (Ibn Sina, 980-1037), considerada verdadeira enciclopédia dos conhecimentos da época, o álcool não é mencionado.

O uso medicinal do álcool é mencionado pela primeira vez em 1100, na Escola de Salerno, que diferenciava duas formas: *aqua ardens,* mais fraca, com teor alcoólico ao redor de 60º, e *aqua vitae,* mais forte, com 90º. Desde então já se atribuía ao destilado propriedades medicinais, e até mesmo a virtude de prolongar a vida. Daí o termo francês "*eau de vie*", água da vida.

Deve-se a Michele Savonarola (1384-1469), médico de Pádua, a obra "*De arte confectionis aquae vitae*", em que faz o elogio da bebida, muito usada por ordens religiosas "para o consolo dos que sofrem".

A partir do século XIV, vários mosteiros passam a produzir licores à base de destilados e ervas diversas, alguns dos quais existem até hoje. O *Benedictini* é produzido na abadia de Fecamp, na França, desde 1510, e o *Chartreuse,* inicialmente chamado *Elixir da Longa Vida,* desde 1605, no mosteiro cartuxo em Voiron, também na França.

No final do século XVI, várias destilarias laicas funcionavam na Europa, entre as quais a *Bols* holandesa, fundada em 1575, e a alemã *Der Lachs,* produtora da *Dantzig Goldwasser,* de 1598. No século seguinte, os segredos da destilação tornaram-se de domínio público, enquanto tão somente no século XIX aparecem a palavra alcoolismo, criada pelo médico sueco Magnus Huss.

O vinho na Península Ibérica

Para alguns, a vinha teria chegado à península ibérica através de navegantes fenícios; para outros, foi trazida pelos cartagineses entre os séculos VI e V a.C., propagando-se inicialmente na costa catalã e na Bética, atual região dos vinhos de Xerez. Plínio, o Velho (23-79 a.C.), descreveu em detalhes esses vinhedos e as variedades de uva cultivadas, de uma das quais, a *balistica*, o vinho era recomendado para as afecções da bexiga.

A partir do século VIII, com a ocupação árabe da península, inicialmente o vinho foi tolerado, mas mais tarde demonizado. Paradoxalmente, na medicina islâmica o vinho sempre foi reconhecido como benéfico, como estimulante físico e anímico e recomendado na recuperação dos enfermos.

Os três mais notáveis médicos árabes, Rhazes-al-Razi (c. 860--c. 932), Avicena (Ibn Sina, 980-1032) e Abucasis de al-Andaluz (Abu'l Quasim al-Zahrawi, 839-?) usaram regularmente o vinho em seus medicamentos. Rhazes foi o primeiro a descrever a varíola e, possivelmente, também o primeiro a destilar o álcool do vinho para tratar feridas. Avicena, considerado "o príncipe dos médicos", cuja obra foi respeitada no Oriente e no Ocidente, aconselhava o uso do vinho "que faz com que o produto da digestão seja melhor assimilado pelo organismo". Abucasis de al-Andaluz, criador de grande parte do instrumental cirúrgico usado até os nossos dias, descreveu em sua obra *Kitab al-Tasnil* o emprego do vinho para o tratamento de várias enfermidades, entre as quais a sinusite. Seu tratado das técni-

IV. Da saúde

cas e instrumental cirúrgico, ilustrado, foi traduzido para o latim no século XII e permaneceu como texto de estudo nas escolas médicas europeias até a segunda metade do século XVIII.

Ao tempo de Abucasis, no século X, Córdoba era o centro cultural da Europa, com um milhão de habitantes, cujo bem-estar era assegurado por uma "classe médica" que contava com 52 hospitais. Maimonides (1135-1204) médico e filósofo judeu, também de Córdoba, em sua obra cujo título latino é *De Regimene Sanitatis* afirma: "O vinho é, para o velho, o que o leite é para a criança".

É possível que essas circunstâncias possam explicar, pelo menos em parte, o fato de a extensão do vinhedo na península não ter diminuído durante os oito séculos de ocupação muçulmana. Além disso, a uva de mesa sempre foi muito apreciada, assim como as uvas passas.

Para alguns historiadores, como Claudio Sánchez-Albornoz (1893-1984), pelo menos entre a nobreza árabe o vinho sempre foi regularmente consumido, enquanto que para Évariste Lévi-Provençal (1894-1956) "nos períodos *omeia* e *tarifa* todas as classes sociais consumiam vinho, apesar do rigor de alguns *alfaquies,* e este podia ser encontrado em todas as tabernas".

O vinho na tradição judaico-cristã

As virtudes terapêuticas do vinho estão constantemente presentes, tanto no Antigo, como no Novo Testamento. No Eclesiastes há uma longa passagem sobre os benefícios do vinho tomado com moderação: "O que é a vida se lhe faltar o vinho, que foi criado para a alegria do homem? Alegria do coração e da alma é o vinho bebido ao tempo e medidas certas", (31:25-31). Do Novo Testamento é bem conhecida a passagem em que Paulo aconselha a Timóteo que não tome água, mas vinho: "Não bebas mais água só, mas usa de um pouco de vinho, por causa do teu estômago e das tuas frequentes enfermidades" (Timóteo 5:23). Na parábola do bom samaritano, este socorre o ferido com vinho e azeite, aquele como desinfetante e este como suavizante.

VINHO E SAÚDE

Na época, o azeite e o vinho eram medicamentos habituais. Como curiosidade, podemos acrescentar que na *Farmacopeia Universal* de 1697 consta um *Bálsamo do Bom Samaritano*, com vinho tinto e azeite, em partes iguais, empregado para limpar feridas, fortificar os nervos e aliviar catarros... É interessante acrescentar que se trata de uma obra coletiva, que englobava o "saber médico" da região de que provinha.

***

Tanto na Idade Média como no Renascimento o vinho foi considerado alimento e medicamento. Olivier de Serres (1539-1619), agrônomo, em seu *Theâtre d'Agriculture et Mesnage des Champs,* diz: "Depois do pão vem o vinho. É o segundo alimento dado ao homem pelo Criador para manutenção da vida e, sem dúvida, o mais celebrado".

As virtudes medicinais do vinho começaram a ser oficialmente reconhecidas no início do século XVII. Do livro *The Mistery of Vintners,* de 1662, editado em Londres, consta a afirmação: "O vinho é muito necessário a todas as pessoas", enquanto Buffon (Georges Louis Leclerc, 1707-1788) afirma: "A água pura não bastaria aos trabalhadores para manter suas forças". Em 1618 ele apareceu pela primeira vez, como medicamento, na farmacopeia de Londres, em 1339 na de Paris, em 1631 na de Amsterdã, em 1651 na de Madri, em 1671 na de Bruxelas e em 1778, na russa. A esses reconhecimentos seguem-se outros, com vinhos associados a ervas medicinais maceradas, citratos ou tartaratos de ferro, azeite de oliva e várias outras substâncias.

Cabe aqui lembrar uma curiosíssima receita do arsenal terapêutico português. É a formulação do reputado Dr. Diogo Afonso Magancha (1391-1438) receitada para as "pestanças", pestes, o maior flagelo do homem medieval:

> Tome-se 1/2 onça de pó de ouro, 1/2 de aljôfar (pérolas pequenas) moído, 1/2 de coral, que serão misturados em 1/2 quartilho de vinho e 1/2 de cânfora.

IV. Da saúde

A mistura é então dada a um texugo. Posteriormente degola-se o animal embriagado, colhendo-se todo seu sangue, o fígado e o coração. A essa massa acrescenta-se sal, "tanto quanto se possa apanhar com três dedos".

Paralelamente, prepara-se outra massa com:
2 onças de cinamomo bem fino
1 onça de genciana
1/2 onça de verbena
1/4 de onça de gengibre
1/8 de onça de cravos finos
1/16 de onça de mirra
1/32 de onça de aloés
1/64 de onça de unicórnio fino

Misturam-se todos esses ingredientes à pasta resultante do esmagamento do fígado, coração e sangue do texugo, bem como com sua pele e dentes. Seque-se bem a massa resultante, ao "sol lento" ou ao "calor da chama", moendo-a em um pó finíssimo. A dose recomendada por pessoa é de 3/8 de onça (cerca de 10 gramas) desse pó, diluída no mesmo vinho dado ao texugo. O pó deverá, entretanto, ser de preparo recente, no máximo de um ano, sem o que perderia sua eficiência...[2]

Paradoxalmente, nos receituários médicos dos países anglo-saxões, de menor produção vinícola, o vinho se faz mais presente que nos demais. O médico escocês John Brown (1735-1788), em vez de receitar o uísque de seu país, valia-se do vinho tinto (e do láudano), para o que hoje chamaríamos de fadiga crônica, enquanto o alemão Friedrich Hoffmann (1660-1742), criador das famosas gotas Hoffmann (que chegariam quase aos nossos dias), considerava o champanhe o melhor remédio para as dores de cabeça.

A gigantesca enciclopédia de d'Alembert e Diderot, "*Encyclopédie ou Dictionnaire raisonné des sciences, des arts et des métiers*" (1751-1772) – Enciclopédia ou dicionário lógico das ciências, artes e ofícios – que prepararia ideologicamente a Revolução Francesa, indica diferentes vinhos para inúmeras doenças. Lord Byron (1788-1824) dizia que "o vinho alegra o triste, reanima o velho, inspira o jovem e faz esquecer a fadiga ao cansado", enquanto Voltaire (1694-1778)

---

[2] A receita do Dr. Diogo Afonso Mangancha para as "pestanças" consta do "Livro de Conselhos de el-Rei D. Duarte", ou "Livro da Cartuxa", uma espécie de livro de anotações do monarca, o décimo primeiro rei de Portugal, filho de D. João I, o Mestre de Aviz, fundador da dinastia. Foi escrito possivelmente desde 1423 até o final de seu curto reinado, de 1433 a 1438.

afirma que o vinho "se tomado com moderação, é um remédio para a alma e para o corpo".

O famoso gastrônomo Grimod de la Reynière (1758-1837), que pode ser considerado o primeiro "cronista de gastronomia", diz em seu *Almanaque Gastronômico* de 1803: "O vinho é o maior amigo do homem, se usado com moderação e seu pior inimigo se tomado em excesso...". E prossegue: "A melhor comida, sem vinho, é como um baile sem orquestra".

Em qualquer trabalho sobre vitivinicultura nunca se poderá omitir o nome de Louis Pasteur (1822-1895), a quem a enologia tanto deve e cujos trabalhos abriram uma nova era no mundo do vinho. Após pesquisar e lecionar em Dijon e Estrasburgo, Pasteur foi nomeado professor catedrático de química, em 1854, na Universidade de Lille, centro que fora criado também para assessorar a indústria de bebidas alcoólicas. Pasteur dedicou-se ao estudo das fermentações e demonstrou experimentalmente a responsabilidade das leveduras nesse processo, assim como a deterioração do ácido lático por bactérias que avinagravam os vinhos. Seus trabalhos permitiram que se prevenisse a oxidação do produto, que gerava enormes prejuízos na França e em todos os países produtores, permitindo seu envelhecimento seguro. O processo seria, mais tarde, denominado *pasteurização,* e consiste em elevar a temperatura até um determinado nível e pressão, baixando-a depois bruscamente, eliminando assim as bactérias que causam fermentações secundárias indesejáveis. Mais tarde a pasteurização passou a ser aplicada a outros líquidos orgânicos, como o leite e a cerveja.

Em 1866, Pasteur publicou sua histórica obra *"Estudos sobre o vinho, suas enfermidades, causas que o provocam e novos procedimentos para sua conservação e envelhecimento"*, que marcou o início de uma nova era para a vitivinicultura mundial, solucionando o problema da conservação, que acompanhava o vinho desde suas mais remotas origens. Foi esse trabalho que Pasteur concluiu, afirmando: "O vinho pode ser considerado, com justa causa, a mais saudável e higiênica das bebidas".

IV. Da saúde

No final do século XIX começaram a aparecer, na Europa e nos Estados Unidos, campanhas antialcoólicas e, quase simultaneamente, trabalhos científicos rigorosos sobre os benefícios do vinho para a saúde do homem. Esses trabalhos se multiplicaram por todas as partes do globo, com informações demográficas, estatísticas e sociais, comprovando-se na prática o que já se sabia.

Nas campanhas contra o álcool, de modo geral, incluem-se todas as bebidas que o contém, fermentadas, fortificadas e as centenas de destiladas, estas sem dúvida relacionadas ao alcoolismo. No conjunto, são bebidas das mais variadas origens e teores alcoólicos diversos, que variam de 4º a 60º G.L. (Gay-Lussac), que não podem serem equiparadas.

As posições por vezes se radicalizavam. Assim, se para os messiânicos *o álcool mata,* para outros o vinho tudo cura, *vinho é saúde.* Convenhamos que, dependendo da quantidade e circunstâncias, as duas partes podem ter razão. Cabe, entretanto, separar o vinho do álcool. O vinho contém álcool em baixa concentração (8º a 15º G.L.), entre outras centenas de substâncias comprovadamente benéficas para a saúde. Não se pode responsabilizar a indústria automobilística pelos acidentes de trânsito...

O professor Landousy, contemporâneo de Pasteur, afirmava que o vinho contribuia com 1/8 da ração alimentar humana e lhe dava 9/8 da sua boa disposição.

Nos anos 1920 foi fundada, na França, a *Société Française des Médecins Amis du Vin* – Sociedade francesa dos médicos amigos do vinho – que, em 1930, por iniciativa do Prof. Georges Portmann (1890-1985), ilustre otorrinolaringologista e cidadão do mundo que conheceu todos os países do mundo de seu tempo, se internacionalizou como *Société des Médecins Amis du Vin.* Paradoxalmente, a clarividência de Portmann contrastou com o obscurantismo do outro lado do Atlântico: entre 1920 e 1933 vigorou a "lei seca" nos Estados Unidos, época em que mais se bebeu uísque no país.

A sociedade dos Médicos Amigos do Vinho organizou vários congressos, nacionais e internacionais. Com alguma dificuldade e muita

VINHO E SAÚDE

sorte, conseguimos obter, em um alfarrabista parisiense, anos atrás, as atas de várias dessas reuniões: em uma delas, a de 1933, em Bordeaux, meu pai, então assistente da Clínica Portmann, participou.

O 3º Congresso Internacional seria em Atenas, em 1941, mas a Segunda Guerra Mundial suspendeu essas reuniões, que só voltariam a se realizar em 1957 e 1961, em Bordeaux. Desta última participaram médicos da França, Suíça, Alemanha, Portugal, Espanha, Itália, Luxemburgo, Dinamarca, Suécia, Iugoslávia, Canadá e Estados Unidos. Foram muitos os trabalhos apresentados no certame, do qual resultou um relatório de mais de 200 páginas, hoje raridade bibliográfica, que tivemos o prazer de receber, em 1983, do próprio Prof. Portmann.

Portmann publicou, além de mais de uma centena de trabalhos médicos (entre os quais cerca de dez títulos importantes em sua especialidade), alguns livros sobre vinhos. Sem contar as comunicações nos congressos da "Sociedade dos médicos amigos do vinho", são de sua autoria: *Vin et professions*, *Le vin et les civilisations humaines*, *Vin et Santé*, *Les vins blancs liquoreux de Bordeaux et la neige*, entre outros.

Nos últimos tempos, os trabalhos sobre o vinho na saúde humana multiplicaram-se em progressão geométrica, não sendo possível relacioná-los todos em uma simples resenha histórica. Mencionaremos apenas três, por mais significativos e recentes:

- E. B. Rimm e cols. demonstram a relação inversamente proporcional entre o consumo de vinho e as moléstias coronarianas em seu trabalho *Prospective study of alcohol consumption and the risk of coronary disease in men*, Lancet, 1991, 338: 464-468.
- A. A. Bertelli e cols. mostram que o resveratrol estimula a MAP quinasa, prevenindo as moléstias neurodegenerativas em *Resveratrol, a natural stilbene in grapes and wine, enhances intraphagocytosis in human promonocytes: a co-factor in antiinflammatory and anticancer chemoprentive activity*. Int. Tissue React, 1999, 21(4): 93-104.
- H. Hoffmeister e cols. chegam à conclusão de que a mortalidade entre os consumidores moderados de vinho é significativamente

IV. Da saúde

menor que aquela entre os abstêmios, da mesma faixa etária e condições de vida, em *The relationship between alcohol consumption, health indicators and mortality in the German population.* Int. J. Epidemiol. 1999, Dec, 28(6): 1066-72.

Pensou-se aqui apenas mostrar que, além do vinho-alimento e do vinho-alegria, essa substância maravilhosa que acompanha o homem desde sempre, pode também ser o vinho-medicamento e o vinho-saúde. Podemos viver sem livros, podemos viver sem música. Podemos viver sem amigos, sem felicidade, sem calor humano, mas que vida seria essa? Podemos viver até sem amor. Valeria a pena vivê-la? Sem o vinho a vida também seria outra e, possivelmente, também não mereceria ser vivida.

Evoé Baco!

Do vinhozinho com os amigos à dependência de álcool[1]

Sérgio de Paula Ramos

Introdução

O brasileiro gosta de tomar um drinquezinho com os amigos depois do expediente para relaxar, enquanto ventila as ideias comentando as últimas notícias. Mas quando começa a tomar bebidas alcoólicas diariamente, com o correr do tempo pode se tornar dependente delas. De fato, a linha que separa o bebedor social do dependente é tão fina que mesmo os médicos, às vezes, têm dificuldade para compreender em q ue estágio da enfermidade o paciente se encontra.

É que o alcoolismo, também chamado síndrome da dependência do álcool, engloba uma série de problemas, influenciados por quantidades variáveis de fatores genéticos, ambientais e psicológicos, embora ainda pairem muitas dúvidas sobre como atuem sobre os indivíduos. É caracterizado pela compulsão, ou desejo incontrolável de beber; pela perda de controle, ou seja, a impossibilidade de parar

---

[1] Este artigo originalmente constituiria uma outra coletânea de artigos sobre vinho escritos por médicos de várias especialidades, mas que acabou não sendo publicada. É inspirado no artigo homônimo, publicado na *Revista Brasileira de Psiquiatria*, em co-autoria com Woitowitz, A.B.

IV. Da saúde

depois que se começou a beber; a dependência física, com o aparecimento de sintomas como náusea, suor, tremores, quando se parar de ingerir álcool; e tolerância, isto é, a necessidade de aumentar a quantidade de bebida para se sentir embriagado. Seja como for, o alcoolista precisa ser tratado.

Existem, hoje, duas abordagens para levar a efeito o tratamento. A primeira e mais tradicional é a que considera que o alcoolismo seja uma doença: nesta, o objetivo do tratamento é atingir a mais completa abstinência ao álcool. As abordagens mais modernas enxergam o alcoolismo como um problema de comportamento e, neste caso, a finalidade do tratamento passa a ser beber de forma "controlada" ou "beber moderadamente".

Se a abstinência de álcool for considerada o único parâmetro de avaliação da eficácia dos tratamentos para alcoolistas, a conclusão a que forçosamente temos de chegar é de que os últimos 25 anos não trouxeram qualquer melhora. De fato, em pesquisas bem conduzidas as taxas de abstinência insistem em permanecer abaixo de 20%, considerado o período de um ano. Taxa de sucesso modesta que, por si só, justifica o continuado esforço preventivo para que não se chegue a qualquer grau de dependência.

No Brasil, cerca de 90% da população adulta consome algum tipo de bebida alcoólica. Destes, 10% usarão o álcool de maneira nociva, e outros 10% tornar-se-ão dependentes, o que vale dizer que, em cada cinco bebedores, um terá um agravo de saúde por ingerir bebidas alcoólicas. Os estudos etiológicos tentam discriminar o que esse bebedor tem de diferente dos demais: afinal, enquanto aqueles extraem apenas prazer com o consumo de bebidas alcoólicas, que podem, inclusive, prover uma certa proteção a inúmeras afecções clínicas, este se torna, com o tempo, portador de uma das enfermidades mais desgastantes, tanto do ponto de vista de sua saúde, quanto do de sua família.

No entanto, enquanto esses estudos não nos fornecem ferramentas terapêuticas que permitam ampliar a eficácia do tratamento, o exame do percurso de algumas pessoas que, partindo do beber moderado, chegaram à dependência alcoólica, pode nos municiar com informações úteis para que o consumidor de bebidas alcoólicas ganhe condições de se acautelar e nós, terapeutas, possamos melhor prescrever para ajudar os que deles necessitam.

ALCOOLISMO: EVOLUÇÃO DO CONCEITO

Apesar de Magno Huss ter sido o primeiro a definir, no século XIX, o alcoolismo como doença, e de os *Alcoólicos Anônimos* terem norteado, desde 1935, toda sua obra por esse mesmo conceito, foi apenas com Jellinek, nos anos 60, que o conceito de alcoolismo--doença se popularizou na ciência médica contemporânea. Segundo tal conceito, uma pessoa teria ou não alcoolismo, como em qualquer situação de tudo ou nada, branco ou preto, ou tem ou não tem: para seus portadores, a única saída para tratar essa *doença progressiva e fatal* seria a abstinência alcoólica definitiva. A partir desta abordagem, todos os pacientes que não logram a abstinência sustentada são considerados, portanto, casos de fracasso terapêutico. Sublinhe-se que os que chegaram a desenvolver esse modelo conceitual, ou com ele se identificaram, são terapeutas que trabalharam com populações clínicas.

Outras contribuições relevantes, no entanto, foram dadas por sociólogos e epidemiologistas estudando comunidades. Surgiram, então, os conceitos de bebedor pesado, bebedor abusivo e bebedor problema. Esses autores destacaram um subgrupo de usuários de álcool que não tinham a *doença alcoolismo*, mas nem por isso deviam preocupar menos, pois eram estes os responsáveis por acidentes de trânsito e de trabalho, agressões físicas domésticas e públicas, além de apresentarem uma série de afecções clínicas que os colocavam na posição de consumidores de serviços de saúde.

Até aqui, portanto, quatro categorias diagnósticas foram delineadas: a dos abstêmios; a dos bebedores sem problemas, aqueles que bebem socialmente; a dos bebedores com problemas, que bebem demais mas não continuadamente; e a dos alcoolistas, que realmente são dependentes. Essa visão ganhou sustentação em trabalhos que, por mui-

IV. Da saúde

tos anos, acompanharam pessoas que foram apresentando problemas com a bebida, e outras que não os apresentaram. Nessas pesquisas, evidenciou-se que nem todo o beber é progressivo e que o alcoolismo nem sempre é uma doença fatal. Mais ainda, que alguns bebedores com problemas conseguem retornar a um padrão de ingestão sem problemas, o mesmo podendo acontecer com alcoolistas graves, embora esta seja uma rara exceção, muito mais do que a regra.

Isto dá uma ideia da complexidade que os profissionais da saúde têm que enfrentar quando recebem para tratamento alguém que sente estar bebendo demais. Mais dificuldades ainda aparecem quando o paciente não concorda com o que seus familiares relatam ao médico – como ocorre com a maioria dos dependentes. Tanto é verdade que já se desenvolveu uma definição mais criteriosa para "problemas", estabelecendo-se que o problema com a bebida é definido pelos outros: pela esposa, pelos filhos, pelos pais, pelo chefe. Isto porque é frequente demais que o próprio bebedor declare não ter qualquer problema!

Em 1976, os professores Edwards & Gross definiram a *síndrome de dependência do álcool,* ampliando-se a percepção de alcoolismo, quadro unitário e merecedor de uma única conduta terapêutica, para uma síndrome, multifacetada e polideterminada, que comporta um espectro abrangente de propostas terapêuticas. Isso facilitou as coisas, e muito, pois na prática não existe um só dependente do álcool que se sinta igual aos outros. Todos são, ou se sentem, únicos.

O álcool em diferentes culturas

As bebidas alcoólicas foram consumidas desde tempos imemoriais, em todo o mundo, por razões médicas ou higiênicas, por mero divertimento, como afrodisíacos, razões nunca faltaram.

Na Grécia antiga, acreditava-se que Dionísio, o deus grego do vinho – chamado Baco na mitologia romana – fora o promotor da civilização, legislara e promovera a paz, além de ser o protetor da agricultura e do teatro. Então, consumia-se vinho no café da manhã e nos simpósios, instituição social importante. Originalmente,

Do vinhozinho com os amigos à dependência de álcool

a palavra simpósio se referia a uma reunião para beber, em que os homens discutiam, debatiam, fanfarronavam, conspiravam e, muitas vezes, celebravam a apresentação de jovens rapazes à sociedade, ou vitórias em competições de atletismo. Os simpósios se realizavam na ala masculina da casa, em um recinto com sofás pelas paredes, onde os convivas se reclinavam. Jovens nus serviam alimento e vinho – geralmente misturado com água – e o simposiarca oferecia divertimentos como jogos, música, cortesãs, apresentações artísticas feitas por escravos, etc. Se estivessem programadas discussões sobre problemas sérios, o simposiarca mandava misturar mais água ao vinho, sem jamais esquecer-se de atirar um pouco ao chão, para propiciar a boa vontade dos deuses. Os simposiastas também organizavam competições retóricas, e é por isso que a palavra simpósio, por extensão, passou a referir-se a qualquer evento em que são feitos vários discursos, como conferências acadêmicas, não importa se oferecem bebidas ou não.

O vinho fazia parte da dieta diária dos antigos romanos e era, também aí, misturado à água. Em uma festa de casamento, Jesus Cristo transformou água em vinho, e também utilizou a bebida na Última Ceia, transformando-a no símbolo de seu sangue. Por isso, o vinho passou a fazer parte do ritual eucarístico católico.

Durante a Idade Média, as famílias consumiam cerveja, que era fermentada três vezes: os homens bebiam a mais forte, as mulheres a média, as crianças a mais fraca. Em uma época em que não se dava importância a princípios higiênicos, era uma forma de evitar doenças transmitidas pela água, como a cólera, por exemplo. Além disso, a bebida podia ser armazenada em recipientes de vidro ou cerâmica durante meses, sem se estragar, o que certamente contribuiu para sua larga aceitação.

Nos séculos VIII e IX, alquimistas islâmicos inventaram o alambique e surgiram, então, as bebidas destiladas, que chegaram à Europa no século XII e, levada pelos mongóis, alcançaram a China no século XIV.

Entre os astecas, a bebida *octli*, hoje chamada *pulque*, era feita de suco de ágave fermentado. Mas embriagar-se era completamente

IV. Da saúde

proibido. Se alguém fosse apanhado bêbado em público ou caísse embriagado na rua, raspavam-lhe a cabeça em praça pública, diante de uma multidão que escarnecia dele. Se bebesse uma segunda vez, era açoitado até a morte, ou estrangulado em presença dos jovens das redondezas, para servir de exemplo. Os severíssimos decretos reais não poupavam nem sacerdotes, nem dignitários da corte, nem embaixadores: caso não causassem escândalo, apenas perdiam todos os seus títulos em funções. Mas se, bêbados, chamassem a atenção, agia-se muito mais discretamente, levando em conta que se tratava de um nobre: o culpado era estrangulado em segredo.

Os índios sul-americanos consumiam cauim, bebida fermentada feita com mandioca, ou chicha, também fermentada, mas confeccionada com milho.

Até hoje a rigorosa lei islâmica proíbe terminantemente os muçulmanos de consumir álcool. Um dos discípulos de Maomé, na Sunnah 38:4467, relata que o Profeta disse: "Se eles beberem vinho, açoite-os. Se o beberem novamente, açoite-os. E se o beberem novamente, execute-os". Ainda assim, Egito e Marrocos produzem cerveja e vinhos, além de importar bebidas. E encontram-se instituições para tratamento do alcoolismo até na Arábia Saudita, país onde o álcool é ilegal.

No ocidente, como em toda parte, o início do consumo das bebidas alcoólicas por determinada pessoa está subordinado a padrões culturais. Dependendo do contexto, aceita-se que a bebida alcoólica atenua a fome, que refresca no calor e aquece no frio, que ajuda a enfrentar o trabalho, alivia o sofrimento, faz ganhar coragem.

Assim, enquanto nas culturas vinícolas as crianças são apresentadas ao vinho em casa, pelos pais e avós, nas culturas anglo-saxônicas esse início se inscreve, na adolescência, no contexto dos rituais de iniciação à vida adulta. Está demonstrado que grupos étnicos que toleram a embriaguez adulta, mas que censuram nas crianças e adolescentes o aprendizado de práticas seguras de uso de álcool, estariam mais sujeitos ao desenvolvimento de futuros alcoolistas.

Quando termina o divertimento e começa a dependência?

A maior parte das pessoas que ingerem álcool bebem socialmente, apenas para sublinhar o prazer de experiências normalmente agradáveis. Não experimentam qualquer problema associado à bebida, não perdem o controle, nem ficam matutando sobre quanto beberam simplesmente porque não vem ao caso.

Mas há quem se sirva da bebida alcoólica para mudar a forma como se sente a seu próprio respeito, ou a respeito de alguns aspectos negativos de sua vida, como insegurança, medo, raiva, etc. Essas pessoas abusam do álcool e já experimentaram alguns problemas em relação a esse hábito, mas usam essas experiências para estabelecer limites em relação à quantidade de bebida que podem ingerir, e com qual frequência. A menos que tenham uma boa razão para isso, raramente repetem estes comportamentos. Se alguém reclamar de seu excesso de bebida, prometem controlar-se e realmente o fazem.

Outras pessoas há que, com o correr do tempo e o uso constante da bebida alcoólica, tornam-se dependentes dela. A despeito de experimentar consequências negativas associadas à bebida, continuam a beber. Estabelecem limites sobre quanto e com que frequência beber, mas não se controlam e repetidamente excedem os limites autoimpostos. Prometem a si mesmas e a outras pessoas que passarão a beber com moderação, mas quebram as promessas, passando a sentir-se culpados e cheios de remorsos: falham quando tentam alterar permanentemente seus hábitos. Experimentam desconforto físico, mental, emocional ou psicológico quando em abstinência, apresentando confusão mental, perda de memória e irracionalidade. Ressentem-se quando alguém faz comentários ou reclama sobre a bebida, ou então simplesmente os ignoram.

Os mitos e a realidade

Será verdade que as pessoas más, ou loucas, são particularmente suscetíveis a se tornarem dependentes do álcool? Nada mais longe

IV. Da saúde

da verdade, a dependência não tem preconceitos, atinge igualmente pessoas boas, más, gordas, magras, altas, baixas, inteligentes, ignorantes, em todos os grupos socioeconômicos.

Muita gente pensa que a dependência ao álcool é um mau hábito, consequência de falta de força de vontade e fraqueza moral. Ao contrário, é uma doença crônica, como o diabetes ou a hipertensão, que surge ou por circunstâncias sociais e comportamento pessoal, ou por razões genéticas.

Não importa quanta força interior tenha o alcoolista, dificilmente poderá dar fim à dependência se não recorrer a tratamento médico. Algumas organizações, como a dos *Alcoólicos Anônimos*, conseguem bons resultados, mas a percentagem de recaídas é bastante grande. Os tratamentos mais efetivos são os que combinam o tratamento médico com o suporte comunitário fornecido por instituições como essa.

A ideia de que o indivíduo dependente que conseguiu atingir a sobriedade, com ou sem tratamento médico, pode voltar a usar bebidas alcoólicas socialmente não passa de um mito bem intencionado. Essa doença crônica não desaparece, mesmo que a pessoa tenha ficado longo tempo sem beber e tenha excelente autocontrole.

Nos dias de hoje, há inúmeras formas de tratamento para os dependentes de álcool, em hospitais, clínicas, consultórios particulares. Às vezes, o paciente é internado para desintoxicação, depois acompanhado de perto, de preferência fazendo aconselhamento ou terapia psicológica.

A recuperação é sempre possível e a enfermidade passível de ser tratada. Mesmo que o paciente não atinja a abstinência perfeita, o tratamento pode reduzir o número e a duração das recaídas, diminuindo a incidência de problemas relacionados com a saúde sistêmica do indivíduo, preparando-o melhor para lidar com a próxima ocasião em que se sentir tentado a beber.

Nenhum dos tratamentos utilizados hoje em dia é perfeito, mas à medida que nossos conhecimentos se ampliam, mais eficazes se tornam a prevenção, a intervenção e o resultado. O importante é sublinhar que recuperar-se do alcoolismo não acontece por acaso, nem por milagre. É uma conquista que requer tempo e paciência.

Cada pessoa é uma pessoa mas, de modo geral, quem quer recuperar-se da dependência alcoólica tem que, em primeiro lugar, reconhecer que tem um problema. Depois, procurar um profissional habilitado a ajudá-lo e seguir as prescrições recomendadas. Serão necessários esforços constantes para integrar tais prescrições à vida diária e continuar a utilizar recursos que aprofundam a experiência da recuperação ampliando o crescimento físico, mental e espiritual.

O ALCOOLISMO E OS JOVENS

No Brasil, devemos reconhecer, somos muito liberais no que tange sobretudo à cerveja, sendo muito comum que os pais achem até graça ao ver os filhos pequenos ingerindo-a e alguns, mais perversos, é verdade, até acham divertido vê-las mais alegrinhas sob o efeito de bebidas alcoólicas. Com isso, é fato que nossos adolescentes têm bebido cada vez mais precocemente e, embora seja cedo para se concluir qualquer coisa sobre um possível aumento nas taxas de alcoolismo, basta ver o aumento nas porcentagens de acidentes de trânsito relacionados ao álcool envolvendo menores de 30 anos de idade, para avaliarmos como é alto o tributo pago por essa liberação dos costumes.

Há indicações de que beber excessivamente pode danificar o cérebro dos adolescentes, ainda em desenvolvimento, possivelmente destruindo células do hipocampo, região cerebral responsável pelo aprendizado e pela memória. Os jovens que bebem demais apresentam, em média, hipocampos 10% menores do que os dos jovens abstêmios.

Duncan Clark, pesquisador do Centro Médico da Universidade de Pittsburgh, Estados Unidos, receia que surjam danos cerebrais irreparáveis nos jovens adultos que se embebedam regularmente, o que lhes dificultaria a vida no futuro. A esta altura se faz necessário explicitar que, até recentemente, os pesquisadores acreditavam que o cérebro já completara seu desenvolvimento na adolescência.

IV. Da saúde

Acredita-se agora, porém, que continua a desenvolver-se até que o jovem complete 20 a 21 anos. Embora as pesquisas sobre o assunto ainda estejam em estágios iniciais, acredita-se que o álcool perturba os receptores cerebrais: mesmo que as células não morram, pesadas doses de álcool prejudicam a capacidade de codificar eventos e fatos recentes.

No entanto, não convém perder de vista que a maioria dos jovens que passam a consumir bebidas alcoólicas não apresenta qualquer tipo de problema. Mas quanto mais alcoolistas existirem em suas famílias, as chances de os abusos alcoólicos se tornarem crônicos se tornarão bem maiores. Por outro lado, é sabido que os bebedores com problemas tinham, antes de os apresentarem, mais transtornos de personalidade.

Uma vez desenvolvido um padrão nocivo de consumo de bebidas alcoólicas, este pode seguir percursos diferentes. Foi demonstrado [como?] que podem se passar décadas sem que esses bebedores se tornem dependentes, ou então podem retornar a um padrão de ingestão sem problemas. A consequência terapêutica desse achado é que, para essa categoria diagnóstica, a preconização da abstinência vitalícia, como alternativa única, pode ser contraproducente.

A evolução do beber nocivo para a síndrome de dependência é um processo que pode demorar de poucos meses a 30 anos. Esse período de tempo, contudo, pode ser reduzido nos bebedores de personalidade antissocial, que usam o álcool para desafiar princípios sociais.

Uma vez instalado o alcoolismo, voltar ao consumo padrão de ingestão sem problemas, ainda que tenha sido descrito por diferentes autores, parece ser uma absoluta exceção, que se rarefaz à medida que o espectro da gravidade da dependência for aumentando.

Princípios terapêuticos

A pergunta que se coloca é: O que a ciência propôs e propõe para esses pacientes?

Já nos anos 80, estudando-se uma amostra de pessoas que se reconheciam com problemas nos hábitos alcoólicos, demonstrou-se que, um ano depois, apenas cerca da metade delas havia procurado algum tipo de atendimento. Entre estas, aproximadamente a metade referiu-o ao médico, e entre as que o fizeram, cerca de metade foi investigada com a atenção voltada para esse tópico. Quase a metade desses pacientes investigados recebeu uma conduta específica, coisa que a metade resolveu seguir. Finalmente, entre os que receberam tratamento específico para o problema alcoólico, um terço teve chance de entrar em abstinência. Ou seja, apenas 1% dos pacientes que reconheceram ter hábitos alcoólicos problemáticos procuraram ajuda, foram bem avaliados, diagnosticados, motivados para tratamento e alcançaram abstinência.

Se considerarmos que o mais frequente entre os pacientes com ingestão problemática de álcool é o não reconhecimento de sua dependência, teremos forçosamente de concluir que a cifra de 1% está superestimada.

Na verdade, não há cura propriamente dita para o alcoolismo, mesmo em períodos de abstinência, existe apenas a possibilidade de estacionar a doença.

O desejo incontrolável que o dependente tem pelo álcool é muito difícil de ser contido, e ainda não se conseguiu uma substância que consiga realmente inibi-lo. Entretanto, já existe no mercado um remédio que consegue bloquear o prazer que o álcool proporciona, e um outro que atua melhor na fase de abstinência. As pesquisas continuam, mas ainda estão em fases iniciais e levará alguns anos para que cheguem ao mercado remédios que atuem de maneira diferente.

Os especialistas, contudo, preferem utilizar o tratamento farmacológico juntamente com tratamentos psicossociais como terapias comportamentais cognitivas para melhorar o autocontrole; terapias comportamentais tanto individuais como conjugais; intervenções breves, de uma a três sessões para avaliação e aconselhamento; terapia conjugal e familiar, muito importante para a fase pós-tratamento.

IV. Da saúde

A necessidade do tratamento psicológico advém do fato de que as pessoas que abusam do álcool podem não precisar se abster totalmente do uso da bebida, mas com certeza precisam lidar com os problemas que fazem com que desejem mudar o modo como se sentem.

Cada caso é um caso, cada pessoa é uma pessoa, e o mais importante é que o dependente recorra a profissionais habilitados a orientá-los. No Brasil, onde se estima que cerca de 15% da população seja afetada pelo alcoolismo, como se não bastasse a dificuldade que os pacientes têm em falar de seus problemas com bebidas alcoólicas, os profissionais da saúde parecem ter a mesma dificuldade. Existem vários trabalhos brasileiros demonstrando que os médicos têm dificuldades de perguntar sobre os hábitos alcoólicos do paciente e, nas raras vezes em que conseguem diagnosticar o problema, não sabem bem o que fazer com isso. Tal ocorrência parece estar relacionada com os conteúdos ensinados pelas faculdades de medicina, pois o assunto é pouco abordado no currículo médico e as concepções dos estudantes de medicina sobre alcoolismo praticamente não se alteram ao longo dos 6 anos da faculdade.

Desse modo, o melhor a fazer é ingerir bebidas alcoólicas com muito cuidado para não ultrapassar os limites, de modo que continuem a ser apenas fonte de prazer.

PARTE V
Da cerveja

A CERVEJARIA
MAIS ANTIGA

A cerveja é possivelmente a bebida mais antiga do homem, depois da água e do hidromel. Certamente precedeu o vinho, pois que a disponibilidade dos cereais sempre foi maior que a da videira. A agricultura, pensa-se tenha surgido 10 mil anos antes de Cristo, no Oriente Médio, na região do Crescente Fértil, que se inicia no delta do Nilo, passa pelos atuais Israel e Líbano, estendendo-se até a bacia do Tigre. Escavações em todo o Oriente Médio comprovam que a lavoura de cereais e a produção de cerveja sempre se acompanharam.

Independentemente da geografia, todos os povos da Antiguidade maltaram e fermentaram seus cereais, dos egípcios, assírios e caldeus aos germanos e celtas, bem como os africanos e os primitivos americanos.

O mais antigo vestígio da cerveja que se conhece talvez seja o encontrado por Jeremy Geller em 1989, no Egito, a 750 km do Cairo: fragmentos de cerâmica revestidos por uma substância de cor escura, que a cromatografia identificou como uma mistura de cevada e açúcar, uma indicação de que o cereal fora fermentado e consumido. A

V. Da cerveja

avaliação pelo carbono 14 datou o conteúdo dessas peças por volta de 5.400 anos antes de Cristo.

Entre nós, localizamos a primeira cerveja produzida no país em 1640, no Recife, ao tempo da ocupação holandesa, produzida pelo cervejeiro Dirck Dicx.[1] No Rio da Prata, em Buenos Aires, a primeira cerveja foi produzida em 1740, pelo médico inglês Robert Young, como revelou a historiadora Elena Studel.[2] Na maioria dos países da América Latina, pode-se dizer que as primeiras cervejas são do século XIX, fundadas por imigrantes anglo-saxões ou por seus descendentes.

As cervejas antigas, ao contrário das atuais, eram escuras e fortes, chamadas por muitos de "pão líquido", sendo geralmente produzidas junto com o pão, com os mesmos cereais e de alta fermentação.

Se não podemos localizar a origem dessas cervejas primitivas, a cerveja dourada e límpida, de espuma branca e abundante, e baixa fermentação tem sua origem bem determinada. Foi produzida inicialmente pelo cervejeiro alemão Joseph Groll, considerado o melhor cervejeiro de sua época, na Bürgerliche Brauerei, em Pilsen (daí a denominação), na República Tcheca, oficialmente em 5 de outubro de 1842.[3] Na realidade Groll aperfeiçoou o processo de fermentação que já desenvolvera, valendo-se das condições locais ideais: a água levíssima, com baixo teor de cálcio de Bubenc; o lúpulo de Zatec e a cevada clara da Boêmia. A cervejaria de Pilsen, sobre a qual já falamos,[4] fundada em 1842, ainda existe e produz a famosa *Pilsner Urquell* (fonte original), cerveja que, para muitos, nunca foi superada.

Também se conhece a mais antiga cervejaria do mundo ainda em atividade, a Weihenstephan, de Freising, na Bavária, cuja cerveja é oficialmente comercializada desde 1040. Sua história começa na realidade bem antes. Em 725, São Corbiniano (Cornestone Weihenstephan) funda, com doze monges beneditinos, um mosteiro em Freising, onde teriam começado a produzir cerveja.

---

[1] Fonte: www.br.geocities.com//cervisiafilia/cervbras3.htm em 20.12.2007.

[2] *Ibidem.*

[3] C. Seidl, *Conrad Seidls Bier Katechismus* (Franz Deuticke Verlag, 1999), p. 160.

[4] Sergio de Paula Santos, *Vinho e história* (São Paulo: DBA, 1998), p. 219.

A CERVEJARIA MAIS ANTIGA

Documentos de 768 comprovam a existência de plantações de cevada e lúpulo na região, cujos proprietários cediam 10% de sua produção ao mosteiro. É também dessa data a primeira invasão e destruição do mosteiro de Weihenstephan, que se repetiria em 955, quando foi novamente reconstruído pelos monges.

Em 1040 o abade Arnold consegue, das autoridades de Freising, a licença para produzir e vender sua cerveja, nascendo assim oficialmente a Cervejaria do Mosteiro de Weihenstephan, que na realidade já produzia há mais de três séculos...

Entre 1040 e 1463 o mosteiro foi saqueado e incendiado quatro vezes e passou por um terremoto, sempre reconstruído. Em 1336 o ataque foi de Ludwig da Baviera. Na Guerra dos Trinta Anos (1616--1646), o mosteiro foi arrasado pelos suecos e franceses, e em 1710 pelos austríacos nas lutas pela sucessão do trono espanhol.

A Lei da Pureza (*Reinheitsgebot*) da cerveja – promulgada por Guilherme IV, duque da Baviera, em 1516, e que rege a produção das melhores cervejas – é respeitada até hoje na Baviera; determina que a cerveja seja produzida tão somente a partir de malte de cevada, lúpulo e água. Na época não se identificava o fermento (*Sacharomyces cerevisae*), depois reconhecido e naturalmente acrescentado à lei. A única exceção permitida é para o uso do malte de trigo, se o processo for para a cerveja de alta fermentação.

O que as invasões, incêndios, terremotos e guerras não conseguiram em mil anos, o governo da Baviera conseguiu em 1803, com uma "canetada", estatizando a cervejaria de Weihenstephan e supervisionando sua produção. Em 1895 o estabelecimento passa à Academia de Estudos de Cervejaria da Baviera, absorvida em 1930 pela Universidade Tecnológica de Munique.

Atualmente, a cervejaria, estatal, com a Universidade Tecnológica de Munique, é a referência maior, o mais reputado centro de estudos e formador de "mestres cervejeiros" para todo mundo. E tudo começou em 725, com Cornerstone Weihenstephan e doze companheiros. "Apenas" treze séculos de cerveja.

A Cervejaria Bavária
e os Stupakoff

*B*oa parte de nossas grandes empresas tem duas histórias, a oficial, divulgada por todo o *marketing*, e a outra, pouco conhecida ou mesmo desconhecida. As grandes cervejarias não fazem exceção.

A Cervejaria Bavária, desaparecida no início do século passado, embora a marca permaneça, contou com significativa presença em nosso mercado, mas nunca teve sua história divulgada, nem a oficial nem a outra. Com alguma curiosidade, boas fontes e um pouco de sorte, consegue-se às vezes descobrir o que a mídia ou a internet não informam.

Heinrich Stupakoff, de Hamburgo, chega ao Brasil em 1870. Não tem o perfil do imigrante comum: culto e instruído, com algumas posses, traz consigo um equipamento completo para produzir cerveja. Adquire um grande terreno na Moóca, onde instalará sua fábrica, a Cervejaria *Bávara* (e não Bavária). Empresário e mecenas, foi figura proeminente da colônia alemã em São Paulo. Fazia vir regularmente a Ópera de Berlim e a de Milão ao acanhado burgo de São Paulo da época, onde se apresentavam no modesto Teatro São José. O Teatro Municipal que conhecemos, iniciado em 1903, só viria a ser inaugurado em 1911.

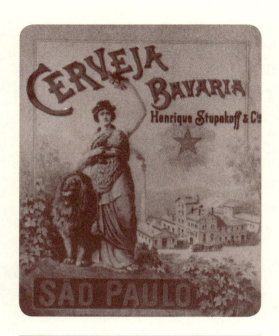

EMBLEMA DA CERVEJARIA BAVARIA, FUNDADA EM 1892.

FAMÍLIA STUPAKOFF.

A primeira notícia que se tem de sua cerveja é de 23 de setembro de 1877, quando da inauguração do *Stadt de Berna* ("a cidade de Berna"), na rua São Bento 73, de propriedade de Vitor Nothman, servido em seu "florido carramanchão".

A cerveja passou a fazer forte concorrência às bebidas populares da época, a *Gengibirra*, um fermentado de farinha de milho, gengibre, casca de limão e água, e a *Caramuru*, também um fermentado de milho, gengibre, açúcar mascavo e água. Eram engarrafadas e vedadas com tampas fixadas com barbante – é essa a origem da expressão "marca barbante" para qualquer coisa ordinária. Também eram vendidas em copos ou canecas, a 80 e 40 réis respectivamente.

Em 1892 é aberta oficialmente a Cervejaria Bavária, de Henrique Stupakoff & Companhia, na Moóca, empresa que em 1901 tinha 200 funcionários. Em 1904 a cervejaria tem problemas e o controle acionário passa à Companhia Cervejaria Antárctica, mudando sua sede para as instalações da Moóca. Já se iniciava então, no início do século passado, o jogo do gato e o rato, em que as duas grandes cervejarias nacionais asfixiavam e "incorporavam" as pequenas, jogo esse que, de certo modo, não acabou. Ao deixar o controle da empresa, Heinrich adquire um palacete nos arredores de Hamburgo, em Mittelweg, onde a família se alojava em suas estadias regulares na Alemanha.

Heinrich (depois Henrique) teve quatro filhos: Carlos Ernesto, o primogênito, que nasceu em 1888; Hans, Walter e Heinrich, e ao deixar o controle da cervejaria ficou estabelecido por contrato que nenhum de seus filhos participaria da atividade cervejeira no futuro.

Carlos Ernesto abre uma fábrica de galalite (então *galalith*), o precursor do plástico, a Stullith, no Tatuapé, e enriquece com a fabricação de pentes. Mesmo com a venda da empresa, pouco deixou aos herdeiros. Seu filho Ernst, neto de Heinrich, nascido em 1910, retorna entretanto ao mercado da cerveja, mas na concorrente, a Brahma. Empobrecido, iniciou sua carreira como "contínuo". Competente e dedicado, passa a fiscal, conseguindo dos pontos de venda, bares e choperias, exclusividade e fidelidade à empresa, em troca de mesas, cadeiras dobráveis, luminosos e equipamentos para tirar o chope.

V. Da cerveja

Criativo, chegou a instalar um luminoso da empresa no topo do edifício Martineli, por muitos anos o mais alto de São Paulo.

Chegou a gerente da Brahma em São Paulo, o cargo mais alto no Estado, pois a sede da empresa era no Rio de Janeiro, e a diretor financeiro em Porto Alegre, encerrando sua carreira como vice-presidente do grupo, abaixo apenas de Heinz Künnig, o presidente. Morreu rico, em 1975.

Como a vida de todo homem bem-sucedido, a de Ernst Stupakoff teve curiosidades e fofocas. Fato curioso é que, apesar de todo o seu sucesso profissional, nunca conseguiu penetrar no fechado círculo social dos alemães diretores da Brahma no Rio – era brasileiro e, pior, paulista, provinciano portanto, e casado com brasileira, Dulce Cunha Bueno... A fofoca é mais interessante ainda: quando em Porto Alegre, já separado da esposa, viveu com uma gaúcha conhecida e famosa, Rita Santos Mello, mais conhecida como Dona Aída, proprietária, ou melhor, "administradora", do mais famoso bordel do sul do país, frequentado por figuras ilustres da sociedade e autoridades de época...

Seu filho único, vivo e saudável, é o famoso fotógrafo internacional Otto Stupakoff, o primeiro a documentar a moda no Brasil.[*] *Globetrotter*, hedonista e nosso companheiro de infância, é uma referência e um ícone da fotografia no mundo. Já a Bavária é hoje apenas mais uma das cervejas da Antarctica, digo AmBev, ou mais exatamente InBev.

---

[*] Otto Stupakoff faleceu em 22 de abril de 2009. [N. E.]

A cerveja e o milho

Malte – Embora a germinação de todos os grãos (trigo, milho, sorgo) obedeça à mesma sequência de fenômenos e produza as mesmas enzimas, à primeira citação entende-se, em todos países, que malte é o produto obtido pela germinação da cevada.[1]

Sabemos que, historicamente, a cerveja no Brasil, com muito poucas exceções provém do milho e do arroz, com eventual participação da cevada. A atual legislação brasileira (desde novembro de 2001) permite que até 45% do malte (leia-se cevada) seja substituído por "adjuntos cervejeiros", eufemismo para amidos, açúcares ou quaisquer outros cereais que possam vir a ser empregados na produção da cerveja. Nessas condições, nada existe de irregular ou de ilegal no uso do milho e do arroz (como não haveria no caso de outros cereais) na produção da cerveja, na proporção autorizada, a não ser a omissão da informação dos componentes.

---

[1] A. M. Peixoto (org.), *Enciclopédia agrícola brasileira, 4 vols.* (São Paulo: Edusp, 2002).

V. Da cerveja

O termo "malte" das latas e garrafas é, portanto, enganoso – não existe o cereal "malte", que é, como se disse, a cevada germinada sob condições controladas de umidade e temperatura.

A primeira referência à utilização do milho e do arroz no fabrico da cerveja entre nós é de 1868, quando Louis Bücher,[2] de Wiesbaden, informa empregá-los em sua cervejaria em São Paulo. Em 1882 Bücher associa-se a Joaquim Salles, proprietário de um abatedouro de suínos de nome Antárctica, que possuía uma máquina de fazer gelo, no atual bairro da Água Branca em São Paulo, fundando a *Companhia Antárctica*, para produzir presuntos e, a partir de 1885, também cerveja.

Em 1888, Louis Bücher e Joaquim Salles, com outros cinco empresários paulistas, fundam a *Companhia Antárctica Paulista – Fábrica de Gelo e Cerveja*, a primeira fábrica do país com tecnologia apropriada para baixa fermentação, com produção inicial de 1.000 a 1.500 litros diários, na Água Branca.

Vemos assim que o uso declarado do milho e do arroz na cerveja entre nós data de quase um século e meio... Informado ou não, se o milho e o arroz sempre participaram da bebida, a possibilidade de seu reconhecimento é relativamente recente, pois não são identificáveis pelos métodos laboratoriais físicos e químicos correntes, mas tão somente com os recursos da física nuclear, pela identificação de isótopos[3] do átomo do carbono.

O carbono, elemento químico que é a base da vida na Terra, de número atômico 6, tem em sua forma mais comum na natureza o peso atômico 12 (C_{12}), existindo porém como isótopo, mais raro e mais pesado, o carbono 13 (C_{13}). A relação entre o número de átomos desses dois tipos de carbono é a chamada $\Delta_{13} C$ (delta carbono 13), e pode revelar procedimentos heterodoxos ou ilegais na fabricação de bebidas alcoólicas, como cervejas ou vinhos, tranquilos ou espumantes. Os ingredientes usados em sua composição têm como que uma "assinatura isotópica padrão", determinada pela proporção

---

[2] Fonte: www.br.geocities.com//cervisiafilia/cervbras3.htm em 20.12.2007.
[3] Isótopos são átomos do mesmo número e diferentes pesos atômico.

A cerveja e o milho

de átomos de C_{13} em relação ao C_{12}, a citada relação delta carbono 13 ($\Delta_{13}C$). Sendo essa relação diversa da "assinatura isotópica padrão", é sinal de que o produto foi alterado, o que tem sido comprovado em nossas cervejas e vinhos. A medição é realizada por um espectômetro de massa, aparelho capaz de avaliar a concentração de átomos e analisar os isótopos de carbono, sendo hoje usado em todo mundo.

Vimos que nossa legislação recente permite que até 45% de malte (cevada) seja substituído por outros ingredientes, mas mesmo com essa tolerância a lei não é respeitada. Em trabalhos recentes (fevereiro de 2001) do Centro de Energia Nuclear da Agricultura (Cena), da Universidade de São Paulo, em Piracicaba, publicados no país e no exterior, a equipe do engenheiro-agrônomo Luiz Antonio Martinelli detectou fraudes em grande número de cervejas nacionais, vinhos, conhaques e vinagres. Esses trabalhos foram resumidamente transcritos na matéria de Marcos Pivetta, "Traquinagens etílicas", publicada na revista *Pesquisa da Fapesp*, de dezembro de 2003,[4] que comprovam as fraudes nessas bebidas.

O mecanismo que detecta os componentes das bebidas alcoólicas está ligado à fotossíntese desses vegetais. Sob ação da luz solar, essas plantas transformam a água (H_2O) e o gás carbônico (CO_2) em compostos orgânicos (açúcares e carboidratos), que lhes fornecem energia para o crescimento e evolução. De acordo com o tipo de fotossíntese, o carbono da atmosfera é absorvido e metabolizado de maneira diversa e detectável, com diferentes relações C_{12}/C_{13}, ou diferentes "assinaturas isotópicas". Segundo seu tipo de fotossíntese, as plantas são divididas em dois grupos, C_3 e C_4. Do primeiro grupo fazem parte a cevada e a uva, e do segundo, o milho e a cana-de-açúcar, que podem ser identificados nas bebidas alcoólicas como cervejas, vinhos e conhaques, com precisão.

Podemos assim saber o teor de cevada e o de milho das cervejas, bem como identificar nos vinhos e conhaques o álcool proveniente da uva e da cana-de-açúcar, usado na "chaptalização" (adição de sa-

---

[4] Marcos Pivetta, "Traquinagens etílicas", em *Pesquisa da Fapesp*, nº 94, dez.-2003, pp. 72-75.

V. Da cerveja

carose da cana ao mosto) dos vinhos para elevar seu teor de açúcar e consequentemente de álcool.

Com relação à cerveja, comprova-se o que Louis Bücher já afirmara há quase um século e meio, o uso do milho e do arroz para a fabricação de cerveja. O argumento dos cervejeiros de que o paladar brasileiro prefere a bebida menos amarga, com milho e arroz, não procede, pois o amargor da cerveja não depende dos cereais mas do lúpulo, da humulina, um de seus componentes. Vemos assim que a onipotente indústria da cerveja, como o transporte aéreo, os seguro--saúde e outros setores, menospreza e ignora o consumidor, abandonado por governantes omissos e incompetentes. Por outro lado, a cerveja, com o Carnaval e o futebol, fazem parte da identidade nacional, estes também, coincidentemente, ligados à contravenção e à marginalidade... À sua saúde, leitor!

A CERVEJA EM PETRÓPOLIS – A BOHEMIA

A cerveja é certamente a mais antiga das bebidas elaboradas pelo homem, precedida naturalmente pelas não elaboradas água e leite. Precedeu mesmo o vinho (embora a videira seja anterior ao homem), pois histórica e geograficamente a disponibilidade de cereais passíveis de fermentação foi sempre maior que a de uvas. A própria documentação da produção das primeiras "cervejas", na Suméria, antecedeu a correspondente do vinho, bem como de seus achados arqueológicos.

No Brasil, embora a publicidade insista em localizar a primeira cerveja na segunda metade do século XIX, com a "pioneira" Bohemia, nossa primeira cerveja data na realidade da primeira metade do século XVII, do Brasil holandês, elaborada no Recife, em 1648.[1] Vejamos cronologicamente os fatos e a alegada prioridade da Bohemia, informada pela publicidade da AmBev, ou melhor, da belga InBev, como sendo de 1853.

Os primeiros colonos alemães chegaram às terras da Imperial Fazenda do Córrego Seco, no alto da Serra da Estrela, em 1845, es-

---

[1] Sergio de Paula Santos, *Memórias de adega e cozinha* (São Paulo: Senac, 2007), p. 67.

V. DA CERVEJA

tabelecendo-se na região que viria a ser a futura Petrópolis. Na realidade, o início da povoação petropolitana data de 1843, na freguesia de São José do Rio Preto, município de Paraíba do Sul. Não foram os primeiros alemães a chegar ao Brasil como imigrantes. A imigração alemã, de forma planejada, iniciou-se em 1824, intensificando-se na segunda metade do século. Eram colonos contratados para o trabalho nas lavouras do sul do país e militares arregimentados como oficiais instrutores na época da independência. Os primeiros terminaram por fundar comunidades prósperas que deram origem a cidades como Blumenau e Joinvile. Quanto aos militares, embora insatisfeitos com promessas não cumpridas, muitos continuaram no Rio de Janeiro, onde se estabeleceram ou passaram a exercer atividades no governo.

Destes, o major Julio Frederico Koeler, do Imperial Corpo de Engenheiros, foi encarregado pelo governo provincial do Rio de Janeiro das obras de alargamento e melhoria da Serra da Estrela. Em 1837 os trabalhos eram morosos, quando aportou no Rio o navio Justine, que levava colonos alemães para a Austrália. Descontentes e revoltados com o passadio, muitos desembarcaram e recusaram-se a continuar a viagem. Por interferência de Koeler, foram contratados pelo governo da Província e aproveitados nas obras do major. Terminados os trabalhos, a maioria desses operários permaneceram no Rio de Janeiro.

O decreto imperial de 1843 encarregou o mesmo major do planejamento e construção de um palácio (futuro Palácio Imperial) e de uma vila nas terras da Fazenda Imperial do Córrego Seco, época em que várias famílias, inclusive a de Koeler, mudaram-se para a serra.

A ideia da formação de um núcleo colonial alemão na região surgiu no desenvolvimento dos trabalhos na serra, com a ausência de mão de obra especializada. Em 1884, no governo de Aureliano Coutinho, contratou-se com a empresa Delrue, de Dunquerque, na França, a vinda de imigrantes com ofícios determinados – carpinteiros, ferreiros, pedreiros, etc. A empresa descumpriu o contrato, trazendo famílias com poucos artesãos e com idosos e crianças. Nesse ano chegaram ao Rio cerca de 2.400 alemães, que na realidade eram teutófo-

A CERVEJA EM PETRÓPOLIS – A BOHEMIA

nos de várias procedências, pois a Alemanha só viria a se constituir como nação unificada em 1870, com Bismarck.

A CERVEJA

A história da cerveja na região é quase tão antiga como a própria comunidade. Documentos de 1853, oito anos após a chegada das primeiras famílias, citam as fábricas de cerveja do espanhol Carlos Rey e de Augusto Chedel, que produziam 6 mil garrafas por mês, metade das quais consumida localmente. Era uma cerveja de alta fermentação, densa e escura, produzida com a água pura da montanha, cevada, lúpulo e levedura. Uma relação de 1861 acrescenta mais seis cervejarias na cidade: a de José Bernasconi, a de Timóteo Duriez, a de Pedro Gerhardt, a de Jacó Becker e a de Manuel Eppelsheimer.[2]

Em 1854, Henrique Kremer funda em Petrópolis, na rua dos Artistas, sua Fábrica Imperial. Embora a rua já tenha mudado de nome quatro vezes, e a cervejaria, de dono outras tantas, o edifício de Kremer continua no mesmo lugar. Com a morte de Henrique, em 1865, seus herdeiros constituíram a firma Augusto Kremer e Companhia, e chegaram a possuir fábricas também em Juiz de Fora (MG). Tempos depois, separaram-se os sócios e ficou com a fábrica de Petrópolis Frederico Guilherme Lindscheid, que mudou sua denominação para Imperial Fábrica de Cerveja Nacional. Competente e empreendedor, tornou-se o industrial mais rico de seu tempo.

Com sua morte, em 1898, a empresa volta a um Kramer, Henrique, neto do fundador e genro de Lindscheid, casado com sua filha Carolina. Em agosto desse mesmo ano, a empresa passou a se chamar Companhia Cervejaria Bohemia, que seria encampada, como tantas outras, em 1960, pela Companhia Cervejaria Antarctica.

A denominação *Bohemia*, aparecida em 1898, foi assim usada, como sendo de 1853, para "dar antiguidade" à uma companhia aparecida em 12 de fevereiro de 1891, a Antarctica – como se antiguidade ou prioridade, falsa no caso, correspondessem à qualidade. São

---

[2] V. Abad, *Deliciosa herança* (Petrópolis: Prazer de Ler, 2002), p. 20.

V. Da cerveja

esses os fatos, que a publicidade manipula e distorce, lembrando-se aqui que, ao tempo dos Kremer, as cervejas petropolitanas, além da água continham apenas cevada, lúpulo e levedura, o que não é exatamente o que ocorre com as atuais...

O *KWASS* E
O *KWASS* URUGUAIO

Dos fermentados de cereais da Antiguidade de que temos notícia, a quase totalidade desapareceu. Mesmo o "vinho de cevada" dos egípcios e gregos, ou a *cerevisia* da Gália diferiam fundamentalmente das cervejas atuais. A lupulagem, adição de lúpulo (*Humulus lupulus L.*), é do início do século XVII. Temos notícias de fermentados como o *bojah*, da Índia; do *chang*, do Tibet; do *merissa*, do Sudão; do *pombé*, do Congo; do *coubij*, da Etiópia; e de vários outros, desaparecidos.

Ao que parece, o fermentado de cereais que manteve seu preparo de modo relativamente inalterado foi o *kwass*, dos povos eslavos da Europa Oriental. A denominação *kwass* deriva do russo antigo *kbac*, "fermentação suave", do século XVI. Suas origens, como as da cerveja, remontam a 5 mil anos, aparecendo entretanto a palavra especificamente grafada apenas em 989, correspondendo à "bebida ácida", nas antigas crônicas russas. Ao tempo de Pedro, o Grande (1682-1725), era a bebida mais consumida do país. No século XIX, diz a crônica, seu consumo era abusivo, generalizado do camponês, o *mujik*, ao clero. De produção doméstica ou industrial, foi e é produzido, como dito, nos países eslavos da Europa do Leste, na Rússia, na

V. Da cerveja

Polônia, nos ex-membros da União Soviética, Bielorrússia, Ucrânia, Lituânia, Usbequistão e outros.

Com baixo teor alcoólico, de 0,5% a 1,5%, o *kwass* é vendido na rua, principalmente no verão, em pequenos caminhões cisternas ou carros-pipas. Produz-se pela fermentação natural do pão (branco ou preto, de trigo, centeio ou cevada), à qual se acrescentam pequenas frutas silvestres, uvas e seiva de bétula. Os pães são previamente aquecidos ou envelhecidos e a eles se junta também um pouco de açúcar ou suco de frutas e levedura (*zakwasska*), que inicia a fermentação. Com todas essas possibilidades, são inúmeras as variedades possíveis de *kwass*, que têm em comum a origem (dos pães) e o baixo teor alcoólico.

Para os puristas e "conhecedores", o "autêntico" *kwass* provém de uma pequena localidade a uma hora de Moscou, *Zvenigorod*, na qual os monges ortodoxos do convento de *Savvino-Storozhevski* produzem desde o século XVI, em barricas, um *kwass* escuro e cremoso, para consumo próprio. Desde 2001, com o aumento da demanda, colocaram sua bebida à venda. Sem aditivos, conserva-se apenas por cinco dias, mesmo refrigerada, como costuma ser bebido.

O *kwass* vendido nas ruas é mais barato que os refrigerantes, seus concorrentes maiores, e nos últimos anos seu consumo aumentou significativamente nos países eslavos. Os motivos desse aumento, curiosamente, foram de natureza política, especificamente pelo nacionalismo. Com a invasão do mercado pelas poderosas Coca-Cola e Pepsi, a reação contra essa "agressão" alimentar e cultural foi a valorização do *kwass* nacional.

Entre 2005 e 2007 triplicaram as vendas de *kwass* na Rússia, com significativa queda da venda das colas. O mesmo ocorreu nos países bálticos. Na Lituânia, a Coca-Cola teve um prejuízo de um milhão de dólares em 1999 e 2000. Como retaliação, a empresa comprou as fábricas locais de *kwass* e passou a produzi-lo.

O *KWASS* URUGUAIO

Foi o médico brasileiro e latifundiário no Uruguai, Dr. André Pinto Jorge (o mesmo que nos fez chegar ao caviar uruguaio do rio Negro, comentado em outro texto), quem nos relatou suas experiências com o *kwass* moscovita e nos informou da presença da bebida no Uruguai. Uma recente matéria uruguaia aborda o assunto.[1] Segundo o jornalista, o *kwass* chegou ao país em 1913, com os primeiros imigrantes russos, que se instalaram em San Javier, Departamento de Rio Negro, por coincidência o mesmo onde hoje se produz o caviar do país.

As famílias russa trouxeram consigo suas receitas, inclusive as de *kwass*, que passaram a seus descendentes. O *kwass* presente no mercado uruguaio é produzido pela empresária Karina Kulic, proprietária dos apiários Mardalú, em Fray Bentos, Rio Negro, segundo uma receita de sua bisavó materna. Ao contrário dos *kwass* europeus, a bebida é produzida a partir do mel de seus apiários.

É ainda Pablo Antúnez que informa: "Não se trata de mel com água (hidromel), mas passa por um processo de fermentação muito complexo, com vários segredos transmitidos por gerações, cuidadosamente guardados". Convenhamos que não diz nada... Do pouco que informa sobre a elaboração da bebida, é que o mel do qual se faz o *kwass* é produzido a partir do pólen de flores de camalote, uma gramínea aquática abundante na região.

Completando a desinformação, a própria Karina Kulic acrescenta: "Meu produto fermenta por muito tempo, às vezes até por três anos. É totalmente artesanal e orgânico, e dele se exclui todo processo químico". Deve-se aqui esclarecer que *toda fermentação* que desdobra açúcares em álcool *é um processo químico*, uma reação química.

A empresa produz *kwass* seco, doce e frutado, bem como um vinagre de mel aromatizado com alecrim. Pouco divulgados, esses

---

[1] P. Antúnes, "*Kwass, La bebida de los rusos*", em *El Gourmet*, suplem. de *El País*, Montevideo, 16-12-2009, pp. 22-23.

V. Da cerveja

produtos estão no mercado há cerca de doze anos, em garrafas de 750 ml e potes de 400 ml.

Inicialmente a produção era de apenas 300 litros anuais. Com o apoio da Food and Agriculture Organization (FAO) das Nações Unidas e da Agência Alemã de Cooperação Técnica (GTZ), a empresa familiar cresceu, chegando à produção atual de mil litros mensais. É encontrado em lojas de produtos de gastronomia, como La Mesa Criolla, e no Montevideo Shopping. A empresa procura atualmente abrir canais de exportação. O Departamento de Rio Negro declarou, pela Comuna (sua própria Câmara Municipal), que a bebida, bem como o caviar aí produzido, são de "Interesse Departamental". Nos últimos tempos a região tem sido bastante visitada por estrangeiros, entre os quais técnicos finlandeses das polêmicas *papeleras*, fábricas de papel, instaladas no rio Uruguai, na fronteira com a Argentina.

Karina Kulik sugere que seu fermentado seja bebido bem gelado, com bastante gelo e suco de limão. Nos bares, botequins e *boliches* de Rio Negro é bebido geralmente com vodca, em partes iguais, como o preferem os finlandeses. Alguns o usam como molho agridoce e do receituário local consta um frango com molho de *kwass*.

Concluindo, pode-se dizer que o *kwass* uruguaio é na realidade um fermentado orgânico de mel, consequentemente um hidromel, cuja produção foi financiada pela FAO, com a colaboração da GTZ, possível e provavelmente por ser um produto dito "orgânico" e "natural". Evidentemente não poderia ser "inorgânico" ou mineral, cabendo sempre lembrar que a nicotina, a maconha, a cocaína e mesmo os venenos de cobra também são naturais.

Em um país de alto padrão de vida, elevado índice de desenvolvimento humano[2] (o terceiro das Américas), sem analfabetismo e no qual a carne, o leite e o vinho participam decisivamente da alimentação e da economia, o *kwass* não pegou. É uma curiosidade.

Como vimos, o *kwass* faz parte historicamente da cultura e do folclore dos povos eslavos, enquanto o hidromel é apenas uma bebi-

---

[2] O índice de desenvolvimento humano, ou IDH, leva em conta três fatores: um econômico, o PIB, ou produto interno bruto, e dois sociais, o grau de escolaridade e a expectativa de vida.

da antiga, sem identidade nacional, geográfica ou cultural. Por outro lado, as curiosidades também enriquecem a gastronomia e a culinária de todos os países.

O *kwass* uruguaio pode ser assim mais um motivo ou pretexto para se visitar esse delicioso país, onde as gentes são amáveis e o tempo passa mais devagar.

Nossos agradecimentos a Julio Moses, alfarrabista de Montevidéu, pela localização da matéria do *El Gourmet – El País*.

PARTE VI
Das personalidades

Carlos Gardel e a mesa

A bibliografia do tango é muito grande. Se bem pesquisada deve chegar ao milhar, e a de Carlos Gardel e seus contemporâneos, a algumas centenas. Não deixa de ser paradoxal que um gênero de música oriundo de uma comunidade relativamente pequena tenha devotos em todo mundo. Afinal, o tango não é argentino, mas *porteño*, do porto, ou dos portos (e dos bordéis) de Buenos Aires e de Montevidéu, cidades cujas populações somadas não chegam a 15 milhões de habitantes.

A música, entretanto, possui fiéis apreciadores em toda a hispanidade, no Brasil, na América do Norte, na França, na Alemanha, na Áustria, na Hungria e até no Japão. Em São Paulo existe um grupo de "tangófilos" que se reúne regularmente tão só para discutir assuntos relacionados ao gênero e eventualmente ouvir gravações antigas. Parafraseando o lema fundamental do islamismo, poderíamos dizer que "O tango é grande, e Gardel, o seu profeta".

De fato, não se poderá nunca separar o mito de Gardel do tango. De seu nascimento à morte, há mais de 70 anos, a vida do ídolo teve todos os ingredientes que mantêm sua aura e, de certa maneira, sua imortalidade. As biografias e os livros sobre o cantor se sucedem,

VI. Das personalidades

seus discos[1] se regravam, e as casas de espetáculos de Buenos Aires e Montevidéu o reverenciam continuamente, não apenas para o turista, que aceita qualquer coisa, mas como patrimônio cultural.

Pois com toda essa carga de informação, sobre todos os aspectos da vida de Gardel, pessoal e profissional, um deles tem passado desapercebido: o de sua mesa. Que saibamos, e cuidamos do tema há tempos, tão somente um autor comentou a mesa de Gardel, e em uma única ocasião: foi Carlos Hugo Burgstaller, no *Boletim Tango y Cultura Popular*, em setembro de 2003.[2] A matéria nos foi cedida pelo jornalista J. A. Dias Lopes.

Comenta Burgstaller o bom apetite do cantor e de sua sabida tendência para ganhar peso. Com menos de 1,80 m, chegou, em 1916, aos 26 anos, a pesar 118 quilos, apesar dos sacrifícios de correr, fazer ginástica na Associação Cristã de Moços e jogar pelota basca. Por outro lado era bom de garfo – frequentava o Armenonville por sua cozinha francesa, o Americano, com o amigo e ator Elias Allipi, e o La Emiliana, com a namorada Isabel del Valle.

Contavam os amigos que apreciava o *puchero* (cozido) do El Tropezón (Callao e Perón), cujo teto desabou em 1925. E quando este se mudou para a Callao 248, tinha uma mesa cativa, a de número 48, por superstição, influenciado que foi por seu motorista, que hoje seria considerado um "numerologista". Como se vê, a ignorância é antiga e não tem pátria... É bem conhecida a paixão de Gardel pelas corridas de cavalos. Frequentou assiduamente o Pavilhão Paris do Hipódromo de Palermo, sempre acompanhado pela fauna local, principalmente pelo tratador Neciano Moreno, glutão, gordo e perdulário como o cantor. No Abasto empanturrava-se no famoso Chantacuatro, frequentemente com os amigos Fugazot e Barquina, que o previniam: "Vais arrebentar e ter de parar de cantar".

Naturalmente, no início da carreira, o passadio era mais modesto: algumas *milanesas*, bife fino à milanesa, com batatas fritas ou *pu-*

---

[1] Gardel gravou, segundo Carlos Zinelli, 861 discos, e mais 69 com o parceiro José Razzano, num total de 930 discos, entre 1912 e 1935.

[2] Carlos Hugo Burgstaller, no *Boletim Tango y Cultura Popular*, v. IV, nº 39, Buenos Aires, set.-2003.

CARLOS GARDEL E A MESA

chero no O'Rondeman, e sopas encorpadas com massas ou legumes, com alho ou pimenta, no Valussi.

Quando os tempos melhoraram passou a frequentar o restaurante El Conte, o mais luxuoso e caro de Buenos Aires, acompanhado por Razzano, seu parceiro, Muiño e José Ingenieros, médico famoso, filósofo e escritor, com obras publicadas e premiadas na Europa. Deleitavam-se com os coelhos na mostarda, com as lagostas grelhadas, os *vol-au-vent* com *champignons*, os patos com laranja, os faisões com calvados, os frutos do mar e as massas, sempre precedidos de entradas variadas e fartas. Seus pratos prediletos teriam sido o faisão com calvados e o *Gran Paraná* (peixe-rei) *a la Dugléré*, uma receita francesa.

É preciso ter em conta que o início do século passado na Argentina coincidiu com a Belle Époque parisiense. O país, com a economia baseada na agricultura e na pecuária, era dos mais ricos do mundo. Buenos Aires rivalizava com Londres e Paris, onde os estancieiros passavam longos períodos, chegando a levar, nos porões dos navios, suas vacas leiteiras e tratadores, para terem leite fresco nas viagens, que eram longas. O Uruguai era mais rico ainda, sendo até a metade do século chamado de "a Suíça das Américas"...

Foi nessa sociedade rica e frívola que Gardel usufruiu seu momento e sua fase mais brilhante. Desapareceu no apogeu e entrou para a história e para a imortalidade. Antes, porém, comeu, bebeu e viveu muito bem. Não se pode desejar mais.

ALFREDO SARAMAGO

Com a morte de Alfredo Saramago em maio deste ano (2008), perde a intelectualidade portuguesa e a dos países de língua portuguesa, uma de suas principais figuras.

Alfredo Antonio Saramago nasceu a 10 de maio de 1938, em Arronches, no Alto Alentejo, de uma tradicional família local, de grandes proprietários rurais. Filho e neto de médicos, fez seus estudos secundários em Santo Tirso, próximo ao Porto, em um dos mais reputados colégio de jesuítas do país. Já inquieto, abandonou logo o colégio, completando o curso em Évora. Frequentou a Faculdade de Letras de Lisboa, que também abandonou. Posteriormente licenciou-se em História em Freiburg, na Suíça; em Antropologia em Oxford, na Inglaterra; e graduou-se em História da Alimentação no Collège de France, em Paris.

Um seu professor, Jean-Louis Flandrin, catedrático de História da Alimentação no Collège de France (e coautor da famosa obra homônima, com Massimo Montanari) escreveu no prefácio de um de seus livros: "já com duas licenciaturas, estudava como se fosse um jovem universitário, e com tanta perspicácia e interesse o fazia, que durante minha orientação de graduação, aprendi tanto como ensinei". Outro,

VI. Das personalidades

Philippe Brion, escreveu: "com um pé no Alentejo e outro no mundo, Alfredo Saramago encontrou o balanço que vai do caviar à açorda de poejos".

Epicurista, hedonista e *gourmet*, Saramago foi um bom aluno da vida. Viajou muito, estudou muito, escreveu muito e muito bem; fruiu a vida com a *joie de vivre*, a alegria de viver, a *bonne chère*, a bona-chira e o bom gosto que marcaram seu percurso pelo mundo. Como ele próprio declarou: "O meu mal é gostar de muitas coisas. Não posso eleger um sítio, como não posso eleger um só prato de que gosto mais. É consoante o momento. A vida é a arte das circunstâncias. O que temos é que adaptar a vida à essas circunstâncias".[1] Apaixonado por touradas, apreciava várias outras coisas "politicamente incorretas", como charutos e caça, além de comidas requintadas, mulheres bonitas e outras...

De sua importante obra, além de uma vintena de livros sobre gastronomia (publicados principalmente pelas editoras Colares e Assírio & Alvim), cabe lembrar principalmente os editoriais e as colaborações à *Epicur*, revista de alto nível por ele dirigida, fundada em outubro de 1988, com algumas edições antológicas. Suas monumentais obras sobre as várias cozinhas regionais de Portugal não são apenas coleções de receitas pesquisadas em documentos antigos, mas levantamentos históricos, arqueológicos e antropológicos das respectivas regiões. Uma de suas obras, das menores, nos dá uma boa visão, ainda que fragmentada, de sua personalidade: *Os prazeres de Alfredo Saramago*.[2]

Um de seus maiores orgulhos foi ser entronizado na *Confrérie des Chevaliers du Tastevin*, no Clos de Vougeot, na Borgonha. Aproveitamos aqui para uma pequena e curiosa inconfidência sobre Saramago. Há alguns anos, em um saboroso jantar no pequeno restaurante lisboeta O Galito, de especialidades alentejanas, casa de apenas oito mesas e dois serviçais (Dona Gertrudes encarregada da cozinha e seu filho Henrique do serviço), contou-nos Saramago que seu nome fora

---

[1] Entrevista a revista *Fugas*, em julho de 2000.
[2] Alfredo Saramago, *Os prazeres de Alfredo Saramago* (Lisboa: Assírio & Alvim, 1999).

indicado pela Academia Portuguesa de Gastronomia (APG) para uma importante láurea, pelo conjunto de sua obra. Recusou-a, por não reconhecer, na APG, competência para a indicação... A inconfidência teve testemunhas.

Na área de gastronomia e afins, é autor dos seguintes livros: *Cozinha para homens – A honesta volúpia* (Colares, 1992), *Doçaria conventual do Alentejo – As receitas e o enquadramento histórico* (Colares, 1993), *A caça – Perspectiva histórica e receitas tradicionais* (Colares, 1994), *O vinho do Porto na cozinha – História e gastronomia* (Colares, 1995), *Doçaria Conventual do Norte – história e alquimia da farinha* (Colares, 1996), *Para uma História da Alimentação no Alentejo* (Assírio & Alvim, 1997), *Doçaria dos Conventos de Portugal* (com Manuel Fialho; Assírio & Alvim, 1997), *Cozinha Alentejana* (com Manuel Fialho; Assírio & Alvim, 1998), *Cozinha transmontana – enquadramento histórico e receitas* (colaboração de António Monteiro; Assírio & Alvim, 1999), *Os Prazeres de Alfredo Saramago* (Assírio & Alvim, 1999), *Cozinha do Minho – enquadramento histórico e receitas* (Assírio & Alvim, 2000), *Gastronomia e Vinhos do Alentejo* (com Joaquim Madeira, Clara Roque do Vale e Manuel Fialho; Assírio & Alvim, 2000), *Para a história da doçaria conventual portuguesa* (CTT Correios de Portugal, 2000), *Cozinha Algarvia – enquadramento histórico e receitas* (Assírio & Alvim, 2001), *Cozinha da Beira Interior – enquadramento histórico e receitas* (Assírio & Alvim, 2002), *Cozinha da Beira Litoral – enquadramento histórico e receitas* (Assírio & Alvim, 2003), *Cozinha de Lisboa e seu Termo – enquadramento histórico e receitas* (Assírio & Alvim, 2003), *Para uma história da alimentação de Lisboa e seu termo* (Assírio & Alvim, 2004), *Alfredo Saramago Convidou para Almoçar seguido de Viagens do meu Paladar* (Assírio & Alvim, 2006), *125 Vinhos – Escolha de Alfredo Saramago* (Assírio & Alvim, 2007), *Livro-Guia do Alentejo* (Assírio & Alvim, 2007). Colaborou também em várias revistas, jornais e magazines, em prefácios, introduções e anotações de livros de gastronomia, com matérias impossíveis de serem recenseadas.

VI. Das personalidades

A morte de Alfredo Saramago nos entristece pela perda do amigo e pelo muito que poderia ainda enriquecer-nos com sua mais querida atividade, a gastronomia e suas origens históricas. Resta-nos o consolo de sua grande contribuição, de um homem do mundo, que nunca perdeu o vínculo com suas raízes, de português e de alentejano.

P.S. Suas obras publicadas pela editora Assírio & Alvim fazem parte da Coleção Coração, Cabeça e Estômago, dirigida por José Quitério, também autor de maravilhosos livros de gastronomia, a quem agradecemos as informações recebidas sobre Alfredo Saramago.

MARIANI E
O VINHO DE COCA

O vinho Mariani foi um dos maiores sucessos comerciais do século passado. *Mariani wine* na Inglaterra e Estados Unidos, *vin Mariani* na França, tinha como princípio ativo a coca, *Erythroxylon coca*. A partir de 1890 e na primeira metade do século XX, o vinho foi um dos produtos farmacêuticos mais vendidos na Europa e nos Estados Unidos. Era considerado como "tônico e estimulante para o corpo, cérebro e nervos". Suas indicações variavam com o tempo: gripe, nervosismo, anemia, insônia, fraqueza, melancolia, afecções do estômago, dos pulmões... Indicado também na prevenção e no tratamento de várias moléstias contagiosas. Era tomado de diferentes maneiras: antes ou depois das refeições, entre as mesmas, em coquetel ou em grogue, quente. Nos Estados Unidos e Canadá, foi tomado em coquetel, com vermute, substâncias amargas (*bitters*) e gotas de limão. Na Inglaterra acompanhava o chá, com biscoitos. A dose, entretanto, pouco variava: um copo de Bordeaux duas vezes ao dia.

De origem francesa, esse vinho apareceu no mercado depois da Comuna, em 1871, produzido por Ângelo François Mariani, funcionário de uma farmácia, com a colaboração de Charles Fauvel, médico

VI. Das personalidades

e cliente da mesma. Fauvel foi dos primeiros a usar as propriedades anestésicas da cocaína, nas moléstias da garganta e do nariz. A prática de adicionar coca ao vinho não era nova, mas Mariani alegava sua primazia.

O *vinho de coca* apareceu no Códice Farmacêutico Francês em 1884, embora já estivesse no mercado nacional e internacional há alguns anos. Os "vinhos medicinais" eram na época muito difundidos. A edição de 1880 do *Office de Dervot* (uma espécie de farmacopeia nacional) registrava 154 desses "vinhos".

O rótulo do vinho Mariani informava que o mesmo mantinha as "propriedades aromáticas e desejáveis de duas onças de folhas frescas de coca por tinta", cerca de 40 gramas por litro, bem como que o vinho era "especialmente selecionado por suas qualidades superiores", com "11% de álcool e as devidas proporções de tanino, ferro, sais e ácidos essenciais a uma mistura ideal com coca".[1]

O sucesso de Mariani deveu-se menos às virtudes de seu vinho que ao seu gênio publicitário. Angelo Mariani nasceu em Pero Cassavecchia, na Córsega, em 1838 e morreu em Saint-Raphael-Valescure, no Var, na França, em 1914. Primogênito de uma família numerosa, perdeu o pai cedo. Com a intenção de ser farmacêutico, mudou-se para Paris, onde foi aprendiz de farmácia. Ambicioso, dedicou-se à preparação de tônicos, quando o citado Charles Fauvel encaminhou-lhe sua primeira paciente, uma cantora da ópera, a quem Mariani ofereceu sua nova fórmula. Aprovada, encomendou-lhe a diva uma dúzia de garrafas. Estava lançada a obra da sua vida.

Sua estratégia publicitária baseava-se nos testemunhos de seus usuários. Mariani não foi o primeiro a valer-se da prática – muitos farmacêuticos, fabricantes de remédios e charlatães já o faziam (e ainda hoje o fazem), mas Mariani o fez melhor. Enviava seu vinho a personalidades famosas e pedia-lhes seus comentários. Colecionou assim esses testemunhos elogiosos das pessoas mais importantes de seu tempo – reis, rainhas, imperadores, chefes de Estado, papas, polí-

---

[1] W. H. Helfand, "*Mariani et le Vin de Coca*", *Revue d'Histoire de la Pharmacie*, 68ª anné, t. XXVII, nº 247, Dec. 1980, Paris, pp. 227-234.

ticos, artistas, magistrados, médicos famosos, etc., testemunhos que reuniu em mais de 40 anos e publicou em 14 volumes, entre 1881 e 1913, além de um volume póstumo, em 1925, publicado por seu filho.

Desses volumes, que tomaram o nome de *Figuras contemporâneas*, com mais de 8 mil depoimentos, constavam também com frequência a biografia e uma fotografia (ou gravura) assinada pela personalidade. Havia três papas (Leão XIII, Pio X e Bento XV), 16 soberanos, como dito, entre reis, chefes de Estado e imperadores, da Grécia, da Espanha e do Brasil, Pedro II. Constam ainda dessa legião de figuras nomes até hoje célebres como Sarah Bernhardt, William Mc Kinley, Edie Metchnikoff, Charles Gounot, Colette, Thomas Edison, o marechal Petain e outros. É bem provável que essas referências elogiosas ao produto de Mariani fossem mais agradecimentos pela atenção ao presente recebido, que pelo seu mérito.

As campanhas publicitárias de Mariani foram novidade para a época. Além dos cartazes em muros e dos anúncios em revistas médicas e leigas, o empresário encomendou a Jules Chéret, um dos mais célebres desenhistas da Belle Epoque, um cartaz para seu vinho, que foi também usado como cartão postal, em francês e inglês.

Toda essa promoção era generosamente financiada por Mariani, um verdadeiro mecenas para a classe artística, que às vezes exagerava. Jules Claretie e Albert Robida, redator e ilustrador, relacionaram os efeitos do vinho aos trabalhos de Hércules... Em um folheto, o centauro Quíron revela "que existe em um país ainda desconhecido um arbusto cujas folhas dão energia e restauram a vida", e Hércules pergunta a Júpiter onde fica o Peru, para "antecipar o futuro e lá colher a coca".

Mariani chegou a escrever um livro, em 1890, *A coca e suas aplicações terapêuticas*", que teve três edições, em que trata da planta, de sua história, propriedades e aplicações, sem lembrar entretanto de suas ações nocivas, do cocainismo.

O primeiro a chamar a atenção para as propriedades medicinais da coca foi o químico italiano Paolo Mantegazza, em 1859, ao afir-

VI. Das personalidades

mar "se doses fracas têm efeito estimulante sobre o sistema nervoso, doses mais fortes (60 gramas) provocam intoxicação acompanhada de bem estar".[2] É portanto lícito considerar que o sucesso do vinho Mariani possa dever sua boa acolhida à essa sensação de bem-estar, além naturalmente de seu teor alcoólico, de 11 graus por litro.

Nesse mesmo ano de 1859, Albert Niemann (1834-1871) sintetizou o principal alcaloide da coca, a que deu o nome de *cocaína*; em 1880 Coupard e Borderan comprovaram sua ação anestésica local. Na realidade até os primeiros anos do século XX a coca não era considerada como capaz de provocar problemas maiores, enquanto com relação à cocaína (introduzida na medicina em 1884) os efeitos maléficos foram imediatamente reconhecidos. Mesmo assim a empresa Park e Davies, produtora de cocaína nos Estados Unidos, fabrica na época também cigarros e charutos de folhas de coca, além de comprimidos, pastilhas, pomadas, pós e até um licor alcoolizado de coca, denominado Cordial Coca.[3] A coca era o princípio ativo de vários produtos farmacêuticos e a própria Coca-Cola a continha até 1903, razão pela qual muitos viram no vinho Mariani o avô da Coca-Cola...

O conhecimento crescente dos riscos do abuso da coca e a limitação da propaganda dos medicamentos, no início do século passado, começaram a criar dificuldades a Mariani. Mesmo assim as vendas de seu vinho não caíram. Em 1914, pouco antes do início da Primeira Guerra Mundial (1914-1918), morre Mariani, mas seu vinho continua no mercado. Em 1954 passa a chamar-se *Tônico Mariani*, e permanece no mercado até 1963. Na ocasião, há muito o produto deixara de conter o princípio ativo que tão importante fora para seu criador. Pouco importava: a longa associação dos nomes Mariani e coca tornara-os quase sinônimos...

Interessante e curiosa a história de Mariani e seu vinho de coca, baseada na publicidade, no pouco escrúpulo e na desinformação. Foi

---

[2] P. Mantegazza, "*Quadri della natura umana: feste ed ebrezze*", apud Julio Seabra Inglez de Sousa, Aristeu Mendes Peixoto e Francisco Ferraz Toledo (organizadores), *Enciclopédia agrícola brasileira*, vol. 2 (São Paulo: Edusp, 1988), p. 375.

[3] D. F. Musto, *The American Desease* (New Haven, 1973), p. 2.

o precursor não apenas da onipresente Coca-Cola, mas também de tantas panaceias, "especialidades farmacêuticas", tônicos, fortificantes, polivitamínicos, geriátricos, cogumelos milagrosos e outros, que infestam nossa farmacopeia. Mariani, esperto e generoso, fez escola, deixou discípulos...

P.S. Nossos agradecimentos ao editor Cláudio Giordano, Giordanus, pelo material fornecido.

MARCELINO DE CARVALHO

Antonio Marcelino de Carvalho Filho nasceu em 16 de dezembro de 1899 e morreu em 28 de agosto de 1978. Filho de Antônio Marcelino de Carvalho e de Brasília Machado de Carvalho, foi neto dos barões Brasílio Machado, portanto um quatrocentão, um "paulista de quatrocentos anos", dos quais tanta troça se faz, mas que tantos gostariam de ser... Formado em Direito em 1922, na Turma da Independência, da velha escola do largo de São Francisco, nunca exerceu a profissão. Abriu uma loja de antiguidades na rua Barão de Itapetininga, na época a rua do comércio elegante da cidade, que não durou muito tempo.

Educado, elegante, refinado e *bon vivant*, foi um *gentleman*, um cavalheiro em todos os sentidos da palavra, e nosso mais destacado cronista social. Sua carreira jornalística iniciou-se por acaso. Ao refugiar-se de uma chuva, em 1932, entrou no prédio d'*A Gazeta*, então na rua Libero Badaró. Encontrou aí Cásper Líbero, seu amigo, que chegava ao jornal, e o convidou para colaborar no mesmo. Aceito o convite, publicou crônicas amenas sobre a sociedade paulistana da época, de cuja reunião nasceu, no ano seguinte, seu primeiro

VI. Das personalidades

livro, sob o pseudônimo de Paulo de Verbena, *Si elles soubessem...*, hoje uma raridade bibliográfica.

Posteriormente, colaborou em vários jornais e revistas, entre os quais o *Correio da Manhã*, do Rio de Janeiro (na década de 60), onde teve uma página de gastronomia, no *Shopping News*, também com temas de gastronomia e vinhos, dos quais foi grande conhecedor. Na realidade Marcelino foi nosso primeiro colunista de vinhos. Com o advento da televisão, foi também o pioneiro nos programas de cozinha e gastronomia, com o detalhe de que, ao contrário de seus sucessores, conhecia o idioma.

Contrariamente ao que se poderia pensar, sua vida não foi um mar de rosas. Em novembro de 1939, em plena Segunda Guerra Mundial, foi enviado à França como correspondente, pela *Gazeta*, de São Paulo, e pelo *Correio da Manhã*, do Rio de Janeiro. Trabalhou na *Paris Mondial* e fez reportagens no *front* na Alsácia, descrevendo a "inexpugnável" *Linha Maginot*, às margens do Reno. Em julho de 1940, com a invasão alemã, teve de deixar dramaticamente a capital, "na retaguarda dessa triste e lenta farândola de dez milhões de pessoas, sem contar com um milhão e meio de belgas", em "caravanas onde só faltavam os camelos, porque havia automóveis, caminhões, ônibus, carros a tração animal, carrinhos de criança empurrados por gente ou puxados por cães, motocicletas, gente de todas as classes, de todos feitios, de todas as procedências", além de "enxames de bicicletas que pareciam bandos de andorinhas". Essa dantesca retirada e suas peripécias para deixar o país vêm narradas em *O que eu vi em França*, de 1940, hoje também raridade bibliográfica.[1]

Nesse mês de julho Marcelino chega a Lisboa, atravessando a arrasada Espanha, na qual a Guerra Civil (1936-1939) terminara oficialmente a apenas dois meses. Lisboa era então "o único canto divertido da Europa, o único onde se ri", comenta o mesmo livro. Chega a Portugal ainda a tempo de visitar e descrever a *Grande ex-*

---

[1] Marcelino de Carvalho, *O que eu vi em França* (São Paulo: Edições e Publicações Brasil, 1940).

pressão do mundo português, possivelmente a maior e mais completa já realizada no país.

De Lisboa Marcelino vai a Londres, onde trabalha na BBC, e acompanha as agruras e bombardeios pelos quais a cidade passou. Com a precipitação dos acontecimentos e a entrada do Brasil na guerra, em 1942, o jornalista só voltaria à pátria após o conflito.

Em 1949 volta à Inglaterra, agora a passeio, em um barco misto, de carga e poucos passageiros, acompanhado dos amigos Zeto Arruda, Frank Swales e Horacio de Paula Santos. No trajeto, nas ilhas Canárias, o barco teve de ser reabastecido de uísque... É dessa época a fundação da *Ordem do Bidê*, por Marcelino e José Ferreira Santos, médico paulista, que estudara na França e viria a ser presidente do Comitê Olímpico Brasileiro (COB), então um órgão idôneo. Pertenceram à ordem boêmios, amigos do copo e do garfo e suas acompanhantes – não havia preconceitos.

Marcelino continuou sua atividade jornalística, trabalhando também na Rádio Record, de seu irmão Paulo Machado de Carvalho. Seu livro seguinte, *Assim falava Baco...* é novamente assinado por Paulo de Verbena e não datado (1955), sendo, como os anteriores, atualmente uma edição rara. Foi reeditado em 1963 e 1967, pela Companhia Editora Nacional (CEN), como *A arte de beber – Assim falava Baco*, assinado agora pelo autor.

Nos anos 1950, Marcelino reunia em seu apartamento, na cobertura do Edifício Esther, na Praça da República, aos sábados, um grupo de amigos para o almoço, nos quais se serviam grandes vinhos. Com uma boa cozinheira (ele mesmo cozinhava bem), os almoços de Marcelino rivalizavam-se com os da Pensão Humaitá, de Yan de Almeida Prado. Tive a oportunidade de, levado por meu pai, frequentar algumas dessas reuniões, bem antes de chegar à Pensão de Yan.

Como cronista de etiqueta social, Marcelino apareceu ao redor de 1960, sendo seu *Guia de boas maneiras*",[2] da CEN, de 1961, reeditado várias vezes. Em 2006, a jornalista Claudia Matarazzo fez uma "relei-

---

[2] Marcelino de Carvalho, *Guia de boas maneiras* (São Paulo: Nacional, 1961).

VI. Das personalidades

tura" do livro para os dias de hoje, em *Marcelino por Claudia*, também pela CEN. Seguiram-se nessa área as publicações *Snobérrimo*, em 1966, e *Só para homens*, em 1967 e 1969 (ambos pela CEN). Deixou a crônica social dos jornais no início dos anos 70, quando esta passou a limitar-se às notícias de festas e acontecimentos aos quais compareciam tais e tais pessoas, mais ou menos como ocorre hoje.

Sobre gastronomia Marcelino reuniu, em 1966, uma coletânea de receitas de conhecidos *chefs*, *maîtres* e *gourmets*, dos mais renomados restaurantes paulistanos da época, em *A nobre arte de comer* (CEN), com um erudito e delicioso prefácio sobre a história da cozinha e a evolução da etiqueta da mesa. O livro mereceu uma reedição ampliada e ilustrada, que, por amarga ironia, apareceu alguns dias após a morte do autor, em 1978.

Certa vez, indagado por um repórter sobre qual seria a melhor coisa que havia feito, pensativo, respondeu: "Acho que foi um Martini"...

Marcelino de Carvalho constituiu, com Paulo Duarte, Guilherme Figueiredo e Antonio Houaiss, o grupo que melhor escreveu sobre gastronomia e *bonne-chère* em nosso país. Quem sabe esteja agora reunido com esses companheiros no *etéreo assento*, citado pelo poeta, degustando vinhos e iguarias divinos. Muitos não lhes serão novidades...

Jeca Tatu e
a mesa do piraquara

Uma das mais emblemáticas figuras da literatura brasileira, Jeca Tatu foi criado por Monteiro Lobato em 1914, no conto "Urupês" (depois título do livro do qual o conto faz parte), e desde o nascimento nosso personagem foi polêmico. De piraquara[1] valparaibano, Jeca tornou-se, para muitos, o símbolo da preguiça e da indolência nacionais, o que evidentemente provocou reações iradas.

O conto "Urupês" fez do desconhecido promotor de Areias, no vale do Paraíba, Monteiro Lobato, um nome nacional, e do livro, nosso primeiro *best-seller*. O conto aparece originalmente n'*O Estado de S. Paulo*, em 23 de dezembro de 1914, e o livro, em julho de 1918, quando o autor tinha 36 anos de idade. "Urupê", diga-se, é um cogumelo que cresce sobre a madeira podre: a simbologia é clara e intencional.

Monteiro Lobato aborda todos aspectos da vida do Jeca Tatu. No caso da mesa, o móvel é um eufemismo: Jeca nunca precisou ou dese-

---

[1] Piraquara é o caipira habitante ribeirinho do Paraíba do Sul. A denominação provém do tupi *pira*, "peixe", + *kwara*, "buraco", ou seja, "buraco de peixe, pesqueiro" e, por extensão, o habitante das margens do rio e do vale do Paraíba.

VI. Das personalidades

jou ter mesa ou cadeiras, "se a natureza o dotou de sólidos, rachados calcanhares sobre os quais se senta".[2] Quando muito um banquinho de três pernas, para alguma visita: "Três pernas permitem o equilíbrio, inútil, portanto, meter a quarta, que ainda o obrigaria a nivelar o chão".[3] Com relação aos talheres, "nenhum – não é a munheca um talher completo – colher, garfo e faca a um tempo?... Os demais apetrechos – umas cuias, gamelas, um pote esbeiçado, a pichorra e a panela de feijão [.....]. Os mantimentos apoiados nos cantos da sala. Inventou um cipó preso à cumeeira, de gancho na ponta e um disco de lata no alto: ali pendura o toucinho, a salvo dos gatos e dos ratos [.....]. Servem de gavetas os buracos da parede".[4]

Bem curiosas e sugestivas as considerações de Lobato sobre a alimentação do nosso Jeca: "Da terra só quer a mandioca, o milho e a cana. A primeira por ser um pão já amassado pela natureza. Basta arrancar uma raiz e deitá-la nas brasas. Não impõe colheita, nem exige celeiro. O plantio se faz com um palmo de rama fincada em qualquer chão. Não pede cuidados. Não a ataca a formiga".[5]

Lobato responsabiliza a mandioca pela "lombeira", a preguiça, a indolência do caboclo, pela facilidade de sua obtenção e consumo. "O vigor das raças humanas está na razão direta da hostilidade do ambiente",[6] dizendo que a mandioca não cresce na Inglaterra ou na Holanda, onde o homem conquistou a terra com diques, "um brejo salgado", concluindo com referência à mandioca que "Há bens que vêm para males", invertendo o provérbio.

Preciosa também é a cana no *menu* do Jeca: dá a rapadura e a garapa, que simplificam sua vida. Sem moenda, torce o rolete com o pulso sobre a cuia de café. Macetea bem os nós, açucarando assim a beberagem, dispensando portanto toda a cadeia de processamento de obter a rapadura a partir do caldo de cana. Árvores frutíferas, hortas ou flores são dispensáveis e dariam trabalho. Tomar de uma

---

[2] Monteiro Lobato, *Urupês* (São Paulo: Globo, 2007), p. 170.
[3] *Ibid.*, p. 170.
[4] *Ibid.*, p. 171.
[5] *Ibid.*, p. 172.
[6] *Ibidem.*

enxada ou foice violaria suas convicções de "sacerdote da Lei do Menor Esforço", de que Jeca é coerente e respeitador. Afinal, a terra não é sua e "para frutas há o mato".

Como afirma Lobato, "Jeca Tatu é um piraquara do Paraíba",[7] inspirado no caboclo que o autor conheceu na Fazenda Buquira, na Mantiqueira, herdada do avô, o visconde de Tremembé. Diga-se que Lobato reconheceu e desculpou-se com o personagem, na quarta edição do livro, pois Jeca é um doente, um opilado, e não deve ser tomado como modelo da cultura piraquara. O piraquara original, desde o século XVIII, pertence às populações ribeirinhas do Paraíba, é o pescador, que se não é um atleta tampouco é um enfermo. São grupos familiares de pescadores artesanais, dos municípios do vale do Paraíba.

Em princípio vivem da pesca, abundante até ao redor de 1980; do arroz, historicamente abundante no vale; do pirão, que acompanha o peixe, e do que possam adquirir com a venda do pescado. Tradicionalmente os mercados municipais das cidades maiores ou menores do vale do Paraíba (são 33 municípios) são ricos e variados, com mantimentos, artesanato, ervas, condimentos, curiosidades e até antiguidades. Lembro-me ter adquirido em um deles, há tempos, um magnífico pilão...

Segundo a Divisão de Proteção e Produção de Peixes e Animais Silvestres, no ano de 1950, o vale era considerado "o núcleo mais importante de profissionais de pesca de interior do Estado de São Paulo". A produção de pescado de água doce das cidades do vale do Paraíba naquele ano foi de 400.895 kg, de 26 espécies de peixes, sendo os principais municípios produtores Caçapava, Taubaté e Pindamonhangaba.[8]

A colônia de pesca Emílio Varoli congregava então 754 pescadores, cuja renda permitia a vários possuir casa própria, de alvenaria, alguns até sobrados, nas cidades ou vilas em que viviam. A média

---

[7] *Ibid.*, p. 169.

[8] Comitê das Bacias Hidrográficas do Rio Paraíba do Sul e da Serra da Mantiqueira (1995), em J. Theodoro & L. A. Braga, *Paraíba do Sul, rio sagrado* (São José dos Campos: Johnson & Johnson, 1997), p. 68.

VI. DAS PERSONALIDADES

individual diária era de vinte quilos de peixe, ou seja, cem quilos semanais. "A gente pescava o que queria", diziam.

Como sabemos, os tempos mudaram. Na década de 1990, um levantamento junto a 32 pescadores profissionais constatava que não chegava a dez o número de espécies comercializadas em mercados municipais e peixarias. O dourado e o surubim eram raros, e a pirabanha desaparecera.[9] A partir de 1995, com o esgoto da maioria das cidades da região lançado *in-natura* nos cursos d'água, gera-se uma carga orgânica doméstica potencial de 87 t DBO/dia,[10] lembrando-se que dos 33 municípios do Vale, apenas dez possuem algum tipo de tratamento de esgoto e oito cidades possuem uma destinação adequada para o lixo.

A poluição industrial, proveniente de 227 indústrias (1997), é igualmente responsável pela degradação do rio, com uma carga orgânica potencial de 73 t DBO/dia.[11] Leve-se em conta também que a extração de areia do leito do rio (em 1997, existiam 196 "portos de areia") agrega sedimentos, combustíveis e óleos lubrificantes ao curso d'água e às margens além do assoreamento. Caberia à Cetesb a monitoração da qualidade da água, ao DAAE a regulação de sua utilização e ao Ibama, em conjunto com a Polícia Federal, fiscalizar a prática da pesca, pelo escritório regional de Lorena. Como são órgãos ágeis e competentes, não há porquê nos preocuparmos.

Concluindo: se Monteiro Lobato criou o Jeca Tatu, um piraquara, mas um personagem universal, como o Quixote, dos quais conscientemente ou não todos nós temos um pouco, o piraquara real se extingue. Como em tantas sociedades, o mito sobrevive, se universaliza, e a cultura desaparece. Paradoxalmente, a criatura do Urupês, o Jeca, preguiçoso e indolente, quase filósofo, permanece entre nós, enquanto o piraquara verdadeiro, o pescador ribeirinho, sai de cena.

---

[9] *Ibidem.*
[10] S. B. Holanda, *Monções* (São Paulo: Brasiliense, 1989), em J. Theodoro & L.A. Braga, *Paraíba do Sul, rio Sagrado*, cit., p. 72.
[11] *Ibidem.*

OS PROFETAS:
O PRESIDENTE E A ÁGUA

Ninguém é profeta em sua terra, diz o ditado. É e não é. Monteiro Lobato, em 1926, previu um presidente negro para os Estados Unidos[1] e Marcelino de Carvalho alertava, já em 1955, para os sérios riscos do consumo da água. Dizia então Marcelino: "Há muita gente que bebe água. Talvez bebesse menos se soubesse alguma coisa mais aprofundada sobre esse líquido".[2] Falava da dificuldade de se encontrar uma "boa água, sem ovos de helmintos, micróbios, sais calcários e outros". Marcelino cita a Enciclopédia de Gastronomia da The Wine and Food Society, na qual tampouco é recomendada, ressaltando, porém, que a "água destilada ou fervida nem sempre faz mal, mas o gosto é desagradável ao possível".

Com base nesses conceitos, não foi com surpresa maior que tomamos conhecimento da interessante matéria de Tatiana Rocha, sobre os riscos do consumo da água tida como "pura", a água mineral.

---

[1] M. Lobato, *O choque das raças, ou O presidente negro* (São Paulo: Nacional, 1926).
[2] P. Verbena [Marcelino de Carvalho], *Assim falava Baco* (São Paulo: Editora das Américas, s/d [1955]), pp. 99-101.

VI. Das personalidades

Vejamos de modo sucinto algumas de suas informações. Diz a autora:

> A água mineral engarrafada é a bebida cujo consumo mais cresce no mundo [...]. No Brasil, quarto mercado mundial (atrás dos EUA, México e China), segundo a Associação Mundial de Águas Engarrafadas, a demanda cresce mais de 7% ao ano. Fica porém a dúvida se essa água (e embalagem) é mais segura que a do filtro, bem como se essa conveniência compensa o impacto nocivo ao meio ambiente.[3]

A garrafa

Os rótulos, com paisagens lindas, nos sugerem seja a água mineral a bebida mais pura do mundo. Não é a opinião de Margaretha van Weerelt, chefe do Laboratório de Microbiologia Aquática, do Instituto de Biologia da Universidade Federal do Rio de Janeiro (UFRJ), que afirma: "Ninguém deve pensar que a água engarrafada é mais regulamentada, protegida ou segura que a da torneira".[4] A lei brasileira não proíbe o engarrafamento de água de fontes artificiais, mas exige o tratamento e a mineralização da mesma, sabendo-se porém que existem "águas piratas", que não são fiscalizadas pelos órgãos responsáveis e podem conter substâncias tóxicas e germes.

A Associação Brasileira das Indústrias de Águas Minerais (Abicam) aconselha a se procurar no rótulo o número de registro no Ministério da Saúde e o endereço da fonte da água. Ainda assim, informa a Secretaria Estadual de Saúde de Minas Gerais, persiste o risco, pela rotulagem inadequada ou incompleta. Por vezes a informação é hilária, como "Não contém glúten", conta Alessandra Alves Cury, da Vigilância Sanitária do mesmo Estado. Em 2000, informa a mesma fonte que houve um pedido de registro para uma "água *diet*" e outro para um "preparado líquido aromatizado".

---

[3] *Ibidem.*
[4] *Ibidem.*

Os profetas: o presidente e a água

É grande também o consumo de água de garrafão, igualmente com rótulos incompletos, sem data de validade, instruções para conservação ou informações erradas sobre os minerais que contém, segundo dados do Pro Teste, órgão não governamental de defesa do consumidor. O órgão examinou quinze marcas de água de garrafão em 2006, encontrando em três delas a bactéria *Pseudomonas aeruginosa*.

Informa ainda a matéria de Tatiana Rocha que o problema é geral, mundial. Nos Estados Unidos, o Conselho Nacional de Recursos Naturais (NRDC) encontrou, em duas amostras de água mineral, contaminação por ftalatos em nível acima dos padrões permitidos, capazes de gerar problemas na área de reprodução do homem. Como as garrafas plásticas não contêm ftalatos, essas substâncias possivelmente chegaram à água no processo de engarrafamento, ou seja, já estavam presentes na fonte original. Encontraram-se também ftalatos em água da torneira.

O plástico

A maioria das garrafas de água é de tereftalato de polietileno, indicado no fundo da embalagem por um número 1, PET ou PETE, material inerte segundo seus fabricantes. O problema maior é, naturalmente, sua durabilidade, quase eterna, o fato de não ser degradável. Esse não é entretanto único risco potencial do PET. O armazenamento das garrafas em locais inadequados pode causar problemas. Não se deve guardar água em garagens, sob o sol, junto a fumaça de gasolina, pesticidas ou outros produtos químicos, em despensas ou depósitos, que poderiam, no mínimo, afetar seu cheiro ou sabor. O mesmo cuidado vale para a loja onde se compram as garrafas. "Não compre [água] em postos de gasolina, onde as embalagens ficam expostas a combustíveis ou armazenadas em lugares pouco limpos", diz o professor Delmo Vaitsman, do Laboratório de Desenvolvimento Analítico do Instituto de Química da UFRJ. Segundo o professor, o problema não é apenas de armazenamento, mas também de trans-

VI. Das personalidades

porte: "A exposição ao sol altera o equilíbrio químico, que não tem a ver com a garrafa, mas com os componentes da água".[5]

Trabalhos de várias origens têm chamado a atenção para certos elementos componentes da PET, potencialmente tóxicos, como o antimônio, e para o fato de que, quanto mais tempo uma garrafa ficar armazenada, em casa ou na loja, mais antimônio desenvolverá.

Em 2007, um grupo de estudos dos Institutos Nacionais de Saúde dos EUA (NIH) concluiu que o bisfenol A (BPA), substância encontrada no policarbonato, usado na fabricação de garrafões de resfriamento, garrafinhas de água para uso esportivo e outros plásticos rijos, mas não do PET, pode causar problemas neurológicos em fetos, bebês e crianças, bem como em adultos, no aparelho reprodutor feminino.

Custo ambiental

A ubiquidade do plástico, o aquecimento global e o desmatamento possivelmente constituem os maiores problemas ambientais do mundo moderno. No caso dos recipientes de plástico, além dos riscos, potenciais e comprovados à saúde do consumidor, junte-se a agressão ao meio ambiente, real e visível no dia a dia. Como diz Wagner Victer, da Companhia de Águas e Esgotos do Rio de Janeiro (Cedae), sendo "a água engarrafada um negócio em expansão, isso traz grande impacto ambiental", sugerindo o consumo de água do filtro. Outro fato importante a levar em conta é que as garrafas de PET são fabricadas a partir de derivados do petróleo, e em uma época em que se luta para reduzir o consumo de combustíveis fósseis, quanto mais garrafas se usarem, mais petróleo se fará necessário para produzir, encher e distribuir novas embalagens.

É também assustador ter-se em conta que esses recipientes plásticos, que contribuem para o aumento de resíduos, não são apenas os destinados à água, mas igualmente para refrigerantes, sucos e outras bebidas, para não falar dos produtos destinados à limpeza, dos

---

[5] *Ibidem.*

medicamentos, dos cosméticos e dos usos industriais. Uma visita ao supermercado com os olhos abertos nos dá uma assustadora ideia do problema.

Com relação à reciclagem, segundo o Instituto Americano de Reciclagem de Recipientes, nem 20% das garrafinhas de uso individual são usadas mais de uma vez. As restantes são jogadas nas praias e lagos, ao longo das rodovias ou em aterros sanitários, onde podem permanecer por mais de mil anos. O percentual de PET reaproveitado é baixo mesmo em países desenvolvidos, onde a separação do lixo é obrigatória, como a Alemanha e o Japão. Entre nós temos progredido muito, com a conscientização da necessidade de reciclagem, sem chegar entretanto próximo ao nível desses países.

Não deixa porém de ser paradoxal e cruel que justamente os hidrófilos bem-intencionados, como os naturebas, os idiotas-do-natural (a expressão é de Marcio de Sousa) e os consumidores de água mineral em garrafa de plástico (restaurante não serve água do filtro ou da torneira), exatamente os mais preocupados com a saúde e com o meio ambiente, possam ser os mais afetados e os que mais contribuem para a deterioração do meio em que vivem.

Vemos assim que tanto Marcelino de Carvalho como Monteiro Lobato, brincando e romanceando, foram realmente profetas, como os do Velho Testamento. Suas profecias se confirmaram. Como informação:

O vinho contém mais de 80% de água.

A cerveja contém mais de 90% de água.

A cachaça contém mais de 50% de água.

Essas águas são puras e as bebidas, comercializadas em garrafas de vidro, recicláveis...

O NARIZ DOS FILÓSOFOS

"O TATO, O OLFATO E O PALADAR SÃO MATERIALISTAS, SÃO CARNE;
A VISÃO E A AUDIÇÃO SÃO IDEALISTAS, SÃO ESPÍRITO. OS OLHOS E OS
OUVIDOS REPRESENTAM A CABEÇA, OS OUTROS, O VENTRE."
Feuerbach, "Contra o dualismo do corpo e da alma, da carne e do espírito".

O nariz é o primo pobre dos órgãos dos sentidos. Os progressos na área da visão e da audição têm sido notáveis nos últimos anos e parcos no setor da olfação. Recuperam-se cada vez mais as deficiências visuais e auditivas, pela clínica e pela cirurgia. O uso de óculos data do século XIV, e o dos aparelhos auditivos, de quase um século. A correção da catarata é hoje rotina e a perda total da audição já pode ser recuperada. Já com relação às enfermidades naso-sinusais, os progressos têm sido muito satisfatórios quanto à função respiratória e menos quanto à olfativa. Curam-se as onipresentes sinusites, mas não se recupera o olfato.

O *nariz eletrônico*, conquista da moderna nanotecnologia a que já nos referimos anteriormente,[1] tem uma sensibilidade mil vezes

---

[1] Sergio de Paula Santos, *Memórias de adega e cozinha* (São Paulo; Senac, 2007), p. 310.

VI. Das personalidades

maior que a do olfato humano, contando com aplicações industriais e eventualmente na agricultura, mas não em medicina. Mas se é essa a atual situação de desprestígio do nariz, quase ornamental, nem sempre o foi. Na Antiguidade a olfação gozou de grande reputação entre os filósofos.

Se quisermos escolher um especialista do nariz entre os filósofos, seria certamente Demócrito (460-370 a.C.), contemporâneo de Hipócrates (460-371 a.C.), que segundo os relatos de seus discípulos distinguia nas ruas de Abdera, pelo olfato, uma virgem das que não o fossem. Demócrito foi o criador do materialismo abderitano e ensinava, em sua escola, que nada existia além dos átomos e do vácuo. O deslocamento dessas partículas, de aromas específicos, poderia ser reconhecido por um nariz experimentado. Um de seus discípulos, Anaxarco, chegou a pedir a seu padeiro que usasse luvas e um véu diante da boca, ao amassar seu pão, para evitar que "o suor o umedecesse e que seu hálito o sujasse".[2] Por mais desarrazoado que possa parecer o fato, é exatamente o que se faz hoje na produção de queijos, para não falar nas salas de cirurgia...

A Antiguidade apreciava os perfumes: dos egípcios aos gregos e romanos, nos banquetes, no teatro, nos jogos do circo, na intimidade, nos incensórios em que se queimavam resinas de aromas doces. Em algumas ocasiões fúnebres, em que se incineravam mortos muito ricos, as fogueiras eram de madeiras preciosas e perfumadas.

Entre os filósofos, entretanto, os perfumes nem sempre foram apreciados – eram associados ao luxo, à devassidão e à depravação. Aristipo de Cirne, hedonista, aprecia-os, considerando que "os prazeres do corpo são superiores aos da alma".[3] Já Sócrates e Platão consideram os perfumes um sinal distintivo dos invertidos. Entre os depreciadores dos aromas estão os espiritualistas, os idealistas e os religiosos, que desvalorizavam igualmente a matéria em relação ao espírito. Os atomistas relacionam os diferentes odores às formas das

---

[2] Demócrito, em J. P. Dumont (éd.), *Les présocratiques* (Paris: Gallimard, 1988), p. 749.

[3] *Apud* Diogène Laërce, *Vies, doctrines et sentences des philosophes illustres* (T.I.), p. 127.

O NARIZ DOS FILÓSOFOS

partículas odoríferas: átomos redondos, angulosos, aduncos, ásperos, de sabores ácidos, doces, picantes, untuosos, lisos, etc.

Bem mais tarde, Immanuel Kant (1774-1804), em sua *Antropologia de um ponto de vista pragmático*, faz do olfato o sentido menos importante de todos. Relaciona a visão, a audição e o tato ao conhecimento das "coisas físicas", e o paladar e o olfato, ao subjetivo, ao deleite,[4] achando que o entendimento comanda a sensibilidade. Discordam vários autores, pois, assim sendo, o desconhecido escaparia ao reconhecimento pelos sentidos do paladar e do olfato, o que não ocorre. Michel Onfray[5] critica o filósofo alemão, que rejeita os prazeres da música, da luz ou dos aromas, negando a hierarquia dos sentidos. Paradoxalmente Kant foi um apaixonado pelo nariz. Circunspecto e metódico, quase hipocondríaco, passeava diariamente só, pelo mesmo trajeto, fazendo questão de respirar apenas pelo nariz, para prevenir gripes e resfriados.

Muitos veem, no desdém dos filósofos pelos odores, o fato de estarem relacionados ao homem em suas origens ancestrais e primitivas, ao limbo de suas reminiscências primárias. Outros, pelo íntimo relacionamento do olfato com o sexo, igualmente primitivo. Experiências realizadas em vertebrados inferiores de que se destruíram os bulbos olfativos implicaram, em algumas espécies, no desaparecimento do comportamento sexual.[6] Nos primatas, essa destruição modifica o relacionamento entre os sexos, sem entretanto ocasionar uma inibição total.

Freud, em *Mal-estar da civilização*,[7] aproxima o homem do animal pelo olfato, que pode distinguir os parceiros, com acuidade. No homem são as regras familiares que regulam os instintos do desejo e instituem a privação sexual. Com a castidade, o nariz perderá parte de seu sentido. Para o vienense, o recuo do poder excitante do odor decorre do homem ter se erguido do chão e andado em pé, expon-

---

[4] I. Kant, *Anthropologie d'un point de vue pragmatique* (tradução francesa de M. Foucault, como parte de seu doutorado em 1961), p. 15.

[5] M. Onfray, *A arte de ter prazer* (São Paulo: Martins Fontes, 1999), pp. 116-159.

[6] J. D. Vincent, *Biologie des Passions* (Paris: Odile Jacob, 1986), p. 266.

[7] *Apud* M. Onfray, *A arte de ter prazer*, cit., p. 123.

VI. Das personalidades

do seus genitais até então escondidos, fazendo com que os mesmos necessitassem ser protegidos, gerando assim o pudor. A partir desse ponto, decai a olfação e a visão passa a predominar para a excitação sexual. Cria-se a relação familiar e chega-se ao limiar da civilização.

Michel Onfray, em sua *Arte de ter prazer*,[8] estuda em detalhes, no capítulo "Os contentores do nariz", as considerações sobre o olfato na obra de Condillac e na de Diderot, que considera os órgãos dos sentidos como posições avançadas do cérebro; também nas de Jean-Didier Vincent, de Cabanis, de Montaigne e de Locke. Todos lembram a estreita correlação entre os odores e sexualidade, dos perfumes aos feromônios.

O tema é amplo e não se pode ignorar também Fourier e seu sistema de aromas, Nietzche e Feuerbach, parecendo quase unanimidade que, ao civilizar-se, o homem perdeu a acuidade olfativa. É muito interessante acompanhar, na medida do possível, essa evolução, que se inicia por um desenraizamento, ao qual se segue uma série de aquisições inerentes à condição humana. Possivelmente uma releitura de todos esses autores, acrescidos de Bufon, Schopenhauer, Spinoza e até mesmo Marx, hoje fora de moda, poderia nos fornecer elementos para recuperar o prestígio do maravilhoso sentido do olfato.

Não bastariam entretanto apenas os conceitos teóricos, mas também a prática e o exercício da função, do olfato, se fariam necessários – cheirar, cheirar tudo, em todas circunstâncias possíveis. Aprender ou reaprender os aromas e reconhecê-los. Já o poeta Horácio (68-8 a.C.) recomendava, ao avaliar os vinhos, o uso dos três sentidos, com seu lema *COS: colore, odore e sapore*, observando a cor, o aroma e o sabor dos mesmos. Com a reabilitação do olfato, poderemos vir a ter uma vida mais rica, de emoções, sabores e aromas. A julgar por Demétrio, talvez até de sexo...

---

[8] *Ibid.*, p. 109.

Dona Antónia Adelaide Ferreira — A Ferreirinha

A biografia é um dos gêneros mais complexos e difíceis de serem abordados. Se encomendada, o que é muito comum, carece de credibilidade. Se romanceada, carece de veracidade, e, quando rigorosamente documentada, pode tornar-se um relatório cronológico insípido.

Como a condição humana é uma mescla de virtudes e defeitos, as biografias corretas deverão abordar os dois aspectos, positivos e negativos, o que não é a regra. Falar dos defeitos desagrada aos admiradores (ou aos patrocinadores), em uma atividade em que a louvação predomina. Na direção oposta dessa argumentação, além das pesquisas pessoais, recorremos a duas fontes que nos pareceram absolutamente imparciais e isentas, com relação à personagem abordada, Dona Antónia Adelaide Ferreira, a Ferreirinha, como foi carinhosamente conhecida.

Referimo-nos à obra de Gaspar Martins Ferreira, professor de História da Universidade do Porto, e Maria Luísa Rosas Nicolau de Almeida, descendente pelo lado paterno e materno de vinhateiros do Douro (da Casa Ferreira e Ramos Pinto), bem como esposa e mãe de

DONA ANTÓNIA ADELAIDE FERREIRA, A FERREIRINHA.

QUINTA DO PORTO, ONDE VIVEU DONA ANTÓNIA.

enólogos da região. Maria Luísa necessitou de uma década para inventariar e organizar o imenso acervo histórico da casa Ferreira. Sua obra, *Dona Antónia*,[1] rigorosamente baseada nessa documentação, é completa, brilhante e confiável.

A outra fonte é a "Dama do Douro", de Pedro d'Anunciação e Pedro Loureiro, uma extensa reportagem publicada em 2004 na revista semanal *Grande Reportagem*, do lisboeta *Diário de Notícias*,[2] igualmente franca e imparcial.

Diga-se a respeito que, desde o século XVIII, a produção e o comércio do vinho do Porto em Portugal concentram-se majoritariamente nas mãos de meia dúzia de famílias, a portocracia, como a batizamos de há muito.

A família Ferreira, ao contrário da maioria das tradicionais famílias ligadas ao vinho do Porto, é originária do Alto Douro. José Ferreira (1726-?), bisavô de Dona Antónia, residente em Torre, freguesia de Loureiro, consta dos arquivos da Real Companhia Geral de Agricultura e dos Vinhos do Alto Douro, de 1770, como um pequeno produtor. Grande parte dessa documentação inicial é esparsa e foi destruída quando das invasões napoleônicas (1812), no norte do país, dos incêndios do Porto e nos armazéns de Vila Nova de Gaia.

Dos arquivos da Real Companhia Geral de Agricultura e dos Vinhos do Alto Douro, de 1770, já consta o nome do referido José Ferreira, como um pequeno produtor. Tão somente a partir da segunda década do século XIX passam os Ferreira a movimentar quantidades significativas de vinho. Foi quando José Bernardo Ferreira e António Bernardo Ferreira, pai e tio de Dona Antónia, aumentaram consideravelmente o patrimônio agrícola da família e criaram as bases da importante empresa que se seguiria.

Ao longo da segunda metade desse século, a Casa Ferreira vai ser profundamente marcada pela personalidade e pela conduta dessa figura quase lendária que foi Dona Antónia Adelaide Ferreira, filha

---

[1] G. Martins Ferreira e M. L. Rosas Nicolau de Almeida, *Dona Antónia* (Lisboa: Asa, 1996).

[2] Pedro d'Anunciação e Pedro Loureiro, "Dama do Douro", em *Grande Reportagem*, revista semanal do *Diário de Notícias*, Lisboa, nº 193, ano XV, 3ª série, 18-9-2004, pp. 26-37.

VI. Das personalidades

única de José Bernardo Ferreira (1782-1853), nasce em 4 de julho de 1811, na Régua. Passa sua infância nessa quinta, junto à mãe disciplinadora e ao pai, que viaja continuamente entre o Porto (onde está seu escritório) e o Douro. Com ele, a jovem aprende a austeridade, a vitalidade e o gosto pelo negócio.

Como dito, as invasões napoleônicas, além das lutas liberais e do assassinato do avô (1808), Bernardo Ferreira, abalaram profundamente a empresa e o ambiente familiar. Em 1823, por exemplo, as tropas e milícias liberais instalaram-se na Régua e os Ferreira foram obrigados a receber os soldados em sua casa. A família de António Bernardes refugia-se então na Quinta de Travassos.

Nesse mesmo ano, Dona Antónia casa-se com seu primo irmão António Bernardo Ferreira II, um ano mais moço que ela. O casamento, que deveria naturalmente fortalecer ainda mais a já poderosa empresa, não correspondeu às expectativas. Estroina e de personalidade fraca, oposta à da jovem esposa, António Bernardo consegue dissipar em poucos anos enorme fortuna com luxos e extravagâncias em Portugal, na Espanha, na Itália, em Londres e principalmente em Paris, a capital do mundo elegante. Conhecido como o "Farrobo do Porto", elegante, culto, poliglota, boêmio e perdulário, mostrou-se mais competente no gastar que no administrar. Morreu aos 32 anos, em 1844, doente, mas no mesmo luxo em que sempre vivera. Do casamento nasceram três filhos: António Bernardo Ferreira III (1835-1907), Maria Virgínia Ferreira (1837-1841) e Maria da Assunção Ferreira (1842-1905).

Após a morte do marido, dizem os documentos, Dona Antónia considerou-se "arruinada", embora, apesar das grandes dívidas, o espólio do marido tenha sido (sub) avaliado em 650 contos. Na realidade os estoques de vinho do Porto da empresa eram enormes, mas as circunstâncias políticas e econômicas da época não eram favoráveis para vendê-los. O grande mérito de Dona Antónia foi o de "saber esperar", e seu tino comercial, a causa principal da recuperação da empresa, conseguindo ela em poucos anos pagar as dívidas do marido.

Tampouco com os filhos Dona Antónia teve melhor sorte. António B. Ferreira III e Maria Assunção sempre estiveram mais interessados em suas heranças que em cuidar do patrimônio da família. Antonio Bernardo, como o pai, teve vida social intensa e desregrada. Deixou os estudos aos 16 anos, apaixonou-se por uma menina de 15, Antónia Plácido (Antónia Cândida Plácido Vieira Braga), irmã da célebre Ana Plácido, a "mulher fatal" de Camilo Castelo Branco. Apesar da oposição familiar, os jovens casam-se, atingindo António Bernardo, por esse expediente, a maioridade, que lhe permitiu herdar parte da herança do pai e a da avó paterna. O casamento, realizado sem as licenças episcopais, teria rendido, segundo os jornais da época, "uma enorme soma em dinheiro ao abade da Vitória, uma pensão annual, cama, mesa e a promessa de ficar sendo capelão do Sr. Ferreira". Posteriormente o referido abade teve seu ministério suspenso...

Levando uma vida faustosa, Bernardo chega à falência em 1870, quando Dona Antónia paga suas dívidas e, como condição, recupera a administração de suas propriedades. Certamente foi esse fato que levou Camilo Castelo Branco a escrever, em 1884, seu mordaz livro *O vinho do Porto – Processo de uma bestialidade inglesa*.

Com relação à filha, Maria da Assunção, ocorreu o célebre episódio em que Dona Antónia teve de enfrentar o marechal-duque de Saldanha, o mais poderoso político do reino, que pretendia a menina de apenas 11 anos para sua nora. Após uma frustrada tentativa de sequestro da jovem, mãe e filha tiveram de refugiar-se na Espanha. Mais tarde Maria da Assunção viria a se casar com o conde de Azambuja.

Significativo também o relacionamento de Dona Antónia com a monarquia portuguesa, recusando-se sempre a aceitar títulos nobiliárquicos. Quando o rei, Dom Luís (1838-1889), solicitou hospedar-se em sua quinta, em Vila Real, foi atendido, sem entretanto sua presença ou a de seu segundo marido, Francisco José da Silva Torres. Silva Torres, bom administrador, com quem Dona Antónia conviveu bem (ainda que sem acompanhá-lo socialmente), foi destacado político do Partido Regenerador. Segundo a crônica, "fazia abades,

VI. Das personalidades

bispos, deputados e até ministros, conhecidos como os deputados do Torres".[3] Em outra oportunidade, o monarca solicitou-lhe uma partida de vinho, no que foi prontamente atendido por Antônio Bernardo III. Com os vinhos, Dona Antónia enviou-lhe a nota...

Em linhas gerais abordamos alguns fatos e passagens da vida de Dona Antónia Adelaide Ferreira, a "grande dama do Douro", como a chamou Pedro d'Anunciação.[4] Foi também conhecida como "a Rainha do Norte". Dona Antónia faleceu em 1896, pouco antes de completar 85 anos. Foi pranteada por todos.

As biografias por vezes contribuem para a criação de mitos, que por sua vez tendem a crescer, criar uma aura e afastarem-se da realidade. Não foi o caso da de Martins Pereira e Maria Luísa Olazabal nem da reportagem de Pedro d'Anunciação; com a farta documentação levantada, nos apresentam Dona Antónia em toda a sua humanidade, sua grandeza, sua generosidade, sua visão social e seu tino comercial, convivendo com seus dolorosos problemas familiares.

A humanização do mito, paradoxalmente, engrandeceu-o mais ainda e se a figura da Dona Antónia já era lendária no Douro, com mais razão ainda agora o será. Além das obras referidas, para uma visão histórica completa da Casa Ferreira, consulte-se *A Casa Ferreira – A construção antropológica do sucessor*", de Henrique Gomes de Araújo.[5]

---

[3] Revista do *Diário de Notícias*, nº 193, ano XV, 3ª serie, de 18-9-2004.
[4] *Ibidem.*
[5] H. Gomes de Araújo, *A Casa Ferreira – A construção antropológica do sucessor* (Lisboa: Quetzal, 2001).

Norman Borlaug

Considerado o pai da agricultura moderna, Norman Borlaug morreu no Texas, aos 95 anos de idade. Na Índia ou no México, choram a sua morte; por cá, é virtualmente um desconhecido. Não é de admirar: "mais do que qualquer pessoa da sua idade, ajudou a fornecer pão a um mundo com fome", declarava em 1970 o Comitê Nobel norueguês ao anunciar ser ele o laureado do Nobel da Paz naquele ano.

Borlaug não era um filósofo nem um ensaísta, nem sequer um político: era um biólogo vegetal especialista em doenças das plantas e geneticista – e tinha lutado toda a vida para melhorar o rendimento dos cereais. O comitê Nobel achara-o merecedor da recompensa por uma razão muito simples, que assim explicavam: "Fizemos esta escolha na esperança de que fornecer pão também sirva para conseguir a paz no mundo". Borlaug era, diziam ainda, diretamente responsável por ter salvo centenas de milhões de vidas humanas.

Este homem, nascido em 1914 no Midwest norte-americano, numa comunidade de agricultores de origem norueguesa, cresceu nos Estados Unidos em plena Grande Depressão e sabia que a fome gera violência. Para ele, o fim da fome no mundo e a paz global só

VI. Das personalidades

podiam andar de mãos dadas. Não haveria paz enquanto os estômagos estivessem vazios e as crianças chorassem por comida. O fim da fome não era uma condição suficiente para a paz, mas era sem dúvida uma condição necessária, um primeiro passo nesse sentido.

Por isso Borlaug dedicou a sua vida a desenvolver variedades de trigo e de outros cereais que fossem não só resistentes às doenças que os assolavam, mas também capazes de produzir muito mais grãos que as variedades tradicionais. E, em poucos anos, conseguiu fazer com que países como o México e a Índia, ou a China e o Brasil, confrontados com um crescimento populacional desmesurado após a Segunda Guerra Mundial, se tornassem autossuficientes na produção dos seus alimentos de base.

Conta Leon Hesser, na sua biografia de Borlaug intitulada *The Man Who Fed The World* ("o homem que alimentou o mundo"), que, quando o cientista, então com 56 anos, recebeu a notícia telefônica da atribuição do Nobel da Paz, não acreditou. Foi por volta das seis horas da manhã (como é costume, devido à diferença horária entre a Europa e a América) que a sua mulher atendeu o telefone. Como Borlaug já estava trabalhando num campo de trigo dos arredores da Cidade do México, ela foi até lá de carro anunciar-lhe a boa nova – e recebeu como resposta um "alguém está a brincar contigo", incrédulo. Mais tarde, já convencido de que a informação era fidedigna, Borlaug disse que ia festejar o evento quando acabasse o trabalho.

"Ele fez provavelmente mais do que muitos, mas é conhecido por menos gente do que qualquer outra pessoa que tenha feito tanto como ele [...]. Tornou o mundo melhor", declarou à imprensa, a seguir à morte de Borlaug, Ed Runge, amigo e colega de longa data na Universidade A&M, onde Borlaug trabalhou muitos anos.

Pelas estradas do México

Acabado o doutoramento, no início dos anos 1940, Borlaug foi recrutado pela empresa DuPont, que fazia investigações na área dos fertilizantes químicos. Mas a sua verdadeira carreira só começaria em 1944, quando foi enviado para o México pela Fundação Rockefeller para integrar um programa de luta contra a fome a pedido do governo mexicano. Conta o *New York Times* que, ao deparar-se com a miséria em que viviam os pequenos agricultores mexicanos, com a degradação dos solos e a infestação das culturas pelo fungo da ferrugem do trigo – e com a desolação do campo mexicano em geral – escreveu à mulher desesperado: "Não sei o que podemos fazer para ajudar esta gente, mas temos de fazer qualquer coisa".

Borlaug lançou-se de corpo e alma no projeto, trabalhando no campo, viajando milhares de quilômetros por estradas em estado calamitoso para conseguir cultivar as suas variedades experimentais de trigo ao longo do ano todo, aproveitando as diferenças climáticas. Conseguiu assim desenvolver, numa primeira fase, uma espécie muito mais adaptável e resistente à ferrugem. Conseguiu também vencer as barreiras psicológicas e convencer, tanto os agricultores como as autoridades mexicanas, a adotarem a nova variedade de trigo.

Entretanto, os fertilizantes à base de azoto começaram a ser utilizados, aumentando o crescimento e daí o rendimento do trigo. Mas havia um problema: como esses compostos químicos faziam crescer ao mesmo tempo o caule (já por si comprido nas variedades mexicanas tradicionais) e as espigas, as plantas acabavam por vergar sob o peso dos grãos e as colheitas eram perdidas. Numa segunda fase, já nos anos 1950, Borlaug percebeu que talvez uma planta menor e mais robusta pudesse ser a solução contra esse novo obstáculo. Existia justamente uma variedade japonesa cuja originalidade genética a tornava mais compacta, mais curta – e, portanto, susceptível de resistir ao peso acrescido das espigas.

Borlaug decidiu cruzar a sua anterior variedade de trigo mexicano com essa espécie japonesa de trigo anão, para transferir a vantagem genética para o trigo local. O resultado foi providencial: obteve uma planta compacta, baixinha, com a espiga carregada de grãos. "O resultado foi uma variedade que era resistente à doença e capaz de produzir dez vezes mais grãos de trigo que a variedade mexicana não tratada", informa o *Washington Post*.

VI. Das personalidades

Depois disso, houve governos de vários países que pediram ajuda a Borlaug, a começar pela Índia e pelo Paquistão. Ele desenvolveu novas variedades de alto rendimento de arroz, alimento de base nos países asiáticos. Em duas décadas, a América Latina, o Oriente Médio e a Ásia entraram na era da revolução verde.

Segundo estimava numa entrevista (também referida pelo *NYT*) de Gary Toenniessen, diretor dos programas agrícolas da Fundação Rockfeller, cerca de metade da população mundial vai para a cama à noite depois de consumir grãos derivados de uma das variedades de alto rendimento desenvolvidas pela equipe de Borlaug.

Críticas ambientalistas

Borlaug viria mais tarde a ser criticado pelos ambientalistas por ter fomentado o abuso de fertilizantes e pesticidas químicos, assim como o recurso à monocultura, aumentando as necessidades em água de rega (as variedades de alto rendimento são mais sedentas) e reduzindo a diversidade genética dos cereais, contribuindo assim para o fim da pequena agricultura e para o controle das grandes multinacionais sobre a agricultura. "Os peritos norte-americanos difundem por todo o mundo práticas destruidoras e insustentáveis", dizia em 1991 Vandana Shiva, conhecida ativista indiana.

A isso Borlaug respondia que o problema não eram as técnicas agrícolas, mas o crescimento populacional descontrolado, e que se a população mundial continuasse a crescer, a espécie humana seria destruída. Para ele, as críticas refletiam um modo de pensar "elitista", próprio de pessoas que nunca tinham tido "de se preocupar com a próxima refeição". Porém, veio ulteriormente a reconhecer que nem todos os ambientalistas eram fundamentalistas e que era preciso reduzir a utilização de compostos químicos na agricultura.

Nem todas as críticas são disparatadas, concorda, em uma crônica no *site* da revista *New Scientist*, a jornalista Deborah McKenzie, que o conheceu pessoalmente. Em particular, escreve, "é um fato que as culturas modernas precisam de muita água e que os solos não são indefinidamente sustentáveis. Mas não tenho paciência para os argumentos segundo os quais a revolução verde foi um complô capitalista egoísta. A fome ameaçava regularmente o subcontinente indiano: em 1943, dois milhões e meio de pessoas morreram em Bengala. A revolução verde acabou com isso".

PARTE VII
DOS LIVROS

O PRIMEIRO LIVRO DE VINHOS

A bibliofilia antiquária tem algumas associações corporativas. Destas, as mais representativas possivelmente são a International Directory of Antiquarian Bookseller (Idab) e a International League of Antiquarian (Ilab), que reúnem as associações nacionais e editam irregularmente a relação de membros. Essas publicações relacionam seus membros por localização, países e cidades, e por especialidades no ramo.

Da edição de 1990/91 da Idab constam 26 entidades nacionais de livreiros antiquários, cerca de 3 mil livrarias e 500 especialidades, de aeronáutica a zoologia. De gastronomia, constam apenas 34 livrarias, e das cerca de 3 mil livrarias relacionadas, sete estão no Brasil. Em nosso meio tem crescido bastante o número de pontos de venda de livros usados, lembrando-se que vendedor de livro usado e livreiro antiquário não são a mesma coisa.

Naturalmente os bibliófilos, especializados ou não, têm seus "fornecedores", e os leilões de livros entre nós ocorrem, mas são raros. Nos últimos anos, a mais prática e efetiva fonte de pesquisa e compra de livros é a internet, deslocando-se então o problema da busca para o da verba.

VII. Dos livros

Em se tratando de obras antigas, cabem algumas considerações. "Livro" é tão somente o texto impresso pelo processo desenvolvido por Johannes Gutenberg (1390-1468), o inventor dos tipos móveis, feitos de uma liga de chumbo, antimônio e estanho (denominada metal-tipo), à qual se adaptou uma prensa de vinificação. Portanto, o livro é contemporâneo ou posterior a Gutenberg, sendo os impressos no século XV denominados "incunábulos".

Um caso interessante é o do manuscrito conhecido como o *Livro de cozinha* da infanta Dona Maria de Portugal, do final do século XV ou início do seguinte, que se encontra na Biblioteca Nacional de Nápoles (códice I-E-33), o primeiro texto de cozinha em português. Esse códice só foi integralmente impresso em 1967, editado pela Universidade de Coimbra, após quase cinco séculos, em edição paradoxalmente esgotada. Em 1987 a Imprensa Nacional – Casa da Moeda, de Lisboa, o reeditou em primorosa edição.

Como informação, o primeiro livro propriamente dito de cozinha em português é o *Arte de cozinha*, de Domingos Rodrigues, do qual já tratamos algumas vezes, e que foi publicado em 1680, com mais de uma vintena de edições.

Com relação ao vinho, a primazia da edição sobre o mesmo é disputada por dois candidatos, um de Roma e outro de Veneza. A disputa entre edições *princeps* é bastante comum no mundo editorial. Nosso mais importante livro, *Os lusíadas*, tem esse problema, não se sabe ao certo qual é a primeira edição entre as duas de 1572.

É provável e possível que o mais antigo livro sobre vinhos seja o *Tractatus de Vino et Eius Proprietate*, editado em Roma por Johann Besicker e Sigmundus Meyer, ao redor de 1485.[1] O autor, segundo o livreiro G. Graesse, seria um tal Galfridus de Vinosalvo, inglês do século XIII, nome latino de Geoffrey de Vinsauf, mais conhecido como o poeta *Angelicus*, do qual sabe-se relativamente pouco: que foi súdito de Richard I e que conheceu a França e a Itália, onde chegou a visitar o papa Inocêncio III (1160-1216), um dos papas mais brilhantes

---

[1] G. Oberlé, *Une Bibliotheque Bacchique* (Paris: Loudmer, 1992), p. 43.

O PRIMEIRO LIVRO DE VINHOS

da história. O livro, em latim, tem 21 pequenos capítulos, que tratam da confecção dos tonéis, da vindima, do mosto, da vinificação, do paladar do vinho, de seu envelhecimento e de seu uso medicamentoso, encerrando-se com um capítulo sobre o vinagre. Apareceu no leilão da Loudmer (no Hotel Drouot, em Paris, em 20 de fevereiro de 1993), mas não foi arrematado na ocasião.

Para alguns bibliófilos, o primeiro livro sobre vinhos seria o *Tractatus de Vinis*, de Arnaldo de Vilanova (ou Arnaud de Villeneuve ou Arnaldus da Villanova, 1238-1311), editado em Paris por Felix Bigault, Claude Jaumar e Thomas Julian, ao redor de 1500.[2] Oberlé cita a data de 1478, baseando-se na *Bibliotheca gastronômica* de André Simon (nº 493), autor este que, em suas duas relações (*Bibliotheca Bacchica* e *Bibliotheca Vinaria*),[3] a localiza na realidade ao redor de 1500. Vilanova, ao contrário do autor do livro romano, tem sua vida e obra bem divulgadas. Foi médico, cirurgião, físico, botânico, alquimista e filósofo, o homem mais brilhante de seu tempo. Ligado à Escola de Salerno, escreveu mais de sessenta obras, algumas condenadas pela Inquisição e depois reabilitadas, quando tornou-se médico do papa Clemente V (1264-1314).

Seu livro *De Vinis et aquis medicinalibus*, publicado em Veneza em 1506,[4] é sem dúvida o primeiro sobre a destilação do vinho. Cita vários vinhos e seu uso medicamentoso, para a melancolia e para diferentes doenças. Seus livros mereceram um grande número de reedições e traduções em várias línguas.

Assim, independentemente da questão de primazia, bizantina e acadêmica, a hipótese do livro romano é a mais fundamentada. Pode-se concluir também que a bibliofilia e a enofilia são prazeres paralelos, que se complementam, não apenas como prazeres, mas como paixões. Parafraseando nosso amigo e parceiro de vício José Mindlin, que não gostaria de viver em um mundo sem livros, podemos acrescentar que, sem vinhos, também não.

---

[2] A. Simon, *Bibliotheca Bacchica* (London: Holland Press, 1927), p. 215.
[3] A. Simon, *Bibliotheca Vinaria* (London: Holland Press, 1979), p. 233.
[4] *Ibid.*, p. 181.

O primeiro livro de etiqueta em português

𝒜 moda e a etiqueta acompanham o homem desde que abandonou o nomadismo, se sedentarizou, se tornou gregário e se urbanizou. Se a moda é volúvel, a etiqueta, como os regulamentos e as leis, pretendem ser estáveis, para permitir ou tentar permitir o convívio harmônico na sociedade. Assim, a lei disciplina e rege a conduta individual e coletiva, enquanto a etiqueta a refina. É aplicável em toda atividade do homem, em toda a sua existência, do berço à cova. Como qualquer regra social, a etiqueta varia no tempo e no espaço, e pretende sempre estabelecer diferenciações entre os que a observam, os que se consideram "educados", e os demais, que a desconhecem. Compreende-se assim a preocupação por sua observância, pelo seu ensino e pelo *status* que a acompanha.

É grande o número de obras e manuais de "boas maneiras" e etiqueta. Entre nós, os mais divulgados foram os de Marcelino de Carvalho (1899-1978). Autor de livros de cozinha e de bebidas, Marcelino ficou mais conhecido pelos de etiqueta. Iniciando pelo *Si elles soubessem*, de 1933, seguiram-se o *Guia de boas maneiras*, de 1961, e vários outros, além de inúmeras matérias em revistas e apresentações

VII. Dos livros

em televisão nas décadas de 1960 e 1970. Seus livros tiveram várias reedições e seus conhecimentos de gastronomia e sobre vinhos eram enciclopédicos. Marcelino teve seguidores e seguidoras, nenhum entretanto com o seu espírito, a sua verve e sua classe.

Recuando no tempo, encontramos no delicioso *O Rio de Janeiro no tempo dos vice-reis (1763-1808)*, de Luís Edmundo,[1] de 1938, várias citações a um livro de etiqueta do século XVIII, possivelmente o primeiro em língua portuguesa inteiramente sobre o tema. Trata-se do *Eschola de Política, ou Tractado prático da civilidade portuguesa*, de Dom João da Nossa Senhora da Porta Siqueira, do qual muito pouco se sabe. Segundo Innocêncio, Siqueira foi "cônego regrante de Santo Agostinho" e viveu na segunda metade do século XVIII. A segunda edição do *Eschola de Política*, para Innocêncio, seria de 1791, enquanto Luís Edmundo a localiza em 1786. Edmundo considera a *Eschola* como "a bíblia de alta cortesia e elegância".[2] A edição a que tivemos acesso é a quarta, de 1803, publicada no Porto, na "Of. de Antonio Alvarez Ribeiro, por gentileza do chef e bibliófilo Ezio Carlos Costa".

O delicioso livrinho de Siqueira trata da etiqueta no culto religioso, no tratamento com os diferentes superiores, verbal e escrito, na conversação, nos cuidados para com o corpo, nas visitas, no vestimento, na correspondência, nos lazeres e, importante, na conduta e etiqueta à mesa, que mais nos diz respeito. Como devemos nos apresentar se convidados a um banquete de cerimônia, com um traje de veludo preto com fivelas, ou de seda, conforme a estação. "Apresentar-se cheio de agrado e alegria, de sorte que o mesmo vestimento o dê a conhecer", e quando "assentado [...] dispor o guardanapo de forma que fique uma ponta sobre a mesa, outra na altura do peito para resguarda-lhe os veludos".

Comenta a disposição e o uso dos talheres, lembrando que não se deve "mastigar com estrondo" ou "não se estar mexendo muito

---

[1] L. Edmundo, *O Rio de Janeiro no tempo dos vice-reis (1763-1808)* (Brasília: Senado Federal, 2000). Primeira edição na *Revista do Instituto Histórico e Geográfico Brasileiro*, em 1938.

[2] L. Edmundo, *O Rio de Janeiro no tempo dos vice-reis (1763-1808)*, cit., p. 237.

os queixos" nem "ajuntando os beiços", não assoprar a comida, mas deixá-la esfriar, "não 'çujar' os dedos", nem os "alimpar à toalha [...] mas nos guardanapos". Não cheirar o que se come, "alimpar a boca antes de beber e não deixar por fim vinho no copo".

Trata do serviço da mesa, de como e quando comer e utilizar o pão (não usá-lo para limpar o prato), do "macarrone", do "rabiori", do "talharis", além naturalmente das verduras, paios, chouriços, pés e cabeça de porco e "similhantes cousas cozidas ou ainda guizadas, mas nunca assadas, que pertencem a segunda coberta".

Interessante também o serviço do vinho: não encher o copo, deixar a bebida a um centímetro e meio da borda do copo "para que o vinho se não derrame", não beber "refolgando com estrondo [...] fazendo ao beber bulha na garganta", nem "de hum golpe, com muita sofreguidão ou demasiado devagar".

Siqueira orienta em detalhes de como trinchar a "gallinha", as frangas, perdizes, os pombos, o coelho, o leitão em suas diferentes partes, a carne de "vacca", o lombo, a perna de carneiro, a vitela, etc. São detalhes, mas "o que basta para dar alguma luz à mocidade, enquanto não pode instruir-se mais a fundo, e observá-lo nas mesas polidas pelo exemplo de muitos peritos na arte de trinchar".

Detalhe curioso, passados mais de dois séculos e meio, um quarto de milênio, muitas das considerações de Porta Siqueira ainda são inteiramente válidas – "não se fale à mesa em coisas tristes", em misérias, desgraças ou mortes, que "turbe a honesta alegria que 'ahi' deve reinar", lembrando-se de que, ainda hoje, os leitões, os cabritos e as aves devem ser bem trinchados.

Quanta sabedoria em um livrinho tão antigo, que já se preocupava com a polidez e com as regras da *bonne chère*, a bona-chira da mesa, condição essencial do bem viver.

O livro de mestre Robert de Nola

O Libre de Coch, de Mestre Robert de Nola, editado em Barcelona em 1520, em catalão, é um dos mais antigos livros de cozinha que se conhece. Sua primeira edição castelhana é de 1525. Ao final da Reconquista cristã da península Ibérica, após o desaparecimento do árabe e do moçárabe, o castelhano, que vinha se impondo aos dialetos regionais, não sobrepujara ainda o catalão como língua culta da Ibéria.

Existe uma concordância entre historiadores e bibliófilos de que a edição catalã do livro de Nola, de 1520, não seria a primeira, que dataria de 1477,[1] da qual se tem notícia, mas que foi perdida. A edição castelhana de 1525, ao que parece, é a tradução de um texto catalão anterior a 1520. O livro teve pelo menos cinco edições catalãs quinhentistas (1520, 1535, 1560, 1568 e 1578) e outras dez castelhanas nesse mesmo século, o que o fez um verdadeiro *best seller* da época, comparável apenas ao *Quixote*, no século seguinte. Da edição *princeps* existe um único exemplar, na Biblioteca da Catalunha, em Barcelona.

---

[1] O título completo da obra é *Libre de doctrine per a ben servir de tallar i el art de Coch ço es de qualsevol manera de potages y salses. Compost per lo diligent mestre Robert de Nola, coch del Sereníssimo senyor Fernando, rei de Nàpols.*

VII. Dos livros

Paradoxalmente, apenas em 1977 apareceu uma edição crítica do livro de Nola, embora anteriormente alguns autores tenham se ocupado do mesmo, como Dionísio Pérez em 1929 e Carmen Iranzo em 1962, ambos reeditados posteriormente em 1994 e 1982 respectivamente. Foi assim, no dizer dos historiadores, um "clássico esquecido", por quatro séculos... A cuidadosa edição crítica de 1977, de Veronika Leimgruber,[2] é rigorosa e abrangente, mas editada apenas em catalão. As rivalidades e os regionalismos na Espanha de hoje continuam bem vivos.

É preciso ter em conta que a redação do livro de Nola é pouco anterior à chegada dos produtos americanos à Europa, que alteraria tanto a cozinha do continente. Além do receituário propriamente dito, o livro de Nola nos dá um interessante quadro da sociedade e da vida na corte do século XVI, o século de ouro ao tempo de Carlos V.

O texto inicia-se com ensinamentos detalhados de como trinchar as diferentes carnes, de vaca, de porco, de coelho e lebre, das aves, do ritual de lavar as mãos e do serviço do vinho. Trata da apresentação e do serviço das carnes, especificando as funções, do "mayordomo", do "maestresala", do "guardarropa", do camareiro, do copeiro, do trinchante, do "veedor" (cargo da maior importância, responsável pela compra dos alimentos), do despenseiro, do cavalariço e, naturalmente, do cozinheiro e seus auxiliares. Comenta da hierarquia de todas essas funções, bem como seu relacionamento e posição em relação aos senhores.

A edição de 1520 apresenta duas introduções às quais se seguem 228 itens, *capitols*, dos quais 13 correspondem aos modos de trinchar carnes, 142 receitas para os tempos "carnais" (*temps carnals*), 51 para os "tempos quaresmais", da Quaresma, e 10 sobre variações dessas receitas. Encontram-se várias receitas mediterrâneas, três da Catalunha, italianas, francesas e mouriscas. Várias receitas para enfermos e curiosamente nenhuma receita castelhana.

---

[2] R. de Nola, *Llibre del coch – Tractat de cuina medieval* (Edició a cura de Veronika Leimgruber. Barcelona: Curial, 1996).

Com relação aos ingredientes, inúmeras receitas com açúcar (154) e canela em seus doces e manjares, e mesmo em alguns pratos com sal. Aparecem também com frequência gengibre, açafrão, pimenta e ervas aromáticas. A variedade de peixes e frutos do mar é muito grande, com cerca de 20 espécies de peixes, do esturjão à sardinha, passando pela lagosta, lampreia, merlusa, congrio, truta, atum, etc. Aparecem também uma dezena de verduras e uma quinzena de aves, inclusive selvagens, como perdizes.

Do autor entretanto sabe-se pouco. Na introdução da edição de 1520, "Mestre Robert" se diz cozinheiro do rei Dom Fernando de Nápoles. Possivelmente tratava-se de Fernando I de Aragão, rei de Nápoles de 1458 a 1494, filho natural de Afonso, o Magnânimo. Na obra de Dionísio Pérez sobre Nola (*Libro de Guisados*, 1929), o autor fantasiosamente chega a duvidar da existência de Robert de Nola, que seria uma invenção do editor de Barcelona. Na realidade existe um povoado na Itália com a denominação *Nola* e outro homônimo na Catalunha, *Nolla*.

A prova irrefutável da existência de Robert de Nola é sua presença na célebre relação do bibliófilo Mariano Aguiló y Fuster, *Catálogo de obras en lengua catalana, impressas desde 1474 a 1860*, editado tão somente em 1923. Nessa relação, a edição do livro de Nola de 1520 tem o número 2006.

Sem pretender reproduzir as receitas de Mestre Robert, caso seu livro seja mesmo de 1477, seria dos primeiros livros de cozinha do Ocidente e possivelmente o mais rico e informativo de sua época. Em um meio como o nosso, onde se vem publicando um sem-número de livros secundários de cozinha, o de Mestre Robert de Nola, de fato um "clássico esquecido", bem mereceria uma edição em português. Mesmo uma tradução do trabalho de Veronika Leimgruber seria benvinda.[3]

---

[3] Em 2010, foi lançada a edição brasileira: Mestre Robert (Robert de Nola), *Livro do cozinheiro – Libre del coch* (São Paulo: Instituto Brasileiro de Filosofia e Ciência Raimundo Lúlio, 2010). Traduzida diretamente do catalão por Cláudio Giordano.

A *Medicina teológica* e a "bebedice"

Medicina teológica é um dos mais curiosos e interessantes livros médicos de nosso período colonial, pelos temas que aborda, pelo modo como o faz e, indiretamente, pelas agruras e atribulações pelas quais passou seu autor, o mineiro Francisco de Melo Franco.

Nasceu na vila de Paracatu, província de Minas Gerais, a 13 de setembro de 1757, filho do português João de Melo Franco e da paulista Ana Carolina Franco. Fez seus primeiros estudos no seminário São Joaquim, no Rio de Janeiro, e em 1771, com quatorze anos incompletos, vai para Lisboa estudar latim. Em 1776 estuda filosofia em Coimbra e no ano seguinte matricula-se na Escola de Medicina da universidade conimbrigense. Conviveu com a intelectualidade de sua época, brasileira e portuguesa – Tomás Antônio Gonzaga, Manuel Maria Barbosa du Bocage, Basílio da Gama, Cruz e Silva, Santa Rita Durão e José Bonifácio de Andrade e Silva.

Brilhante, irreverente e polêmico, contestava o atraso de seus mestres e do país, o que lhe valeu a acusação de "Herege, Naturalista e Dogmático, que negava o Sacramento do Matrimônio" e o levou aos cárceres da Inquisição por alguns anos, interrompendo seu curso

VII. Dos livros

médico. Voltou à Universidade em 1782 e graduou-se em 1785. Estabeleceu-se em Lisboa com sucesso, chegando a médico da Câmara Real (da corte) e à Academia Real das Ciências de Lisboa.

Em 1808, quando da fuga da família real para o Brasil, Melo Franco negou-se a acompanhá-la, dizendo-se mais necessário em Portugal. Em 1817, por determinação de Dom João VI, acompanhou a arquiduquesa Maria Leopoldina ao Brasil, para casar-se com Pedro I. Não se deu bem na corte. Seu temperamento independente e contestador, avesso a bajulações, obrigou-o a afastar-se do Paço. Enganado por negociantes desonestos, perdeu todo seu patrimônio. Morreu em 1823, em São Paulo, para onde viera por motivo de saúde.

Apesar de ser o autor de uma importante obra, Melo Franco continua praticamente desconhecido, mesmo entre historiadores da medicina e estudiosos de nossa literatura.

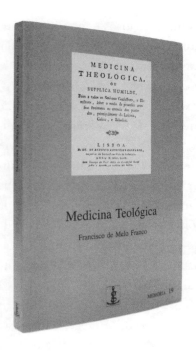

CAPA DO LIVRO *MEDICINA TEOLÓGICA*, DE FRANCISCO DE MELO FRANCO.

A OBRA

Versado em francês, inglês, italiano e latim, poeta de talento com forte pendor para a sátira, teve de recorrer ao anonimato e a pseudônimos para escapar ao Santo Ofício e daqueles que ironizava. Escreveu sobre assuntos médicos (febres no Rio de Janeiro, vacinas, higiene, puericultura), filosofia e educação. O professor Martinho da Rocha viu, em Melo Franco, o fundador da nossa puericultura e Afrânio Peixoto chegou a considerá-lo como um precursor das teses de Freud. Sua mais conhecida obra foi o poema satírico "Reino da Estupidez", publicado em Paris em 1818 e reeditado em 1820, 1821 e 1868. Na realidade o poema aparecera antes, apócrifo, em Coimbra, em 1785, ao que parece com a colaboração de José Bonifácio de Andrade e Silva. Os autores guardaram muito bem seu anonimato, sem o qual teriam tido problemas maiores, tal a virulência de suas críticas à universidade, ao clero e ao atraso do país. Alguns suspeitos da autoria da obra foram presos e pagaram pelo que não fizeram... O livro foi proibido, recolhido e, como acontece nesses casos, sem qualquer resultado.

O livro de Melo Franco que aqui abordaremos é o *Medicina teológica*, do qual o título completo é *Medicina teológica ou súplica humilde feita a todos os Senhores Confessores e Diretores, sobre o modo de proceder com seus Penitentes na emenda de seus pecados, principalmente da Lascívia, Cólera e Bebedice*, publicado em Lisboa, na Oficina de Antônio Rodrigues Galhardo, ano 1794.[1] Como se vê, não aparece o nome do autor, que só constará da segunda edição, 200 anos depois. A publicação desse livro, feita depois de todas as licenças e formalidades legais da época, provocou também grande clamor entre as autoridades governamentais, que mandaram recolher o livro e dissolver a mesa censória.

---

[1] F. de Melo Franco, *Medicina teológica ou súplica humilde feita a todos os senhores confessores e diretores, sobre o modo de proceder com seus penitentes na emenda de seus pecados, principalmente da lascívia, cólera e bebedice* (Lisboa: Oficina de Antônio Rodrigues Galhardo, 1794).

VII. Dos livros

Sua segunda edição apareceu em 1994, na Coleção Memória da Editora Giordano.[2] Foi uma edição primorosa, com apresentação de Antônio Cândido e uma longa e erudita introdução do jornalista Alberto Dines sobre o Santo Ofício – "A Inquisição como Farsa", com a qual o jovem estudante de Medicina esteve envolvido mais de uma vez. Dines, pesquisador do tema, levantou toda a documentação em que Melo Franco e seus companheiros se envolveram.

Em 2008, a Biblioteca Nacional do Rio de Janeiro reeditou o livro "a partir dos fax símiles da edição original". Essa edição, como as demais da Biblioteca Nacional, dificilmente chega às livrarias, confirmando o que disse da mesma Pedro Nava: "Os funcionários da Biblioteca Nacional são cuidadosamente treinados para afastar os leitores de seus livros".

Na *Medicina Teológica*, Melo Franco trata dos sentimentos e das paixões humanas, do amor, da saudade, da ninfomania e da "bebedice". Diz que os confessores deveriam ter conhecimentos médicos para melhor exercer seu ofício. Curioso e até paradoxal para os dias de hoje é o emprego de "antiafrodisíacos", quando hoje sabemos que a preocupação da indústria farmacêutica é o oposto, com os estimulantes sexuais, "viagras" da vida.

E A BEBEDICE

Despertaram nossa atenção os capítulos XX e XXII, que abordam a "enfermidade da bebedice", o alcoolismo, como sabemos, até hoje um grave problema social. O autor mostra bom senso ao lembrar inicialmente que

> É para se lamentar que o vinho, sendo na Medicina um excelente remédio para curar muitas enfermidades, venha ele mesmo a ser por seu abuso um grande veneno [....]. Os autores de Medicina dizem que o uso moderado deste licor prolonga a vida, conserva o corpo em saúde e o espírito em vigor e aumenta em ambos suas faculdades e sentidos.

---

[2] F. de Melo Franco, *Medicina teológica* (São Paulo: Giordano, 1994).

Lembra que Grillus relaciona "a sabedoria dos gregos à bondade de seus vinhos" e sua decadência "ao arrancamento de suas vinhas pelos turcos". Considera que "os europeus podem ser considerados mais engenhosos que os povos setentrionais", só pelo uso moderado do vinho.

Melo Franco cita Hipócrates e Galeno entre os médicos antigos, Zacuto Lusitano entre os mais recentes, Sêneca (Epístola 83), Lucrécio (*De Natura Rerum*) e uma deliciosa observação de Cícero (*Tusculanas*), a ser confirmada, segundo a qual os que abusam do vinho, ao cair, ficam estendidos de costas no chão, e quando "pelos demais licores inebriantes", caem de qualquer jeito "e mesmo para diante, a esbarrar os narizes e ficar abafados com o pó e o lodo da terra"... Faz a descrição dos sinais e sintomas da embriaguês, concluindo pela pouca eficiência dos "remédios morais".

Por outro lado, sugere o uso de substâncias que provocam a intolerância ao álcool, o que até hoje se faz, e lembra algumas condutas efetivas e "seguras", como: beber água fria pela manhã, em jejum, e antes de todas as refeições; comer "coisas salgadas misturadas com muito azeite, como sardinhas, bacalhau, couves e broa, também com azeite"; banho frio, semicúpio ou apenas "molhamento dos genitais com água fria ou misturada com vinagre".

Lembra um interessante método que "em Alemanha chamam 'a âncora dos ebriosos e glutões' é o espírito de sal amoníaco aromatizado oleoso, na dose de 20 até 30 gotas em um cozimento de funcho ou casca de laranja", tomado após as refeições. Além da "preserva a bebedice", a medicação curava convulsões, afonia, a paralisia, a apoplexia, etc., etc., como atestava o famoso médico-jurista João Francisco Leitão.

Outra medicação, muito em voga, de Sílvio de la Boe, era:

Canela – 2 onças[3]
Macis – meia onça
Cravo-da-índia – uma oitava
Casca de cidra – onça e meia

---

[3]   A onça equivale a 28,691 gramas.

VII. Dos livros

Sal amoníaco e sal tartárico – 4 onças cada
Espírito de vinho – 12 onças

Misture-se e destile-se em fogo de areia e guarde-se em garrafa bem fechada.

Era a ciência de então, de há mais de dois séculos. Mudam os tempos, mudam as demandas e ofertas, muda a medicina e mudam os fármacos. Permanece entretanto inalterada a condição humana, com suas virtudes, seus defeitos e suas necessidades, do corpo e do espírito. Com relação à "bebedice", continuamos na dependência da educação, do bem beber, do beber consciente, do beber por prazer, com alegria e evidentemente com moderação. A medicina pode até ajudar...

O *Libre de Sent Soví*

$\mathcal{U}$m dos textos de gastronomia mais antigos escritos em uma língua românica, o *Libre de Sent Soví*, foi redigido na primeira metade do século XIV, fruto de uma complexa tradição manuscrita, com várias cópias e copistas. Entre suas receitas estão algumas das mais refinadas iguarias da Idade Média, como pavões assados, apresentados com as penas da cabeça e da cauda intactas. Trata-se de um importante documento sobre a cozinha medieval antes da chegada dos produtos do Novo Mundo, no qual podemos reconhecer porém procedimentos e ingredientes até hoje utilizados. O manuscrito de que se dispõe está na biblioteca da Universidade de Valência e foi publicado pela primeira vez em 1952, por Lluis Faraudo de Saint-Germain, editor também de outros textos medievais.

Alguns anos mais tarde, em 1979, Rudolf Grewe recolhe ampla documentação de textos medievais de gastronomia e edita uma obra fundamental sobre o tema, o *Libro de Potages*,[1] também chamado *Sent Soví*, porque inclui algumas receitas do manuscrito de Valência. A edição de Grewe, em catalão, é precedida de um completo prefácio,

---

[1] *Libre de Sent Soví* (ed. R. Grewe. Barcelona: Barcino, 1979).

VII. Dos livros

que aborda praticamente todos os aspectos dos textos hoje disponíveis sobre a história da cozinha do Medievo na península Ibérica. A obra foi reeditada em 2007 por Joan Santanach.[2] Em 2009, o medievalista Josy Marty-Dufaut publicou uma edição francesa do *Libre de Sent Soví*,[3] bonita mas incompleta.

Da mesma maneira que o Instituto de Filosofia Raimundo Lúlio fez traduzir do catalão para o nosso idioma o *Libre de Coch*, de Mestre Robert,[4] é sua intenção fazer o mesmo com o de *Sent Soví*. Oxalá se confirme essa intenção.

Como dito, a obra é da primeira metade do século XIV, provavelmente de mais de um autor e baseada em textos anteriores, se bem que desconhecemos por completo as circunstâncias de sua composição, sendo o texto considerado anônimo. Martinez Llopis, o consagrado historiador de gastronomia, cita entretanto a possibilidade que a obra seja de um tal *Pere Felip*, cozinheiro de Knud III (1018--1042), rei da Dinamarca e da Inglaterra – monarca cruel, que fez decapitar seu irmão Harald depois de morto e morreu envenenado em um banquete, sem deixar descendência.[5]

É comum, em manuscritos medievais de gastronomia (e em outros), as cópias serem alteradas, acrescidas de receitas, pelos copistas e pelos próprios usuários, também cozinheiros, que acrescentavam suas receitas. Esses hábitos, que a invenção da imprensa não eliminou, provocam por vezes, após algum tempo, uma sensível diferença entre as cópias e o hipotético original. Afinal, não havia na época o direito autoral ou a propriedade intelectual, nem hoje respeitados...

Compreensivelmente, as receitas do *Sent Soví*, com suas sopas, seus assados e doces, mostram uma clara influência romana e principalmente árabe, por vezes refinada, com a adição de cebola, da amêndoa, de ervas e condimentos aromáticos. Como nos receituários

---

[2] *Libre de Sent Soví* (ed. Joan Santanach. Barcelona: Barcino, 2007).

[3] *Libre de Sent Soví* (ed. J. Marty-Dufaut. Bayeux, France: Heimdal, 2007).

[4] Mestre Robert (Robert de Nola), *Livro do cozinheiro – Libre del coch* (São Paulo: Instituto Brasileiro de Filosofia e Ciência Raimundo Lúlio, 2010). Tradução de Cláudio Giordano.

[5] M. Llopis, *Historia de la gastronomía española* (Madrid: Alianza, 1989).

O *Libre de Sent Soví*

árabes, o *Libre de Sent Soví* mescla o doce com o salgado nas receitas catalãs. Usa-se o sumo de laranjas amargas, a água de rosas e a flor da cidra, que passaram a fazer parte da cozinha mediterrânea. Também é nítida a influência muçulmana na doçaria, com torrões, marzipã, frutas confeitadas e cremes.

Lembre-se que, na documentação da alfândega do porto de Barcelona do século XIII (1228), já constava a entrada do cravo-da-índia e a da noz moscada, das Molucas. Assim, a cozinha catalã da época dispôs também, através dos árabes, do arroz, da beringela, do espinafre e da granada, além do gengibre e da pimenta. Das carnes, predominava a de porco, bem como a de carneiro, cabrito e de coelho doméstico. São poucas as referências à carne de vaca e frequentes às carnes de caça – perdiz, lebre, cervo, faisão e corça. Não deixa de ser curioso que existam poucas referências a esses textos medievais na literatura gastronômica internacional e mesmo na espanhola, bem como o relativo pequeno número de edições críticas dos mesmos.

As suculentas receitas do *Libre de Sent Soví*, bem como as do já referido *Libre del Coch*, poderiam levar-nos a crer que a Idade Média foi um período de fartura e fausto gastronômico e alimentar. Nada mais falso. Os receituários citados são de cozinheiros reais, da nobreza, dos abastados. A Idade Média foi um longo período, de um milênio, de escassez e de fomes. Quase toda a população rural se dedicava a produzir alimentos, mas os métodos agrícolas e a pecuária eram rudimentares, com resultados precários. As colheitas eram escassas, não permitindo que se estocasse a produção. No caso do feno, não era suficiente para nutrir o gado no inverno. Os camponeses eram obrigados a sacrificar parte de seus rebanhos para que não morressem de fome. A carne desses animais tinha de ser consumida de imediato ou ser salgada. Os caminhos para escoar a produção eram poucos e perigosos.

Nossa intenção porém é tratar das iguarias do *Libre de Sent Soví*, que é um importante documento da história da cozinha, um patrimônio cultural catalão, espanhol, ibérico (do qual também fazemos

VII. Dos livros

parte) e universal. Em uma época de globalização, de nivelamento por baixo e dos *fast food*, a recuperação das raízes históricas das cozinhas deve ser uma das principais respostas à mediocridade que nos ameaça.

Sobre Sergio de Paula Santos

𝒮ergio de Paula Santos foi exemplo marcante de homem de ciência engrandecido por uma vasta cultura humanista. Sentia-se igualmente à vontade entre os instrumentos de sua profissão no comando da Clínica Paula Santos – uma verdadeira instituição paulistana – ou no silêncio de sua biblioteca particular, uma das melhores de São Paulo, onde escrevia os livros e artigos sobre vinhos que tanto encantavam seus leitores.

Médico e escritor, exerceu com igual consciência e talento as suas duas vocações para as quais se preparou em longos anos de estudo e dedicação. Formado pela Faculdade de Medicina da Universidade de São Paulo na turma de 1952, iniciou um intenso programa de especialização no exterior que o levou aos centros mais avançados de otorrinolaringologia da época. Começou seu périplo por um estágio na Clínica Mayo, em Rochester, nos Estados Unidos, de onde seguiu para as universidades da Alemanha, inicialmente em Freiburg e depois em Würzburg. Da Alemanha, foi à França, onde frequentou a Clínica de Otorrinolaringologia da Universidade de Estrasburgo da qual se tornou assistente estrangeiro. Dirigiu-se, finalmente, à Escandinávia para conhecer novas técnicas cirúrgicas, praticadas pelos

COMER E BEBER COMO DEUS MANDA

professores K. Kette em Hillerod, na Dinamarca, e Holmgreen do Hospital Karolinska de Estocolmo, na Suécia.

Na escolha de sua especialidade seguia uma tradição familiar, pois a Clínica Paula Santos já vinha de geração anterior, fundada na década de 1920 na antiga casa *art nouveau* da avenida Brigadeiro Luiz Antônio por seu pai, Horácio, e seu tio, Antonio. Prossegue hoje por mais uma geração, porque Rodrigo, um de seus três filhos, formou-se em medicina, estudou a mesma especialidade, em Graz, Áustria, e assumiu a clínica deixada por seu pai. Rodrigo é o irmão do meio. O mais velho, também chamado Sergio, voltou-se para a informática, e o mais novo, Mateus, escolheu *design*, ambos com o mesmo brilho e êxito.

Além dos conhecimentos profissionais, Sergio adquiriu no tempo de estudante o domínio das principais línguas europeias e o vasto conhecimento histórico e cultural que iria explorar nos seus livros sobre enogastronomia. Não por acaso, alguns de seus livros levam títulos como *Vinho e história*, *Vinho e cultura*, *O vinho e suas circunstâncias*.

O entendimento internacional entre os amadores de vinho, muito semelhante ao que liga os homens de ciência, fez com que Sergio, pelo reconhecimento de sua obra, fosse convidado a participar de sociedades como a Confrérie des Chevaliers Du Tastevin, da Borgonha, ou a Confraria do Vinho do Porto, distinções raras entre os próprios franceses ou portugueses e raríssima entre brasileiros. Foi, aliás, o único brasileiro membro da Gesellschaft für Geschichte des Weines, de Wiesbaden.

Grande amador de viagens, Sergio voltava regularmente à Europa, seja para congressos médicos, seja para comprar instrumentos cirúrgicos, seja para rever amigos, como Werner Retzlaff, em Stuttgart. Ainda na Alemanha não deixava de lado grandes feiras dos produtores de vinhos, como a de Frankfurt.

O interesse pelo vinho também o levava frequentemente a outros países da Europa, especialmente à França, por razões óbvias, e a Portugal, por uma simpatia natural reforçada por amigos, como

SOBRE SERGIO DE PAULA SANTOS

Antonio Henrique de Oliveira Marques. Entre os vizinhos do Brasil, como seria de esperar, era grande conhecedor de Buenos Aires.

Acompanhá-lo em uma de suas viagens era sempre um prazer. Para seus amigos significava não apenas a certeza de provar os bons vinhos e conhecer os melhores viticultores, onde ele descobria as garrafas dignas de enriquecer sua adega particular. Mas também a de segui-lo nas suas peregrinações por livrarias ou sebos em busca de novidades ou de velhas edições destinadas à sua biblioteca. Sempre bem disposto e bem-humorado, era a companhia ideal, sobretudo porque tinha a seu lado a esposa, Marina de Paula Santos.

Iniciaram o namoro em 1965. Casaram-se no ano seguinte e viveram em perfeita harmonia durante tantos anos até 2010, quando a morte de Sergio os separou. Para quem os via juntos, pelos olhares e sorrisos que trocavam, pelo tom de voz com que se chamavam, era impossível evitar o lugar-comum segundo o qual haviam sido feitos um para o outro. Quando se encontraram, Marina era uma jovem biologista, especializada em genética humana na França, filha do professor catedrático da Faculdade de Medicina, Jayme Arcoverde de Albuquerque Cavalcanti. Como diretor da faculdade, cargo que ocupou em dois mandatos sucessivos, é dele a assinatura que figura no diploma de médico de Sergio; coincidência que ambos gostavam de relembrar.

Entendiam-se muito bem, como com todos os cunhados. Marina pertencia a uma família de sete irmãos. E Sergio, que era filho único, foi recebido como um irmão a mais. Não é de se estranhar, pois ele tinha o dom da amizade.

Durante toda sua vida, escolheu e cultivou bons amigos como selecionava bons livros ou bons vinhos, preocupado unicamente com a qualidade, desinteressado da posição social ou das atividades profissionais de cada um e que eram, aliás, das mais variadas.

Havia em seu círculo de amizades quem partilhasse os mesmos interesses. Eram médicos como Sergio Shazan, historiadores como Leonardo Arroyo ou Antonio Henrique de Oliveira Marques, linguistas como Erwin Rosenthal. Alguns eram também enófilos como

Sylvio Rocha, advogado e importador de vinhos. Outros eram amigos simplesmente, ligados pelas chamadas afinidades eletivas, como o economista Werner Retzlaff, o advogado Gilberto Labate e o publicitário Victor Olival d'Assunção.

Conheceram-se em circunstâncias das mais diversas. Gilberto Labate foi seu vizinho de muro na casa de infância, na rua Gabriel dos Santos. Vitor d'Assunção acabara de chegar de Portugal, aos 16 anos, e passou a treinar hóquei sobre rodas no clube Palmeiras. Sergio, já estudante de medicina, frequentava o mesmo clube no qual praticava boxe. Logo se tornaram amigos para toda a vida. Ao chegar à Alemanha, em 1956, Sergio hospedou-se algumas semanas em uma casa de estudantes. Lá conheceu Werner, tendo início outra amizade duradoura. De volta ao Brasil, passou a operar no Hospital Samaritano, onde cruzava frequentemente pelos corredores com o ginecologista Sergio Shazan. Nos fins de semana, encontravam-se no Clube de Campo São Paulo.

No seu consultório estava sempre pronto para atender seus amigos, ou amigos de seus amigos, seja para cuidar pessoalmente de um problema de sua especialidade, seja para orientar a escolha de um profissional em outras áreas. Como conhecedor dos médicos de várias gerações, recomendava esse ou aquele, com raro conhecimento de causa. Também nesse sentido era um "médico de confiança".

Apesar de suas múltiplas atividades, nunca dava a impressão de estar apressado quando recebia quem vinha procurá-lo em busca de aconselhamento médico. À noite, estava sempre disponível para interromper a redação de um de seus escritos para atender um amigo disposto a trocar ideias. Excelente conversador, costumava atravessar horas ao telefone com Leonardo Arroyo, entretido em comentar novos livros ou artigos sobre a história da alimentação.

O livro que se vai ler, e que já se encontrava no prelo quando Sergio faleceu, representa uma bela amostra da variedade e do alcance dos seus interesses. Graças ao hábito que ele próprio descreve como o de "correr mundo", "bater perna", "conhecer gentes", somos aconselhados por esse *Comer e beber como Deus manda* a percorrer tranquilamente de automóvel regiões como a Francônia, no norte da Baviera, entrecortada pelo rio Meno; a Alsácia no nordeste da França, na floresta de Vosges com o Reno ou o Minho ao norte de Portugal, terra do vinho verde que, citando Afrânio Peixoto, "é alegre e fresco, leve, sem responsabilidade. Deixa de lado a inteligência e vai direto ao coração".

Num outro registro, somos apresentados à mesa da ilha de Malta, que durante séculos foi o bastião da cristandade no Mediterrâneo, e onde, no entanto, se fala o maltês, idioma de raízes semitas, próximo dos dialetos do Magreb – Marrocos, Argélia e Tunísia. Em outro passeio pela história da gastronomia, acompanhamos a redescoberta e as várias traduções de quatro receituários da cozinha hispano-árabe do século XIII.

Mas, sobretudo, ao longo de suas 368 páginas, Sergio demonstra mais uma vez as qualidades presentes em toda a sua obra de escritor: a força das informações pesquisadas muitas vezes nas fontes originais, a confiabilidade nos julgamentos de quem sempre esteve única e exclusivamente a serviço do próprio leitor, a elegância da frase tantas vezes fulgurante de sensibilidade e inteligência, as estocadas de humor contra os enófilos improvisados que se arrogam em ditadores das modas de momento. Mais uma vez, enfim, "o estilo é o homem", e, ao ler essas páginas, nós, seus amigos, sentimos ao nosso lado a forte presença de Sergio e o sorriso iluminado com que nos recebia à porta de sua casa e como sempre será lembrado.

Pedro Cavalcanti
Jornalista e escritor

CRÉDITOS DAS IMAGENS

p. 126 – (esquerda) Jornal *Negocios del Vino y la Restauración*, Madri, outubro de 2006; (direita) Foto de Claudio Wakahara, publicada no livro *Copos de bar & mesa*, Editora Senac São Paulo, 2009.

p. 310 – (acima) Coleção IVDP – Instituto dos Vinhos do Douro e Portos; (abaixo) Foto de Marcelo Copello, ambas publicadas no livro *Sabores do Douro e do Minho: histórias, receitas, vinhos*, Editora Senac São Paulo, 2009.

p. 336 – Reprodução da capa do livro *Medicina teológica*, Giordano, 1994.

pp. 353-368 – Fotos do acervo da família de Sergio de Paula Santos.

CONFRARIA DO VINHO DO PORTO

CARTÃO SOCIAL DA CONFRARIA DO VINHO DO PORTO.

CHAPITRE D'AUTOMNE

431ᵉ CHAPITRE
DE LA CONFRÉRIE DES CHEVALIERS
DU TASTEVIN

En préliminaire, dans la Cuverie du Château du Clos de Vougeot, présentation, harangue de bienvenue du Grand Maître entouré des Membres du Grand Conseil de l'Ordre, réception et intronisation des Chevaliers Postulants.

Salut à tous en notre bon maître François Rabelais !

...le Docteur Sergio de PAULA SANTOS a été reconnu digne de faire partie de la Confrérie des Chevaliers du Tastevin avec le grade de Chevalier.
Nuits-St-Georges, en Bourgogne, le 6 Octobre 1973.
Pour le Conseil de l'Ordre.   Le Grand Maître

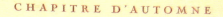

MENU DO JANTAR DA CERIMÔNIA DE ENTRONIZAÇÃO NA CONFRÉRIE DES CHEVALIERS DU TASTEVIN, BORGONHA, 1973.

CERIMÔNIA DE ENTRONIZAÇÃO NA CONFRÉRIE DES
CHEVALIERS DU TASTEVIN, BORGONHA. 1973.

DA ESQUERDA PARA A DIREITA: HENNING FEIBERG, ROBERTO CAIUBY VIDIGAL, SERGIO DE PAULA SANTOS E AYRTON BASSANI, MEMBROS DA CONFRERIE DES CHEVALIERS DU TASTEVIN.

SERGIO DE PAULA SANTOS E FERNANDO NICOLAU DE ALMEIDA (ENÓLOGO DA CASA FERREIRA, CRIADOR DO BARCA VELHA E PRESIDENTE DA CONFRARIA DO VINHO DO PORTO).

ALGUMAS DAS MUITAS ADEGAS EUROPEIAS
VISITADAS PELO AUTOR (SEM IDENTIFICAÇÃO).

CERIMÔNIA DE ENTRONIZAÇÃO NA CONFRARIA DO
VINHO DO PORTO, EM 1983.

SERGIO DE PAULA SANTOS COM O TERRANTEZ 1793, ENCONTRADO EM APARTAMENTO COMPRADO POR UMA SOBRINHA.

SERGIO DE PAULA SANTOS, JAYME CAVALCANTI E HUMBERTO CORDANI.

SERGIO DE PAULA SANTOS NA ALEMANHA, E
NO EL BULLI, ESPANHA, EM 2006.

ADEGA EUROPEIA VISITADA PELO AUTOR
(SEM IDENTIFICAÇÃO).

SERGIO DE PAULA SANTOS COMEMORANDO OS 80 ANOS COM A FAMÍLIA, EM CASA.

SERGIO DE PAULA SANTOS AO LADO DE
ALEX ATALA, COMEMORANDO OS 80 ANOS,
NO D.O.M.

SERGIO DE PAULA SANTOS EM SUA ADEGA.